한국현대소설과 문학 연구방법

이승준

도서출판 월인

머리말

그 동안 써 왔던 논문들을 묶어 논문집을 낸다. 소설 연구에 대한 다양한 방법을 담고 있다고 생각되어, 논문집의 제목은 『한국현대소설과 문학 연구방법』이라고 붙인다.

문학을 연구하는 사람들에게 연구방법이란 난제 중의 난제다. 대개 석사논문을 쓸 때 가장 크게 다가오는 고민이 연구방법의 선택 문제이다. 석사논문은 학자의 길로 들어서는 입문에 해당하기 때문에, 그것을 쓸 때 연구방법에 대한 어려움을 뼈저리게 느끼게 되는 듯하다. 대학원에서 논문 쓰는 수련을 하지만, 막상 닥치면 수많은 자료들을 어떻게 처리할지 몰라 당황하기도 하고, 뭔가 그럴듯한 방법론이 있어야 논문이 된다는 강박관념을 갖기도 한다. 내가 석사논문을 쓸 무렵 모교의 한 선생님께서 "연구방법이란 특별한 것이 아니다. 작품을 가장 잘 설명할 수 있다면 그게 가장 좋은 연구방법이다."라고 말씀하신 적이 있다. 지극히 단순하면서도 평범한 말이다. 하지만 옳다. 이후 나는 논문을 쓸 때 이 말을 금과옥조처럼 생각해 왔다.

흔히 '문학연구방법론'과 같은 수업을 할 때 역사주의, 러시아 형식주의, 구조주의, 정신분석학적 연구방법 등을 수업 대상으로 삼는다. 하지만 실제 논문을 쓸 때 어느 한 가지 이론 체계에 의해서 쓰기는 어렵다. 이런 저런 방법들이 혼용되기 마련이다. 그럼에도 불구하고 의식적으로나 무의식적으로 어떤 특정한 방법을 염두에 두고 연구에 임하게 되는 것도 사실이다. 여기에 모은 논문들을 그렇게 썼다고 생각해 주기 바란다.

책은 총 3부로 나누었다. 1부에는 대체로 고전적인 연구방법에 의해 쓴 논문들을 실었다. 첫 번째 논문 「50, 60년대 세대론과 비평의 과제」는 자료를 수집하고 정리하여, 그것을 의미화하는 작업을 생각하며 읽기 바란다. 엄격히 말해서 이 논문은 소설이 아니라 비평사에 관한 논문이다. 하지만 50년대 60년대 신세대 논쟁이 소설을 중심으로 이루어졌다는 점에서, 그것은 한국소설사에서도 중요한 역사적 사건이다.

두 번째와 세 번째 논문 역시 이러한 기본적인 연구방법을 토대로 쓴 논문이다. 「홍성원의 『남과 북』에 대한 개작 연구」는 여러 개의 텍스트가 존재하는 현대소설의 경우 그것들을 어떻게 다룰 것인가 하는 관점에서 읽을 수 있을 것이다. 이 소설은 홍성원의 대표작이기 때문에, 그 텍스트 검토는 홍성원 연구의 기초에 해당하는 연구라 할 수 있다. 「채만식의 『濁流』 연구」도 이러한 차원에서 읽을 수 있다. 『탁류』에 대해 이미 많은 논자들이 그 통속성에 대해 거론하였기 때문에, 그러한 자료를 모으고 검토하고 그것을 바탕으로 작품을 세밀하게 분석해 보았다. 문학의 통속성에 대한 개념 정립도 난제인데, 최소한의 근거는 마련했다고 생각한다.

2부에는 대체로 정신분석학과 구조주의에 바탕을 두고 있는 논문들을 실었다. 정신분석학과 구조주의는 오랜 동안 내 공부의 주요 대상이었고 여전히 숙제로 남아 있다. 프로이트로 박사논문을 쓰면서 실제로 이렇다 할 확정적인 정신분석학적 연구방법은 없다는 결론을 내렸다. 연구방법은 말하자면 누구든 스스로 발명해야 한다는 것이다. 나는 정신분석학이 일종의 소설 분석의 기제라고 생각한다. 정신분석학도 그렇지만 특히 구조주의 이론은 실제 연구방법으로 택하는 게 쉽지 않다. 구조주의 이론은 구체적인 연구방법이기 이전에 일종의 사고의 틀이다. 구조주의에 관한 많은 서적들이 있지만 그 바탕에는 소쉬르의 『일반언어학 강의』가 있다고 생각된다. 『일반언어학 강의』를 꼼꼼히 읽다보면, 소쉬르가 고민했던 문제들이 후기 구조주의자들의 사고까지 암시하고 있다는 생각이 든다.

3부에는 교과서에 실린 소설 이론들을 검토한 논문들을 실었다. 교육대학원에서 교사들과 수업을 하면서 이에 대한 여러 문제점을 발견하게 되었고 내 나름대로 이를 해결해 보고자 쓴 논문들이다. 물론 소설 교육 혹은 소설이론 교육에 관한 논문들이지만, 그 자체로도 소설이론에 대한 다양한 생각을 할 수 있는 계기를 제공하리라고 본다. 세 편이지만 여기에는 소설 이론에 대한 중요한 문제들은 거의 담겨있기 때문이다. 처음에 교과서로부터 출발한 문제들이 소설이론에 대한 나 자신의 문제로 다가왔고, 그것을 풀어보려고 애썼다. 학술지 심사를 받으면서 이 문제들이 논란의 여지가 많다는 생각도 들었다. 그래서 여전히 많은 공부거리를 남기고 있다.

첫 번째 논문을 학술지에 발표한 지 거의 10년이 지났고, 박사논문을 쓴 지는 5년이 되었다. 하지만 여전히 시작이라고 생각된다. 가끔 설악에 오른다. 학문에 끝이 없겠지만, 내 학문의 길이 설악 등산이라면 난 지금쯤 비선대나 백담계곡 어디쯤을 헤매고 있는 것일 게다.

저자 씀

차례

제2부

제3부

제1부

50, 60년대 세대론과 비평의 과제

1. 서론

50년대 세대 논의에 대해 본격적으로 거론한 연구는 아직 없다. 물론 김상선의 몇몇 성과[1]가 50년대 신세대 작가들에 대한 폭넓은 이해를 제공하고 있으나, 이는 작가들에 대한 연구이지 세대론을 중심으로 한 연구는 아니고, 전기철, 한수영의 연구[2]가 50년대 비평의 전모를 어느 정도 드러내고 있지만 역시 세대론을 정면으로 다루고 있지는 않다. 60년대 세대론에 대한 연구는 한강희, 권성우 등에 의해 이제 본격적으로 제기된다.[3]

---

1) 김상선, 「新世代論」, 『국어국문학』, 국어국문학회, 1961. 5.
   ______, 『新世代作家論』, 일신사, 1964.

2) 전기철, 『한국전후문예비평연구』, 국학자료원, 1994.
   한수영, 「1950년대 한국 문예비평론 연구」, 연세대학교 박사학위논문, 1995.
   ______, 「1950년대 문학의 재인식」, 『작가연구』, 창간호, 세미, 1996. 4.

3) 한강희, 「1960년대 한국문학 비평연구-전통론 세대론 참여론을 중심으로」, 성균관대학교, 박사학위논문, 1998.
   ______, 『한국현대비평의 인식과 논리』, 태학사, 1998.

한수영은, 세대론적 방법으로 이루어진 50년대 문학 연구를 비판한다. "50년대의 경우, 전후에 등장한 이른바 신세대 그룹을 하나로 묶어 낼 수 있는 동질성이 확보 될 수 있는가가 의문이며, 무엇보다도 당대의 신세대 그룹이 기성세대와 구별되는 신세대의 정체성에 관한 자기의식이 통일되지 않았다는 점"[4]에서, 그는 이러한 비판의 근거를 찾고 있다. 한수영이 지적대로 50년대 신세대 문인들에게서 뚜렷한 세대 의식이 나타나는 것은 아니다. 하지만 다양한 스펙트럼으로 나타나는 50년대 세대 논의에서 신세대가 공통적으로 추구했던 공통된 의식이 전혀 없었던 것도 아니기 때문에 이에 대해서는 쉽게 판단하기 어렵다.

한수영도 지적하고 있듯이 50년대 신세대 문인들을 지배했던 의식은 "기성세대의 문학정신과 방법으로는 더 이상 안 된다"는 것이다. 이러한 의식은 구체적이지 못하다는 점에서 세대의식이라고까지 말하기는 미비하다. 그래서 한수영은 그것이 세대의식이 되기 어렵다고 보았지만, 필자의 견해로는 이러한 의식이야말로 50년대 문학을 이해하는 중요한 요소이다. 그것은 50년대 문학을 추동하는 하나의 힘이었으며, 동시에 50년대 문학의 한계를 드러내는 요건이 되기 때문이다. 하지만 그것은 한계를 드러내는 데 그치는 것이 아니라, 우리 문학의 향방에 대한 문제제기의 성격도 지닌다는 점에서 중요한 의미를 지닌다.

50년대와 60년대 세대론을 동시에 고려해야 하는 이유가 여기에 있다. 50년대와 60년대의 세대론은 직접적으로 연관되어 있는 것은 아니며 그

______, 「4 · 19의 문학사적 맥락과 파장에 관하여-4 · 19세대 비평가의 비평담론을 중심으로」, 『작가연구』, 새미, 1998. 10.

______, 「1950~60년대 전통론의 이월 및 정체성모색의 세 국면」, 『성균어문연구』, 1997. 12.

권성우, 「60년대 비평문학의 세대론적 전략과 새로운 목소리」, 『1960년대 문학연구』, 예하, 1993.

4) 한수영, 「1950년대 문학의 재인식」, 16쪽.

성격도 각기 다르다. 하지만 거시적인 안목으로 살펴보면, 양자는 하나의 맥락 위에 놓인다고 판단된다. 50년대 세대론에서 제기된 문제제기는 60년대 세대론을 거치면서 일말의 해결을 보고 있으며, 그러한 바탕 위에 70년대 이후 우리 문학이 성립되고 있기 때문이다. 따라서 두 번에 걸친 세대론은 단순한 문학논쟁의 의미를 넘어선다. 그것은 한국전쟁 이후 우리 문학의 향방을 결정하는 중요한 문학사적 사건이 되는 셈이다.

본 논문의 목적은 위와 같은 문제의식 속에서 50, 60년대 세대론의 성격과 의의를 밝히는 데 있다. 이를 위해 물론 50년대와 60년대 세대론의 전개 양상과 성격을 세밀하게 탐구하겠다. 하지만 이를 병렬적으로 나열하고 비교하는 것은 지양한다. 단순히 당대의 논의를 정리하고 그에 대한 단편적인 의미를 밝히는 것이 아니라 그 맥락을 이해하는 데, 이 논문의 목적이 있기 때문이다. 따라서 두 차례에 걸쳐 벌어진 세대론의 문학사적 연관성을 살펴봄으로써 50년대와 60년대 비평의 의미를 가늠해 보고자 한다.

2. 50년대 세대론과 戰後 비평의 과제

50년대의 세대론은 6.25 전쟁 직후부터 신문지상을 주요 무대로 서서히 제기된다.5) 그러다가 1955, 1956년에 이르러 문예 잡지와 신문을 통해

5) 이러한 논의로는 다음과 같은 글이 있다.
KKT, 「文壇의 新世代」, 『聯合新聞』, 1953. 1. 28.
洪 珉, 「舊世代에의 抵抗-20代의 매니페스트」, 『聯合新聞』, 1953. 2. 9~11.
金聖旭, 「하늘과 人間의 位置」, 『文藝』, 1953. 2.
李炯基, 「新人의 位置」, 『文藝』, 1953. 2.
千祥炳, 「나는 巨富하고 反抗할 것이다-내일의 作家와 詩人」, 『文藝』, 1953. 2.
郭種元, 「新人大望論」, 『서울신문』, 1953. 7. 19.
白 鐵, 「文壇再建의 課題-낡은 것과 새것의 代置가 緊要」, 『서울신문』, 1953. 10. 18.

서 본격적으로 논의가 전개되며[6] 60년대 초까지 여러 논자들에 의해 거론되었다.[7] 1954년에 『文學藝術』, 1955년에 『現代文學』, 1956년에 『自由

廉想涉, 「新進에게 바람-朝鮮日報 懸賞短篇募集에 奇한다」, 『朝鮮日報』, 1953. 11, 24~26.
廉想涉, 「新進大望論」, 『朝鮮中央日報』, 1953. 1. 1.
白 鐵, 「新舊의 交替가 오는가」, 『한국일보』, 1954. 10. 29과 11. 1.

6) 任肯載, 「新銳들의 精進-創作界 點評」, 『東亞日報』, 1955. 2. 2.
崔一秀, 「現代小說과 內容分析-새世代의 創作活動을 中心으로」, 『한국일보』, 1955. 9. 8·10.
金東里, 「神話에의 現代意識-50年代 作家들의 作品世界」, 『서울신문』, 1955. 10. 14 ~31.
崔仁旭, 「新進의 大學 進出과 旣成의 老衰-8月의 小說」, 『東亞日報』, 1955. 8. 10.
金光洲, 「作家精神과 젊은 世代」, 『京鄕新聞』, 1955. 10. 16~17.
白 鐵, 「新人과 現代意識-本質을 찾어지고 있는가」, 『朝鮮日報』, 1955. 10. 18~28
_____, 「轉形期의 文學」, 『思想界』, 1955. 10.
金東里, 「豊穰盛作의 乙未 文壇-各部門에서 新人 進出의 盛觀」, 『東亞日報』, 1955. 12. 13~24.
孫宇聲, 「自主人間의 길-젊은 世代에의 提言」, 『朝鮮日報』, 1956. 1. 9~11.
趙演鉉, 「우리나라의 批評文學-그 回顧와 展望」, 『文學藝術』, 1956. 1.
郭種元, 「新人大望論」, 『中央日報』, 1956. 1. 20~22.
李英一, 「歷史的經驗과 文學-作家精神과 그 責任에 對하여」, 『詩와 批評』, 1956. 2.
崔一秀, 「우리 文學에 있어서 新人의 位置-民族文學의 現代化를 中心으로」, 『文學藝術』, 1956. 2.
洪思重, 「新世代의 文學-辨明과 抗拒와」, 『서울신문』, 1956. 3. 8~9.
_____, 「近代的인 것의 韓國的 構造」, 『現代文學』, 1956. 3.
趙演鉉, 「批評의 新世代」, 『文學藝術』, 1956. 3.
金東里, 「文人新世代의 問題-新人에 대한 몇 가지 附議」, 『朝鮮中央日報』, 1956. 4. 12~14.
李奉來, 「新世代論-作家를 中心으로 한 試論」, 『文學藝術』, 1956. 4.
李御寧, 「偶像의 誕生-文學的 革命期를 위하여」, 『한국일보』, 1956. 5. 6.
崔一男, 「文學村 周邊-新人의 發言」, 『聯合新聞』, 1956. 6. 24.
座談會, 「新世代를 말하는 新進作家 座談會」, 『現代文學』, 1956. 7.
金良洙, 「新世代에의 附言」, 『現代文學』, 1956. 9.
鄭泰鏞, 「新世代는 왔는가」, 『朝鮮日報』, 1956. 9. 7~10.
文德守, 「批評의 모랄-一部新人의 亂暴에 對하여」, 『現代文學』, 1956. 11.

7) 郭種元, 「新世代의 文學精神-두 世界의 對決을 捕捉하려는 努力」, 『서울신문』,

文學』이 창간되면서 신세대 비평가가 대거 등장하는데, 崔一秀, 金宇種, 金種厚, 柳宗鎬, 李英一, 鄭昌範, 洪思重, 高錫珪, 李哲範, 尹炳魯, 李御寧, 金相一, 金聖旭, 千祥炳 등이 그들이다. 일시에 신진 비평가들이 대거 등장하면서 신세대 논의가 크게 부각되는 시기가 바로 1955, 1956년경이 되는 것이다.

50년대 세대 논의는 대체로 논쟁적 성격보다는 논자들이 자신의 주장을 개별적으로 펼치는 형식으로 진행되었다. 신세대에 대한 기성문인의 태도는 다소 호의적이었으며 신세대 문인들도 기성문인에 대해 모두 반기를 들고 나온 것은 아니었다. 기성문인들은 대체로 자신들의 한계를 어느 정도 인정하면서 '新人待望論'을 펼치고 있는데, 廉想涉이나 白鐵, 孫宇聲 등은 물론이고 신세대의 표적이 되었던 金東里조차도 신세대 문인들에게 기대어린 비판을 한다. 말하자면 당시 신세대 문인들 뿐 아니라 기성세대도 기성세대의 문학정신과 방법을 넘어서야 한다는 데에 어

1957. 1. 25・27.

李御寧, 「火田民 地域」, 『京鄕新聞』, 1957. 1.

______, 「新人論」, 『聯合新聞』, 1957. 7.

______, 「土人과 生麥酒」, 『聯合新聞』, 1958. 1.

______, 「韓國 小說의 어제와 오늘-주로 解放後의 세 作家를 中心으로」, 『知性』 1958. 여름.

金東里, 「新人의 作品世界-55年 以後의 作家들에 대해」, 『平和新聞』, 1957. 9. 20~27.

李英一, 「韓國小說의 두 世代-創作月評」, 『한국일보』, 1958. 4. 3~4.

崔一秀, 「新人의 輩出과 文學的狀況」, 『自由世界』, 1958. 4.

______, 「文學上의 世代意識」, 『知性』, 1958. 9.

金良洙, 「새로운 世代의 文學精神-再讀 民族文學 確立의 課題」, 『現代文學』, 1958. 3.

金宇種, 「文學의 世代問題-責任의 缺乏」, 『東亞日報』, 1959. 4. 30.

白 鐵, 「韓國新世代의 怒한 作品世界」, 『現代文學』, 1960. 10.

金宇種, 「새 世代 새 文學」, 『自由文學』, 1961. 1.

金純南, 「新世代에 對한 再論-新世代의 確認」, 『한양』, 1962. 1.

李俊錫, 「<新世代에 대한 再論>을 읽고」, 『한양』, 1962. 8.

느 정도 합의를 하고 있었다. 이는 전후의 불모의 상황에서 새로운 문학을 건설해야 한다는 강박적 의식에 휩싸여 있었기 때문으로 판단된다. 하지만 새로운 문학을 건설해야 한다는 데에는 서로 어느 정도 합의하고 있었지만 방법론적 입장이 서로 달랐고, 이에 따른 신구 사이의 의견 충돌도 없었던 것은 아니다.8)

趙演鉉은 신세대 문인들과 공조를 이루며 전후 우리 평론계를 새롭게 형성하려고 노력한 대표적 비평가이다. 그는 당대의 기성 비평계의 왜소함을 강조하면서 신진 비평가들에 대한 기대를 피력한다.

> 지금 現役으로 批評을 專攻하고 있는 사람들은 洪曉民, 白鐵, 郭種元, 林肯載, 李奉來, 千祥炳, 鄭昌範, 金良洙, 崔一秀 등이다. 이외의 評客들은 越北한지 오래거나 그렇지 않으면 月評하나 제대로 못 쓰게 老退했다. 勿論 詩人이나 小說家로서 批評에 參加해 있고 그러한 사람들 중에서 職業的 專門的인 前記한 사람들보다도 더 기대되는 論客이 많으나 비평문학이 독립적인 地位를 恢復 確立하는 데에는 역시 不足한 대로 前記한 專攻家들에게 期待를 걸 수 밖에는 없는 것이다. 그러나 前記한 사람들 중에 現役으로 活動하고 있는 사람은 白鐵과 郭種元 정도에 지나지 않는다. 萬一 洪曉民까지 合친 이 세 사람이 지금까지의 旣成評壇을 代表한다고 본다면 이 땅의 批評文學에 對한 不信의 表白에 이 사람들은 對答해 줄 責任을 져야 할 것이다. 지금 評壇에의 期待는 文壇의 전 傾向이 그러한 것과 같이 이 新人들에게 돌아가고 있는 것 같다. 그렇다면 最近에 登場한 金良洙, 鄭昌範, 崔一秀 등의 評壇의 新銳 그들과 함께 參加

8) 한수영은 50년대 세대론은 기성세대가 "'스스로의 시효만료를 선언하고 신세대 대망론을 펼쳤다는 점에서 특이한 세대교체라고 하지 않을 수 없다'"고 한다. 하지만 신구 세대가 완전히 단절된 것이 아니라는 점에서 '시효만료 선언'이라는 말은 지나친 표현이다(한수영, 『1950년대 한국 문예비평론 연구』, 32~33쪽).

될 다른 新人들과 함께 이 評壇의 無氣力을 開拓하고 批評文學의 獨立的인 地位의 確立을 爲한 責任을 져야 할 것이다.[9)]

위의 인용문은 당시 비평계의 상황을 잘 드러내주고 있다. 그의 지적대로 당대의 비평계에서 기성 비평이 노퇴한 것은 사실이다. 하지만 비평계의 공백은, 기성 비평가들의 노퇴 때문이라기보다 해방과 전쟁 중에 죽거나 월북한 문인이 많다는 데 더 큰 원인이 있다고 보아야 할 것이다. 이러한 문제는 비단 비평계에 한한 것이 아니었다. 김현은 당시의 이러한 우리 문단을 '先輩 없는 時代' 혹은 '遺産 없는 時代'[10)]라고 말하고 있다. 이는 다소 과장처럼 느껴지기도 하지만 일면 타당성이 있는 말이기도 하다. 1950년대 중반의 기성문단은 廉想涉, 白鐵, 金東里, 趙演鉉, 黃順元, 徐廷柱, 朴木月, 趙芝勳, 朴斗鎭 등이 거의 전부였으며 여기서도 대가급에 드는 작가로는 廉想涉 뿐이었고 나머지는 중견이라 해야 옳기 때문이다. 이로 인해 金東里 등이 일거에 대가의 지위를 획득한 상황이었다.

이러한 상황에서 趙演鉉은 신세대의 임무로 두 가지를 지적한다.[11)] 그

---

9) 趙演鉉, 「우리나라의 批評文學-그 回顧와 展望」, 『文學藝術』, 1956. 1, 133~134쪽.

10) 김현은 50년대를 평가하는 자리(「테로리즘의 文學-五十年代 文學小考」, 『문학과 지성』, 1971. 여름)에서 50년대의 문단 상황을 다음과 같이 서술한다.

"解放·戰爭통에 실력있는 상당수의 문학인들이 월북하지 않았으며 죽었기 때문이다. 『現代文學』과 『文學藝術』의 創刊을 보아 새로운 文人들이 대거 등장하기 시작한 55년대의 한국문학은 廉想涉, 金東里, 徐廷柱, 朴木月, 趙芝勳, 朴斗鎭 씨 등의 몇몇 先輩만을 남긴다. 위의 先輩들중에서도 廉想涉만 제외한다면, 作品活動이나 주어진 관심도에 있어서 그들은 거의 新人들이라 하지 않을 수 없다. 한국문학은 先輩없는 시대를 맞이한 것이다. 동시에 상당수의 작가·시인들이 월북하여 정치적으로 상대적인 위치에 서버림으로써, 30년대의 한국문학의 문학적 결정들의 상당수가 일실되어 遺産없는 시대를 만들어낸다. …(중략)… 당대의 문학 지망생들로는 金東里, 徐廷柱, 朴木月, 朴斗鎭, 趙芝勳, 金顯承 씨 등의 시인 작가들은 극복의 대상이라기보다는 함께 한국문학을 만들어가야할 동료에 지나지 않는다. 이러한 환경 속에서 55年代의 문학인들이 등장한다."

하나는 비평의 독립성을 획득해야 한다는 것이다. 이것은 세대론을 넘어서 趙演鉉 자신이 비평의 숙제처럼 여기고 있었던 것처럼 여겨진다. 사실상 우리 문학사에서 황금기라고 할 수 있는 30년대에조차 많은 비평가들이 창작을 겸하고 있었다는 점에서 온전한 비평의 독립은 이루어지지 않았다. 그는 당대 비평계를 주도하는 입장에서 이것을 반드시 풀어야 과제로 여겼다고 생각 할 수 있다. 다른 하나는 신세대 비평가들이 신세대 작가 시인들의 대변자가 되어야 한다는 것이다. 신세대 작가들의 작품에 대한 해석이 金東里와 白鐵에 의해서 이루어지고 있다[12]는 점을 생각하면 趙演鉉의 이러한 주장은 매우 의미 있는 것이다. 사실상 신세대 비평가들의 세대론은 작품과 유리된 채 추상적 당위성에만 집착하고 있다는 점에서 논리적 약체성을 드러내고 있었으며, 끝내 구체적인 세대의식을 형성하지 못하는 것도 같은 세대 작가들의 작품에서 이론의 실체를 얻지 못한 데 있었기 때문이다.

白鐵은 신세대 문학의 서구 추수적인적 경향에 대해 다소 비판적 시각을 보여준다. 그는 「新人과 現代意識-本質은 찾어지고 있는가」[13]에서 신세대의 작품들을 세밀하게 분석하면서, 신세대 작가들의 성과를 어느 정도 인정하지만 그들이 지나치게 현대적 불안의식과 심리적 내면에 침윤된 것으로 파악한다.[14] 그에게 신세대의 문학은 곧 현대문학이고, 또한

11) 趙演鉉의 이러한 주장은 「批評의 新世代」에서 재차 이루어진다.

12) 金東里, 「神話에의 現代意識-50年代 作家들의 作品世界」, 『서울신문』, 1955. 10. 14 ~31.

_____, 「新人의 作品世界-55年 以後의 作家들에 대해」, 『平和新聞』, 1957. 9. 20 ~27.

白 鐵, 「新人과 現代意識-本質을 찾어지고 있는가」, 『朝鮮日報』, 1955. 10. 18~28.

_____, 「轉形期의 文學」, 『思想界』, 1955. 10.

13) 白 鐵, 앞의 글.

14) 金東里 역시 「神話에의 現代意識-50年代 作家들의 作品世界」(『서울신문』, 1955. 10. 14~31)에서 신세대 문인들의 작품을 세밀하게 해석하면서 비슷한 결론을 내

그것은 '분산 혼란'된 것이요 병적인 것이다. 그는 이러한 현대문학을 '轉形期의 文學'[15]으로 파악한다.

> 結論的으로 現代文學이 아직 아무리 分散 혼란의 것이오, 그정신에 있어서 病的이오 불행한 것이 彌漫하지만 동시에 이것이 직접 새로운 역사적인 契機로 되고 있는 것이 명백한 것으로 파악하고 싶은 것이며 그 大立場에서 현대문학은 하나의 過渡期의 문학, 그것을 形態的으로 봐서 하나의 轉形期의 문학인 것이다. 사람들은 믿고 희망하고 意慾하면서 도래한 新紀元의 현실을 준비할 시대라고 생각하는 것이다.[16]

白鐵에게 있어서 현대는 근본적으로 불안의 시대이어서 현대문학은 어쩔 수 없이 불안의식과 내면적 심리에 침윤될 수밖에 없지만 이는 일시적이며 과도기적인 현상이다. 그는 이러한 병적 인식을 넘어서야 하고 충분히 넘어설 수 있는 것으로 파악함으로써 '現代的 危機'에 대해 낙관론을 펼치고 있었다. 그럼에도 불구하고, 그가 보기에 신세대 작가들은 이를 극복할 의지를 전혀 가지려 하지 않는다는 것이다. 이에 대해 李英一이 직접적인 반론을 제기하는데, 그는 불안한 현실 속에서 신세대가 추구할 문학은 어쩔 수 없이 실존주의일 수밖에 없다고 한다. 하지만 그는 난삽한 문장 속에서 모호한 주장을 내세움으로써 白鐵의 주장에 비해 논리적 설득력을 얻지는 못한다.[17] 반면 洪思重은 "不安意識에서 昏迷의 表情을 지우던 韓國文學은 六·二五 의 激甚한 歷史的 試鍊을 겪은 다음에도 또다시 不安과 逃避로 暗轉되어 간다"고 하며 白鐵의 주장을 어느

린다. 金東里는 신세대 작가 시인에 대해서 호의적인 편이었으나 비평가들에 대해서는 대체로 비판적이었다(金東里, 「本格小說의 製作期」, 1959. 1. 9).

15) 白 鐵, 「轉形期의 文學」, 『思想界』, 1955. 10.

16) 白 鐵, 위의 글, 289쪽.

17) 李英一, 「歷史的經驗과 文學-作家精神과 그 責任에 對하여」, 『詩와 批評』, 1956. 2.

정도 인정하면서 신세대의 작가들의 입장도 이해하는 경향을 보임으로써 白鐵의 낙관론을 희석시키고 있다.[18)]

李奉來는 추상적 논리보다는 현상적 설명을 통해 신세대의 서구적 경향을 대변함으로써 상당한 설득력을 확보한다. 그는 당대 신세대 작가들의 성격과 작품을 면밀히 검토함으로써 당시 신세대 작가들의 특성에 대한 어느 정도 일목요연한 설명을 제공한다. 그는 20세기의 시대사조가 不安, 恐怖, 絶望, 不條理, 虛無 등의 破滅的 要素로 형성되었다는 것을 사실로 받아들인다. 또한 신세대의 사고방식은 이러한 파멸적 요소로 형성되었기 때문에 그들의 현실 대결의 자세는 어쩔 수 없이 '現實 拒否' 또는 '現實 不信'의 방향으로 나갈 수밖에 없다고 한다. 그러면서 "新世代가 絶望과 虛無의 시궁창 속에서 安坐하지 않고, 오히려 그것을 精神의 基盤으로 삼아 거기서 한 줄기 光線을 찾으려고 摸索하고 있"[19)]다고 주장한다.

그는 孫昌涉, 金聲翰, 張龍鶴, 郭鶴松, 鄭漢淑 등을 신세대의 특징을 문학에 반영하고 있는 '第1次 新世代群'이라 하고 그 뒤를 잇는 金光植, 吳尙源, 全光鏞 등을 '第2次 新世代群'이라고 한다. 그는 이 글에서 제1차 신세대군에 대한 각각의 작가론을 펴고 있는데, 그들에게 있어서 "現實不信, 現實拒否는 오히려 現實에 密着하여 試圖하는 現實抵抗을 意味한는 것이기 때문에 그것은 無意志 無目的이 될 수는 없"[20)]다고 함으로써 그는 신세대 작가들에 대한 긍정적 평가를 보여준다. 말하자면 그들은 시대의 문제를 충실히 고민하면서 절실하게 표현하고 있는 것이다.

서구적 현대문학을 추구하면서 기성세대와 가장 첨예하게 대립했던 신세대 문인은 李御寧이다. 그는 문단에 들어서면서부터 모든 기성을 우

---

18) 洪思重, 「近代的인 것의 韓國的 構造」, 『現代文學』, 1956. 3, 188~189쪽.
19) 李奉來, 위의 글, 135쪽.
20) 李奉來, 위의 글, 같은 쪽.

상이라고 하며 피괴의 대상이라고 부르짖는다.[21] 그는 金東里를 가장 대표적인 우상으로 규정하고 "金東里씨의 제三 휴우머니즘이라는 좀 수상한 사상은 솔직히 말해서 루소 이전의 낡은 사고의 봇짐"이라고 동박한다. 또한 趙鄕을 일러 "현대라는 말을 생활에서가 아니라 현대 문예 사전과 얄팍한 유행물의 팜플렛에서 배워온 것 같다"고 하고, 李無影에 대해서는 "우매의 우상 중에서 가장 높은 옥좌를 차지한다"고 말한다. 하지만 그는 구세대만을 비판의 대상으로 삼은 것은 아니다. 崔一秀를 "M자와 W자 정도의 구별이라도 하고 외국 문학을 논하는지 저으기 의심스럽다"고 비난하는 것이다. 그러면서 孫昌涉, 金聲翰, 張龍鶴, 鮮于煇, 宋炳洙, 吳尙源, 徐基源 등의 신세대 작가들을 옹호하고 나선다.[22] 그는 신세대 작가의 공통된 특색을 "時代의 良心과 현대적 情況을 향해 적극적으로 발을 들여놓은 그 의지로 한편의 작품을 창작하고 있다"[23]고 말한다. 그러면서 50년대 말에는 기성세대의 대표격인 金東里와 치열한 논쟁을 벌이기도 한다.[24]

---

21) 李御寧, 「偶像의 破壞」, 『한국일보』, 1956. 5. 6.

22) 李御寧, 「新人論」, 『聯合新聞』, 1957. 7.
　　______, 「韓國 小說의 어제와 오늘-주로 解放後의 세 作家를 中心으로」, 『知性』 1958. 여름.

23) 李御寧, 「新人論」, 『聯合新聞』, 1957. 7. (여기서는 『抵抗의 文學』, 1959, 경지사, 144쪽.)

24) 金東里가 1959년 1월 9일자 『서울신문』에 「本格小說의 製作期」를 발표하자 金宇種은 23일자 『朝鮮日報』를 통해 「中間小說論을 批評함-金東里氏의 發言에 對하여」를 발표하면서 金東里를 비판한다. 이에 대해 金東里는 다시 『朝鮮日報』에 「論爭條件과 座標問題(2월 1, 2일)」를 발표한다. 여기에서 金東里는 金宇種 뿐 아니라 李御寧을 함께 거론함으로써 논쟁은 『京鄕新聞』으로 옮겨 난전으로 치닫게 된다.

이때부터는 주로 金東里와 李御寧 사이의 치열한 공방전이 전개된다. 李御寧의 「永遠한 矛盾-金東里氏에게 묻는다(京鄕新聞, 2. 9~10)」, 金東里의 「座標 以前과 모래알과-李御寧氏에 答함(京鄕新聞, 2. 18~19)」, 李御寧의 「論爭의 焦點-다시 金東里氏에게(京鄕新聞, 2. 26~28)」, 金東里의 「焦點, 離脫치 말라-批評의 倫理와 論理的 責任(京鄕新聞, 3. 6)」, 李御寧의 「喜劇을 원하는가(京鄕新聞, 3. 12~

李御寧은 일체의 기성세대적인 것을 부정하며 당대를 '엉겅퀴와 가시나무 그리고 돌무더기가 있는 荒蔘한 地平'으로 파악한다. '엉겅퀴와 가시나무 그리고 돌무더기'는 구세대 문인들을 비유적으로 드러낸 말로 이해할 수 있으며 이에 대해 신세대 문인들은 火田民에 비유되는 것을 알 수 있다. 그래서 구세대의 비유인 '엉겅퀴와 가시나무 그리고 돌무더기'를 불사르는 '불의 작업'이야말로 '새 世代 文學人의 문학정신'이 되는 것이다. 이것은 바로 그의 비평의 핵심인 저항문학론을 형성하는 근거가 된다. 또한 이러한 부정 정신은 전통에 대한 비판으로도 구체화된다. 그는 趙演鉉, 金東里, 徐廷柱 등의 傳統論을 프로빈셜리즘으로 규정하고 이를 철저히 비판한다.[25] 한편으로 그는 나름의 문예이론을 수립하는 데에도 노력을 아끼지 않았다.[26]

---

14)」, 金東里의 「눈물의 意味(京鄕新聞, 3. 20~22)」 등 여섯 차례에 걸쳐 글을 주고받는데, 한편 李御寧의 「永遠한 矛盾」에 대해 元亨甲이 「禁斷의 武器-李御寧氏의 永遠한 矛盾을 읽고(聯合新聞, 2. 15~16)」을 발표하면서 김동리를 옹호하기도 한다.

李御寧은 金東里의 글에 대해 세 가지 문제를 지적한다. 金東里가, 吳尙源의 문장에 대해 '知性的'이라고 한 점과 秋湜의 『人間除隊』 등의 소설이 '極限意識'을 담은 작품이라고 평가한 점 그리고 韓末淑의 『神話의 斷崖』에 대한 논의에서 원어에도 없는 '實存性'이라는 말을 사용했다는 점이다. 이 논쟁은 꽤 오랫동안 진행되었으나 몇 가지의 용어를 둘러싼 말씨름에서 시작해서 감정싸움으로 이어져 내용 없는 논쟁이 되고 말았다.

이 논쟁을 몇몇 연구자는 실존주의 논쟁으로 분류하기도 한다. 金允植은 김동리의 입장에서 이 논쟁을 살펴봄으로써 다소 중요한 의미를 부여하고 있으나(『한국 근대 문학사상 연구 2』, 아세아문화사, 1994, 182~192쪽) 전기철(『한국 전후 문예비평연구』, 국학자료원, 1994, 59~63쪽)과 한수영(「1950년대 한국 문예비평론 연구」, 연세대학교 박사학위논문, 1995, 134~141쪽)은 이 논쟁이 내용성 없는 언쟁에 불과했다고 평가하고 있다. 필자의 견해로는, 이 논쟁은 몇몇의 실존주의적 용어를 둘러싼 언쟁이 되어 실존주의의 본질과는 거리가 멀어 문학적으로 그리 큰 의미를 찾기는 어렵다. 다만 기성세대를 대표하는 金東里와 기성세대를 가장 강렬하게 비판하고 나섰던 李御寧의 대결이라는 점에서 세대론의 차원에서 다소 중요한 의미를 지닌다고 본다.

25) 李御寧, 「土人과 生麥酒」, 『聯合新聞』, 1958. 1.

26) 李御寧, 「현대시의 'Umgebung'과 'Umbelt'」, 『문학예술』, 1956. 10.

李御寧의 세대론은 신세대 작가들의 작품에 대한 분석은 이론의 구체성을 추구한다는 점에서 李奉來의 「新世代論」과 더불어 중요한 의미를 지닌다. 지나칠 만큼 강한 기성에 대한 전면 부정은 새로운 문학 건설의 발판이 되는 것이기도 했다. 하지만 다소 과장적 어조와 지나친 수사는 때로 초점을 흐리게 하는 경향이 있었으며 감정적 발언을 통한 기성에 대한 철저한 부정은 정당한 논의의 장을 형성하는 데 장애가 되기도 했다. 李御寧의 세대론은 전후 문단을 완전한 새 출발의 계기로 만든다는 데에 매우 중요한 의미를 지니지만 '비평의 모랄'이라는 측면에서 비판의 대상이 되기도 했다.[27)]

신구 사이의 갈등은 주로 서구적 현대문학을 지향하는 신세대 문인들과 이에 대해 비판적인 기성세대 문인들 사이에서 벌어지고 있는데, 이는 현대문학에 대한 인식의 차이에서 오는 것이다.

> 누구든지 흔히 「現代」라는 말을 쓰고 있다. 허나 그렇게 흔히 쓰고 있는 「現代」의 概念을 明確히 把握하고 있는 사람은 드물다. 「現代」라는 말을 쓸 적 마다 나는 어쩔 수 없는 부끄러움을 느낀다. 왜냐하면 「現代」에 살고 있다는 漠然한 意識만을 가지고 아무렇게나 「現代」 라는 말을 쓸 수 있을 것이며 또한 우리가 살고 있는 韓國의 風土에 眞正한 「現代」가 存在하고 있는 것인가 하는, 懷疑가 앞서기 때문이다.[28)]

당시에 현대라는 말이 얼마나 많이 쓰이고 있었으며, 그 의미가 얼마

______, 「카타르시스 문학론」, 『文學藝術』, 1957. 3~12.
______, 「批評의 基準」, 『思想界』, 1957. 9.
______, 「詩와 束縛」, 『현대시』, 1958. 8.

27) 文德守는 이러한 인신공격적 행위를 '문학적 테러」라고 규정하기도 한다(文德守, 「批評의 모랄-一部新人의 亂暴에 對하여」, 『現代文學』, 1956. 11).

28) 李奉來, 「韓國의 모던이즘」, 『文學藝術』, 1956. 4, 86쪽.

나 모호하게 쓰이고 있었는지를 단적으로 보여주는 대목이다. 50년대 문인들이 신구를 막론하고 '현대' 혹은 '현대문학'이라는 용어를 이토록 많이 사용하는 이유는, 그들 자신이 6·25 전쟁 이후 우리의 현대문학을 수립해야한다는 역사적 당위성 앞에 놓여 있다는 강박적 인식에 사로잡혀 있었기 때문이라고 판단된다.

당시 현대문학이라는 용어가 명확하게 사용한 된 것은 아니지만 대체로 그 의미를 추적해 보면, 50년대에 현대문학이란 문인들에게 신구 모두에게 일차적으로 서구의 20세기 혹은 1차 세계대전 이후의 문학이었으며 그것은 모더니즘 혹은 실존주의 문학이다. 또한 그들에게 한국의 현대문학은 해방 혹은 6·25 전쟁 이후의 문학을 의미한다. 그들은 해방 혹은 6·25 전쟁 이전의 우리 문학을 근대문학이라고 생각했으며, 그것은 리얼리즘 혹은 자연주의 문학으로 19세기 서구문학에 대응되는 것이었다. 그들은 우리 문학이 해방 혹은 6·25 전쟁 전에 아직 서구의 19세기적 문학에 머물러 있다고 여겼던 것으로 보인다.29) 50년대에 가장 크게 제기된

29) 최근 문학 연구에서 Modernity의 문제가 매우 중요하게 대두되고 있다. 이는 사회과학적인 혹은 역사철학적인 용어지만 이미 인문학 전반에서 가장 중요한 테제가 되고 있다. 사실상 근대성 혹은 현대성으로 번역되는 Modernity는 과학적 개념을 지닌 용어로 받아들일 수 있는 반면 '현대'란 Cntemporary 즉 '동시대'라는 의미를 가지는 일반적 용어로 받아들여진다.

한수영은 당시에 수없이 거론되던 현대라는 용어를 모더니티와 같은 의미로 보고 있다(한수영, 「1950년대 한국 문예비평론 연구」, 연세대학교 박사학위논문, 1995, 35쪽). 하지만 필자의 견해로는, 당시의 현대라는 용어는 논리적 근거에 입각하지 않고 막연하게 사용하고 있다. 그것은 50년대 문인들에게 현대란 서구의 20세기 혹은 1차 세계대전 이후를 의미하는 듯하다. 여기에는 우리 문학이 해방 전에 아직 서구의 19세기적 문학에 머물러 있다는 생각이 담겨있으며, 그들이 생각할 때 그것은 근대문학이며 곧 자연주의 문학이다. 그들은 근대문학이 아니라 현대문학을 수립해야 한다는 의무감을 가지고 있었던 셈이다. 50년대에 가장 크게 제기된 문제는 모더니즘론이었는데, 이것은 곧 현대문학을 수립하는 한 관문에 속하는 것이었다. 하지만 과연 서구의 현대문학을 그대로 좇을 것인가 하는 문제 속에서 전통론이 함께 제기된다. 세대론은 이러한 문제들을 포괄적으로 보여준다. 이러한 점을 다음과 같은 글에서 잘 확인된다.

문제는 모더니즘론이나 실존주의 문학론이었는데, 그들에게 모더니즘 혹은 실존주의 문학은 현대문학을 수립하는 한 관문에 속하는 것이다.30)

과연 서구적 현대문학을 곧바로 우리의 현대문학으로 받아들일 것인가에 대한 문제의식 속에서 전통론이 제기된다. 전통론은 전통에 대한 극복이냐 계승이냐 혹은 단절이냐 부정이냐 하는 문제를 둘러싼 논의였다. 대체적으로 기성세대가 전통 극복 혹은 계승의 입장에 섰다면, 신세대는 단절 혹은 부정의 입장에 섰다. 대부분이 신세대는 서구문학을 곧바로 현대문학이라고 생각한 반면 기성세대는 거기에 일정한 회의를 품고 있었다. 따라서 전통론은 다시 현대문학의 수립이라는 문제와 직접적으로 연관되는데 50년대 현대문학 수립의 과제란 결국 어떻게 우리의 특

"내가 여기서 旣成人의 作品과 따로 新人作品을 이야기 하는데 興味를 느끼는 것은 이들의 作 世界에는 確實히 旣成人의 것과 색다른 어떤 地下 意識이 「푸른 꽃」(슐레겔의 작품)이 피어나고 있기 때문이다. 그 意識은 勿論 上揭한 모든 新人作品에 全部 通用된 것이 아니지만 적어도 그 殆半의 것과 關聯되어 있는 것이다. 이것을 現代意識이라 불러서 좋을지 모르나 하여튼 그것은 二十 世紀의 意識인데 틀림이 없는 一次大戰後的인 文學意識이 이제 우리 新人世界에 와서 群像의 時代的인 意味로 表現되고 있다. 말하자면 그 二十世紀的 現代文學의 意識世界의 特質들이 훨씬 廣範圍하게 우리 文壇 위에 反映을 보이고 있는 事實에 對해서 우리들은 하나의 可否論을 말해야 하는 時期인 것이다."(白鐵, 「新人과 現代意識-本質은 찾어지고 있는가」, 『朝鮮日報』, 1955. 10. 18.)

30) 50년대 문학에서 실존주의와 모더니즘은 상당히 밀접한 관계를 지닌다. 전기철은 모더니즘과 실존주의에 대해 다음과 같이 말한다.

"50년대 비평가들은 전쟁 이전의 문학사상이나 문학적 방법에 이의를 제기한다. 그들은 전쟁이라는 폐허의 극한 상황에서 문학은 말할 것도 없고 인간 자체가 부정되는 현실을 과거적인 문학사상이나 방법으로는 극복할 수 없다고 보고 새로운 문학사상이나 방법을 요구한다. 그것이 실존주의이고 모더니즘이다. 전후 문예사조란 실존주의이며 방법으로서의 모더니즘이다. 불안과 위기의식에 처형당한 그들에게 이 불안과 위기의 진실을 보여주는 현실적인 문학사상으로서 실존주의와 모더니즘은 혼합된 상태에서 수용된다.'(『한국전후문예비평연구』, 국학자료원, 1994, 11쪽.)

전기철의 이러한 주장은 대체적으로 옳다. 하지만 모든 50년대 비평가가 그랬던 것은 아니며 신세대 비평가 중에서도 상당수 모더니즘 혹은 실존주의에 대해 반박을 한다. 崔一秀가 그 대표적인 예이다.

수성을 잃지 않으면서 세계성을 성취하느냐 하는 문제이며, 그것은 곧 전통과 서구 정신의 조화를 어떻게 이루는가 하는 문제이기 때문이다. 결국 서구 추수적 경향이나 전통적 복고주의는 하나의 문제에서 나온 두 가지의 결과였으며 모두 극복되어야할 것들이었다.

신세대 비평가 중에서 당대의 이러한 문제를 성실하게 고민한 비평가로서는 崔一秀를 꼽을 수 있다. 崔一秀는 신세대 비평가이면서도 온건한 자세를 유지하면서 서구 추수적인 경향에 대해서 비판적인 태도를 취하고 전통론에 대해서도 관심을 보인다. 하지만 그가 전통 추수로 나아갔던 것은 아니다. 그에게 신세대의 문학적 과제는 서구와 전통 사이에서 어떤 조화로운 상태를 찾아가는 것이었는데, 그것이 그가 내세운 민족문학의 내용이다.

> 6·25 戰亂과 더불어 後半期에 들어선 우리 文學에 있어서 新人의 位置란 무엇보다도 現代意識과 傳統繼承을 密着시켜야하는 問題가 그 어느때 보다도 몸소 要求되고 있는 그러한 時代的 特徵을 지니고 있는 것이다.
>
> 그리하여 現實의 不安에만 사로잡혀 苦悶만 하고 갈피를 잡지 못하고 있던 西歐의 前半期的 絶望과 分裂의 世代를 넘어서야했고 또한 民族文學의 새로운 展望과 그 方向을 啓示하기 위하여 一般的인 槪念을 止揚하면서 展開되어야하는 文學運動의 具體的인 問題와 그 方法이 提起되고 摸索되어야만 했다. …(중략)… 때문에 苦悶보다도 切迫한 不安을 克服하기 위한 强靭한 創造意識이 앞서야 했고 또한 理論에 密着되어야하는 生活의 信念이 한결 要求되면서 安易한 人間性의 生理的 感覺보다는 當爲的인 方向으로 止揚하며 있는 統一된 人間意識의 探究를 通하여 새로운 形態의 「휴매니즘」을 우리의 特殊한 民族的 位置에 비추어 創現하려고 摸索하는 것이 우리 新人들의 文學精神이어야 한다고 생각한다.[31]

위의 인용문을 요약하면, 신세대 문인들에게 요구되는 것은 "現代意識과 傳統繼承을 밀착시켜야 한다"는 것이다. 崔一秀가 말하는 신세대의 문학정신은 "西歐의 前半期的 絶望과 分裂의 世代를 넘어서"고 "民族文學의 새로운 展望과 그 方向을 啓示"하기 위하여 "統一된 人間意識의 探究를 通하여 새로운 形態의 「휴매니즘」을 우리의 特殊한 民族的 位置에 비추어 創現하려고 摸索하는 것"이다. 결국 崔一秀가 주장하는 것은 민족문학이며, 그것은 현대의식과 전통 계승의 조화를 이루는 것이다. 여기에서 '휴매니즘'은 현대의식에 대응되는 것이며 "民族的 位置에 비춘다"는 말은 전통 계승에 대응되는 것이다.

> 끝으로 이 問題를 통털어 概括하여 結論을 얻으면 첫째 現代文學은 過渡期의 文學이나 荒蕪地가 아니라 歷史的 時代의 한 段階로서 特殊한 位置를 가지고 나아가는 새로운 形成期에 있다는 點, 둘째로 따라서 現代文學의 基底에는 抵抗精神이라는 歷史的 內容과 行動性이라는 主體的 形式을 지니고 文學精神을 이루고 있으며 셋째로 이러한 世界文學的 情況에서 落後되어 있는 우리 文學이지만 八·一五 解放과 六·二五動亂을 契機로 해서 아직 近代文學의 觀照的 傾向이 支配的임에도 불구하고 活潑하게 새로운 現代文學을 追求하면서 出發하고 있으며 네째로 西歐文學이 겪은 現代와 또 우리가 지금 出發하고 있는 그것과는 抵抗精神과 行動性이라는 同一한 歷史的 特質 基盤으로 하면서 西歐의 境遇와 우리의 그것이 다르기 때문에 그대로 機械的인 追從을 할 수 없다는 것이다. 또한 歷史發展의 不反復的 特殊性 때문에 우리 文學의 現代的 要素는 主體的 特性과 보다 새로운 形態의 것이 追求되고 있다는 點이다.[32]

---

31) 崔一秀, 「우리 文學에 있어서 新人의 位置-民族文學의 現代化를 中心으로」, 『文學藝術』, 1956. 2, 116~117쪽.
32) 崔一秀, 「現代文學의 根本 特質」, 『現代文學』, 1957. 1, 80쪽.

崔一秀는 네 가지 특징으로 현대문학을 설명하고 있다. 우선 현대문학이 '轉形期' 혹은 '過渡期'에 있다는 백철의 주장을 반대하며, 50년대의 많은 여타 비평가들이 주장하는 '荒蕪地 의식'도 부정한다. 그에게 있어 현대문학은 역사적으로 하나의 단계를 형성하는 과정에 있는 것이다. 그는 현대문학의 기저에서 저항정신이라는 역사적 내용과 행동성이라는 주체적 형식을 찾는다. 또한 우리 문학이 현대문학으로 나아가고 있으며 그것은 서구적인 것과는 다른 것이라는 점을 지적한다.

여기서 가장 주목할 만한 점은, 그가 우리의 역사적 상황을 서구와 다르게 보고 있으며 따라서 우리의 현대문학도 달라야한다고 주장하는 네 번째 대목이다. 그는 역사란 반복되지 않는 개별적 사건이라는 명제를 끌어와 우리의 주체적 현대문학론을 제기하고 있는 것이다. 그것은 물론 세째 대목에서 밝히듯이 저항정신과 행동성이라는 보편성 혹은 세계성을 기반으로 한 한국적 특수성 혹은 민족성을 지닌 문학이 된다. 이는 곧 그가 생각하는 현대문학인데, 그의 민족문학론의 바탕이 되는 것이기도 하다.[33)][34)]

---

33) 이러한 생각을 기반으로 그는 끊임없이 분단의 극복이라는 문제에 천착한다. 또한 이는 그의 동남아 문학에 대한 관심과 깊은 관련이 있다(崔一秀, 「東南亞文學의 特殊性」, 『詩와 批評』, 1956. 2). 한수영은 이러한 崔一秀의 비평을 제3세계적 전망에서 바라보는 것이라고 파악한다(한수영, 「최일수 연구」, 『문학과 현실의 변증법』, 새미, 1997 참조).

34) 崔一秀와 같은 계통의 논리를 폈던 비평가로는 鄭泰鏞과 金良洙를 들 수 있다. 그들은 모더니즘이나 실존주의에 대해 비판적 거리를 두면서 한국적 현대문학을 수립하려고 애썼는데, 그것은 결국 민족문학론으로 귀결된다고 하겠다. 세대론에서도 崔一秀처럼 비판적 태도를 가지고 신세대의 입장에 섰다.

金良洙, 「新世代論에의 附言」, 『現代文學』, 1956. 9.

_____, 「民族文學 確立의 課題-二十世紀的 觀點에서의 方法論」, 『現代文學』, 1957. 12.

_____, 「韓國現代文學의 志向點-續 民族文學 確立의 課題」, 『現代文學』, 1958. 1.

_____, 「새로운 世代의 文學精神-再讀 民族文學 確立의 課題」, 『現代文學』, 1958. 3.

서구 추수적 경향과 전통 지향 사이에서 당대 우리 현대문학의 지향점을 모색했다는 점에서 崔一秀의 비평은 문제적이다. 그는 이러한 태도를 60년대 말까지 견지하고 나아간다.[35] 하지만 그의 비평은 당대의 문학 작품에 대한 치밀한 분석 없이 단순한 시대적 당위성만을 주장한다는 약점을 보인다. 그의 평론은 우리 문학 작품에 대한 깊은 이해에 바탕을 둔 것이 아니라 역사적 상황에만 역점을 둠으로써 계도비평적 성격으로 흐르는 경향이 있다. 작품과 유리된 채 이루어진 그의 논리는 공허한 이상론에 그치고 만 것이다. 그럼에도 불구하고 그의 문제의식은 인정할 만한 것이다. 극단적인 서구 편향이나 전통 지향이 주류이던 때에 비평적 균형을 지니려는 노력과 당대를 이해하는 문제의식은 값진 것으로 평가할 수 있기 때문이다.

지금까지 살펴보았듯이 50년대의 세대론은 李御寧의 논의를 제외하면 신구 세 대간의 격돌이었다기보다는 제각기 자신의 의견을 개진하는 형태를 취했다고 할 수 있다. 또한 신세대는 전후의 문학적 상황 공백기라고 인식하고 기성에 대한 반발 이전에 현대문학의 수립이라는 지상 과제에 더 큰 관심을 보였던 것이고 기성 문인들도 이에 어느 정도 합의하고

______, 「生命第一主義의 文學-補遺 民族文學 確立의 課題」, 『現代文學』, 1958. 4.
鄭泰鏞, 「新世代는 왔는가」, 『朝鮮日報』, 1956. 9. 7~10.
______, 「民族文學論」, 『現代文學』, 1956. 11.
______, 「實存主義와 不安」, 『現代文學』, 1958. 8.
______, 「韓國的인 것과 文學, 『現代文學』, 1963. 2.
______, 「傳統과 主體的 精神」, 『現代文學』, 1963. 8.
______, 「主體性과 批評精神」, 『現代文學』, 1964. 7.

35) 崔一秀, 「우리 文學의 現代的 方向-傳統의 올바른 繼承을 爲하여」, 『自由文學』, 1956. 12.
______, 「文學의 世界性과 民族性」, 『現代文學』, 57. 12~58. 4.
______, 「現代文學의 行方」, 『現代文學』, 1966. 2.
______, 「分斷의 文學-狀況不在의 六十年代 作家」, 『現代文學』, 1968. 4.
______, 「傳統主義와 世界主義-속 分斷의 文學」, 『現代文學』, 1969. 9.

있었다.[36] 그런데 대체로 작가들의 작품과 유리된 것이어서 추상적 논리에서 벗어나지 못함으로써 구체적인 논리를 획득하는 데는 실패하고 있는 듯하다. 그래서 50년대의 세대론은 현대문학의 수립에 대한 문제제기의 성격이 강하며 이러한 문제는 60년대로 이월된다. 그래서 사실상 50년대 신세대의 정신은 비평적 논의에서보다도 작가들의 작품에 의해서 도리어 큰 성과를 보는 것으로 판단된다.[37] 50년대의 작품들이 이후 많은 비평가들에 의해서 허무주의에의 매몰 혹은 한국 특수성을 세계적 보편성으로 치환했다는 비판을 받기도 하지만 그들은 나름대로 성실히 당대의 문제들을 작품으로 형상화하고 있기 때문이다.

3. 60년대 세대론과 한국문학의 가능성

60년대의 세대론은 50년대에 비해 폭넓게 진행된 것은 아니다. 60년대

---

36) 김현은, 50년대 세대론은 "춘원의 신세대론과 마찬가지로, 전통의 전무함에 대한 인식에서 시작"되며, "50년대의 세대론의 초점은 새로운 문학의 건설이지 과거와의 대립이 아니"라고 한다(김현, 「테로리즘의 文學-五十年代 文學小考」, 『文學과 知性』, 1971, 여름, 341쪽). 50년대 세대론이 때로 논쟁적 양상을 드러내기도 하였으나, 새로운 문학 건설이라는 당대 과제를 수행한다는 데 대해 신구세대가 어느 정도 합의하고 있었다는 의미에서 김현의 지적은 받아들일만하다. 李御寧이 '火田民 意識'(李御寧, 「火田民 地域」, 『京鄕新聞』, 1957. 1.)을 부르짖고, 朴鳳宇가 "우리는 아니 詩人은 이러한 「난해한 荒蕪地」에서 實存的 · 宗敎的 그렇지 않으면 저항적 방향으로 문명비평에 대한 도전, 神에 대한 구원, 인간에 대한 불신임 등 살벌한 頂點에 이르러 있는 것입니다."(朴鳳宇, 「新世代의 姿勢와 荒蕪地의 精神」, 『韓國戰後問題詩集-世界戰後文學全集 8』, 新丘文化社, 1961. 367쪽)라고 말할 때, 그것은 기성에 대한 비판 이전에 전후의 공백기에 대한 뼈저린 인식에서 나오는 것이다. 이런 의미에서 李御寧의 세대론도, 분명 기성에 대한 붕괴를 꾀하는 것이었지만 그보다 우선 새로운 문학 건설이라는 지상 과제 위에 놓이는 것이라고 이해할 수 있다. 여기에서 새로운 문학의 건설이란 다름 아닌 현대문학 수립의 과제이다.

37) 대체적으로 소설이 이에 해당된다. 50년대의 세대론의 문제는 소설에 대한 논의가 주였고, 이는 60년대에도 마찬가지이다.

중반 金承鈺이 두각을 나타내면서 세대 논의는 시작되는데, 1969년 말에 이르러 논의는 본격적인 단계에 이른다. 60년대 초중반에 문단에 등장해서 한국문학 전반에 대해 비판적 성찰을 가하며 착실하게 기반을 다져왔던 김현, 金治洙, 金柱演 등이[38] 1969년 초 『68문학』을 발표하여 자신들의 입지를 확고히 드러내면서 논의는 본격적인 단계에 들어서는 것이다.[39] 이는 徐基源과 金柱演, 김현 등의 문인 사이에서 격렬한 논쟁[40]의

---

38) 이들은 60년대 후반에 이르러 아래의 글들을 통해 기존의 한국문학에 대해 총체적인 반성을 행하는데, 이는 세대론을 촉발하는 계기가 된다. 세대론을 거치면서 그들의 문학의식은 더욱 선명한 윤곽을 드러내게 되고, 그것은 후에 『한국현대문학의 이론』(民音社, 1972)에 집약된다. 특히 이러한 작업의 연장선상에서 김현은 金允植과 더불어 『韓國文學史』(民音社, 1973)를 저술하는 한편 『한국문학의 위상』(文學과知性社, 1977)을 발표하기도 한다.

김 현, 「韓國文學의 樣式化에 대한 考察」, 『創作과批評』, 67 여름.
______, 「샤마니즘의 克服」, 『現代文學』, 1968. 11.
______, 「韓國批評의 可能性」, 『68문학』, 1969. 1.
______, 「韓國 開化期의 文學人」, 『亞細亞』, 1969. 3.
金柱演, 「韓國現代詩의 一般的 狀況」, 『創作과批評』, 1967, 가을.
______, 「詩에서의 韓國的 虛無主義-青鹿派 이후 詩人에서 본 觀念의 虛無와 그 止揚」, 『思想界』, 1968. 12.
金治洙, 「문학의 機能과 비평의 姿勢」, 『思想界』, 1968. 5.
______, 「作家의 反抗과 그 限界」, 『思想界』, 1968. 12.
______, 「韓國小說의 課題」, 『68문학』, 1969. 1.

39) 김현, 金炳翼, 金治洙, 金柱演, 廉武雄 등은 60년대 초중반부터 비평 활동을 시작하면서 꾸준히 자신들의 입지를 확보해 나간다. 그러다가 1969년에 김현의 주도 아래 『68문학』을 창간하면서 새로운 문학세계를 예고하는 것이다. 『산문시대』 동인과 『四季』 동인이 합쳐지면서 이루어진 『68문학』은 60년대 신세대의 세대 의식을 어느 정도 집약적으로 보여주지만 제1호에 그치고 1970년 『문학과지성』이 창간되면서 이들도 의식적 분화를 겪게 된다.

『68문학』의 편집인 명단에는 金承鈺, 金柱演, 김현, 朴泰洵, 廉武雄, 李淸俊 등이 올라있는데, 金承鈺의 작품은 실리지 않았다. 여기에는 朴常隆, 朴泰洵, 李淸俊, 洪盛原의 소설과 金華榮, 朴利道, 李盛夫, 李昇勳, 鄭玄宗, 崔夏林, 黃東奎 등의 시 그리고 金炳翼, 金柱演, 金治洙, 김현, 廉武雄의 평론이 실려 있다(김현 외, 『68문학』, 1, 한명문화사, 1969. 1).

40) 金柱演, 「새 시대 文學의 成立: 認識의 出發로서의 60年代」, 『亞細亞』, 창간호, 1969. 2.

계기가 되기도 한다. 60년대 세대론의 핵심은 1969년 세대 논쟁에 집약되어 있으며, 이로 인해 발생하는 소시민 논쟁 혹은 시민 논쟁이 이와 연관되어 큰 의미를 지닌다고 할 수 있다.

논쟁의 발단은 金柱演의 「새 시대 文學의 成立-認識의 출발로서 60년대」[41]에서 시작된다. 이 글이 발표되기 이전에 이미 徐基源, 金炳翼, 김현, 金治洙 등에 의해서 50년대와 60년대 세대 간의 문학적 갈등에 대한 문제는 제기되었지만,[42] 金柱演이 위의 글에서 강한 논조로 신세대 문학

鮮于煇, 「現實과 知識人」, 『亞細亞』, 창간호, 1969. 2.
朴泰洵, 「젊은이는 무엇인가」,『亞細亞』, 1969. 3
김 현, 「世代 交替의 진정한 意味」, 『世代』, 1969, 3.
徐基源, 「戰後 文學의 擁護」, 『亞細亞』, 1969. 5.
김 현,「분화 안된 흔적」, 『서울신문』, 1969. 5. 6.
徐基源, 「대변인들이 준 약간의 실망」, 『서울신문』, 1969. 5. 17.
김 현, 「오히려 그의 문학작품을」, 『서울신문』, 1969. 5. 29.
徐基源, 「맛이나 알고 술을 권해라」, 『서울신문』, 1969. 6. 4.
座談會, 「言語와 歷史意識」, 『週刊朝鮮』, 1969. 6. 8.

41) 金柱演, 위의 글.

42) 金柱演의 글이 발표되기 전에 세대론에 대한 논의가 심각히 제기되었던 것은 아니다. 하지만 다만 김현의 「未知人의 肖像-承鈺과 盛原의 경우(『세대』, 1966. 8), 徐基源의 「50년대와 60년대」(『中央日報』, 1967. 3), 金炳翼의 「文壇의 世代連帶論」(『思想界』, 1967. 10)」, 「앙팡 모럴리스트-우리 세대의 문학」(『思想界』, 1968. 6), 김현의 「1968年의 作家狀況」(『思想界』, 1968. 12), 金治洙의 「韓國文學의 課題」(『68문학-제1호』 1969. 1) 등의 비평문에 의해서 접전을 예고하고 있었다.

徐基源은 「50년대와 60년대」에서 60년대의 특색을 '세련된 언어', '신선한 감수성'으로 지적하면서 '있는 그대로의 현실'을 그리고 있는 60년대의 작가들에게는 역사에 대한 '몸부림'이 없다고 하며, 그들의 결점 중의 하나가 '역사의식의 결여'라고 주장한다. 김현은 이에 맞서 「1968年의 作家狀況」에서 "五五年代의 作家들이 戰爭, 죽음, 절망, 私娼街, 대포집 등의 추상적이고 비논리적인 세계에 안주함으로서 한국문학의 가장 시급한 면, 한국적인 발상법의 한계, 한국적 현실의 특이성, 한국어의 특성과 결점에 대한 탐구를 오히려 포기한 것에 비하면, 金承鈺씨의 한국적 발상법에 대한 천착, 朴泰洵씨의 한국적 현실의 특이성에 대한 탐구, 李淸俊씨의 한국의 정신을 망치는 것에 대한 천착, 朴常隆씨의 샤마니즘的 世界의 論理化, 徐廷仁씨의 한국 농촌에서의 쁘띠 인테리의 권태와 좌절 등은 보다 더 현실에 대한 두렷한 현실에 대한 감각을 입증한다"고 하며 반박한다.

또한 그는 작가의 역사의식이 도식적인 몸부림으로 나타나는 일은 없다는 것,

을 주장하면서 논쟁은 본격적으로 시작된다. 그는 이 글을 통에서 새 시대 문학의 주역으로 소설가로는 金承鈺, 朴泰洵, 徐廷仁, 李淸俊, 朴常隆 등을 꼽고 洪盛原, 鄭乙炳, 李祭夏 등을 이들에게 다소 못 미치지만 그에 접근하는 것으로 보고, 시에서는 馬鐘基, 鄭玄宗, 黃東奎 등을 내세우면서 50년대 작가들이 “눈앞의 현실을 지나치게 위기로 받아들이는 愚를 저지른다”[43]고 통박한다. 또한 비평계에서는 김현, 廉武雄, 白樂晴, 金禹昌 등과 소설가 崔仁勳을 높이 평가한다.

이에 대응하여 徐基源이 「戰後 文學의 擁護」[44]라는 글을 발표하게 된다. 여기에서 그는 담담한 어조로 金柱演의 글을 수용하면서, 60년대 문학은 “戰後文學의 <안티테제>나 否定이 아니라 그의 발전적 전개의 가능성을 시사해 주고 있다”고 하면서 60년대 신세대 문학은 전후 문학과의 단절이 아니라 그 연장이라고 주장한다. 그는 전후문학을 “언어 질서의 붕괴의 상태에서 새로운 언어 질서의 모색”이라고 보고, 이는 곧 그들의 ‘역사 의식의 발로’라고 하며 50년대 문학을 옹호하는 한편 60년대 신세대들에게는 역사에 대한 몸부림이 없다고 비판한다.[45] 그러면서 논쟁은 김현과 徐基源의 공박으로 이어지고,[46] 논쟁이 심각한 사태를 빚게

몸부림이란 현실을 정당하게 파악하지 못하게 하는 것, 정당한 역사의식은 사회의 근본적인 결점을 파악하려는, 말하자면 文化의 考古學을 시도하려는 노력에 지나지 않는 것이라고 주장하며 “五五年代 作家 중에서 가장 우수한 作品을 남긴 孫昌涉씨의 소설 어디에 「몸부림」, 역사를 위한 몸부림이 있는가?”하고 반문한다.

43) 金柱演, 앞의 글, 254쪽.

44) 徐基源, 「戰後文學의 擁護」, 『亞細亞』, 1969. 5.

45) 이러한 논쟁의 와중에 朴泰洵은 「젊은이는 무엇인가」(『亞細亞』, 1969. 3)을 통해 廉武雄은 「反知性의 唱歌」(『大學新聞』, 1969. 4. 7)를 통해 鮮于煇의 「現實과 知識人」(『亞細亞』, 1969. 2)를 비판하기도 한다.

46) 김　현, 「분화 안된 흔적」, 『서울신문』, 1969. 5. 6.
徐基源, 「대변인들이 준 약간의 실망」, 『서울신문』, 1969. 5. 17.
김　현, 「오히려 그의 문학작품을」, 『서울신문』, 1969. 5. 29.
徐基源, 「맛이나 알고 술을 권해라」, 『서울신문』, 1969. 6. 4.

됨으로써, 鮮于煇가 사회를 보는 가운데 徐基源, 吳尙源, 김현, 金柱演, 李淸俊 등이 참석한 합의의 자리를 마련하면서 논쟁은 마감된다.[47)]

이 논쟁의 쟁점은 언어와 역사의식의 문제로 모아진다. 여기에서 언어란 역사의식을 담보하는 도구의 하나로서 내용과 분리될 수 없는 매개체라는 개념으로 등장하기 때문에, 결국 역사의식에 관한 문제가 논쟁의 핵심이 된다고 할 수 있다. 이 문제는 문학에서의 현실 참여 문제와 밀접한 관계를 이루고 있어서, 마치 세대론이 순수·참여 논쟁의 한 연장이나 곁가지라는 인상을 받을 수도 있다. 하지만 순수·참여 논쟁이 문학의 자율성과 효용성에 대한 치열한 난전이었다면, 세대론은 신구를 막론하고 모두 문학의 현실 참여에 대해 어느 정도 암묵적인 합의를 전제로 이루어졌다는 점에서 다르다. 현실이란 무엇이며 또 어떻게 파악해야 하는가, 그리고 문학은 이에 어떻게 대응해야 하는가가 세대론에서 제기된 역사의식의 문제이다.

'몸부림'이라는 표현에서 알 수 있듯이, 徐基源이 말하는 역사의식은 국가, 민족 혹은 자유와 평등과 같이 거창하면서도 추상적인 것이다. 50년대 세대들이 겪어야 했던 역사적 현실이 한 개인이 감당하기에는 지나치게 벅찬 것이어서, 그들이 이러한 역사의식을 내세우게 되었던 것으로 이해할 수 있다. 그들의 눈에, 60년대 작가들이 현실에 대한 관심이 적은 것으로 비치는 것은 당연하다. 그들은 6·25 전쟁의 연장선상에서 이북과 대치된 현실만을 너무 확대해서 60년대를 바라보고 있었다고 판단된다.[48)] 하지만 60년대는 4·19의 성공과 좌절, 군사 정권의 어두운 그늘과

---

47) 좌담회, 「言語와 歷史意識」, 『週刊朝鮮』, 1969. 6. 8.

48) 이러한 50년대 세대들의 역사의식은 다음과 같은 吳尙源의 말에서도 확인된다.
"그때의 현실은 전쟁 등으로 벅찼고 급박했는데, 지금은 그렇지 않으니까 작품도 달라져 있습니다만 제 생각으로는 오히려 전쟁 상황은 단순했던 게 아닌가 해요. 죽음과 삶, 전쟁, 비참, 인류의 죄악 의식 이런 것들을 떠나서 지금의 世代는 더 처절한 상황을 당하고 있다고 봅니다./ 그런데 이런 처절한 현실을 다루는 60

사회 경제적 변화에 따른 개인의 고뇌가 더욱 심층적으로 현실에 배어 있던 상황이다. 그래서 60년대 작가들이 찾았던 현실 인식은 개인 혹은 자아와 자유의 문제에 집약되어 있는데, 그것을 현실에 대한 외면이라고 말할 수는 없다. 50년대 세대들은 거시적 관점에서만 60년대 세대를 파악함으로써, 60년대 세대를 역사의식이 부재하다고 판단하기에 이른 것이다. 사실상 60년대 신세대의 문학적 태도는 현실이나 역사에 대해 일정한 거리를 두고 성찰하는 것이지 역사의식의 부재라고 말할 수는 없는 것이었다.

> 徐基源이 비난하듯이 새 시대의 작가들에겐 역사에 대한 「몸부림」이 없다는 것은 사실이다. 그러나 그들은 역사의식이라는 것이 역사에 대한 몸부림, 역사를 살아보겠다는 몸부림이 아니라 역사에 대한 헌신이라는 것을 알고 있는 것이다.
>
> 역사를 몸부림으로 파악하려 할 때 역사의식은 오히려 없어지고, 감정적인 오기만이 남게 된다. 몸부림이란 워낙 감정적인 행위이기 때문이다. 그러므로 중요한 것은 역사를 살아보겠다는 몸부림이 아니라, 자기의 몸부림이 역사적 의미를 얻기 위해서는 어떤 知的 操作을 겪지 않으면 안 되는가 하는 것이다. 그것은 역사를 위한 헌신이며, 역사를 만들어 나가는 노력이다.[49]

김현은 徐基源이 말하는 역사에 대한 '몸부림'이라는 것이 문학에 있

년대 작가들의 작품 속에서 만족할 만한 것을 못 보았다는데 대한 불만이지, 우리 50년대를 따르라는 것은 아닙니다. …(중략)… 사실 지금의 젊은 世代와 기성 世代가 판문점에 갔을 때 느끼는 것은 판이할 것입니다. …(중략)… 우리의 현실을 바라볼 때 38線, 통일도 넣어서 이해하려고 하는 노력이 절실히 필요하다고 봅니다."(吳尙源, 「對談, 言語와 歷史意識」, 『週刊朝鮮』, 1969. 6. 8.)

49) 김 현, 「世代交替의 眞正한 意味」, 『世代』, 1969. 3, 205쪽.

어서의 역사의식으로 합당한 것인가를 진단한다. 역사에 대한 '몸부림'이라는 것은 역사의식이 아니라 '감정적 오기'기 될 수 있다는 지적은 좀 지나치다고 볼 수도 있으나 일면 타당하다. 徐基源이 말한 역사에 대한 '몸부림'이란 역사에 대한 치열한 고민이 필요하다는 것으로 읽을 수 있어 어느 정도 수긍할 수도 있으나, 그것을 '몸부림'이란 말 자체로 읽는다면 그것은 역사의식이 될 수 없는 '감정적 오기'가 될 뿐이기 때문이다.

역사의식에 관해서도 현실을 직접적으로 표현해서는 문학이 될 수 없다는 것이 김현의 생각이다. 50년대 작가들이 현실에서 느낀 것을 비교적 직접적이고 거침없이 그대로 보여주어 독자를 충격으로 몰아넣는 문학적 경향을 보여주었는데, 이것은 '몸부림'이라는 말로 적절하게 표현될 수 있다. 반면 60년대 작가들은 현실을 받아들이되 그것을 의식에 의해서 걸러 표현하여, 문제는 내면화되며 작품 속에 교묘히 숨어 있기까지 하다. 이것은 보다 복잡해진 현실에 대응하는 문학적 태도로서 '知的 操作'이라는 표현이 적절하다.

사회문제가 복합적으로 제기되기 시작되는 60년대에, 신세대들이 찾아나간 문학적 출구는 개인이라는 문제 혹은 일상적 자아라는 문제와 자유란 무엇인가 하는 것이었다. 이것은 70년대까지 이어지는 하나의 고민, '소시민' 혹은 '시민 의식'이라는 문제와도 밀접한 관계를 맺는다. 김현에 의하면 "소시민 의식을 드러낸다는 것은 자신의 왜소함을 인정함에도 불구하고 자기가 사회 혹은 상황에 참가되었다는 것을 확인하는 행위"[50)]이다. 또한 金柱演의 표현을 빌면, 그것은 사회 속에서의 한 개인 즉 일상적 자아의 자유의 문제를 문학적으로 표현하기 위한 하나의 방법론이다.[51)]

50) 김 현, 「오히려 그의 문학작품을」, 『서울신문』, 1969. 5. 29.
51) 金柱演, 앞의 글.

하지만 白樂晴에 의하면 60년대 후반은 4.19 정신의 위축과 변질과 더불어 시민 의식의 퇴조와 소시민 의식의 팽배라는 현상이 두드러지게 나타나는 시기이다. 물론 이는 필연적인 현상이기도 하지만 소시민 의식에 대한 강조는 일정한 한계를 지닌 문학적 대응이라고 볼 수 있다.[52] 하지만 문학이 사회에 참여하든 않든 가장 선행되어야 하는 작업은, 자신을 확인하는 작업이고, 또한 사회의 실상을 구체적이고 실제적이며 본질적으로 파악하는 데 있다는 점에서 소시민 의식이 현실 인식의 단초가 될 수는 있다. 또한 이것은 사회나 상황을 개인과 동떨어져 있는 어떤 것으로서가 아니라 개인이 숨쉬는 실체로 파악하고 있다는 점에서 보다 진지한 접근이라고 할 수도 있다. 그런 의미에서 金治洙가 "시민이 자신의 안이한 생활과 소시민적 권리만을 주장하게 될 때 그것은 「소시민 근성」이 되고 소시민적 위치에 대해서 자각하였을 때 그것은 「소시민 의식」이 된다. 따라서 金治洙가 「小市民 根性」이 속물 근성이라면 「小市民 意識」은 「反俗主義」라는"[53] 것을 강조하면서 "白樂晴의 市民意識과 60년대의 小市民 意識 근본적 정신면에서는 별 차이가 없다"[54]고 주장하는 것도 이해할 만하다.[55]

하지만 둘 사이에는 근본적인 차이가 분명히 있다. 廉想涉, 金承鈺 등을 평가하는 데에서 양자의 차이가 분명히 드러난다. 白樂晴은 韓龍雲과 金洙暎이 지향해야 하는 작가로 보는 데 반해, 廉想涉과 金承鈺 등은 극복해야할 한계를 지닌 작가로 보고있는데, 반면 金治洙는 廉想涉과 金承

52) 白樂晴, 「市民文學論」, 『創作과批評』, 1969 여름, 495~509쪽 참조.

53) 金治洙, 「白樂晴의 「市民文學論」과 文學의 社會參與-自由의 나무는 市民의 손으로 심어지는가」, 『세대』, 1969. 12, 160쪽.

54) 金治洙, 위의 글, 161쪽.

55) 金柱演도 「역사비판론과 시민문학론-한국문학은 민족문학론으로 판단되는가」(『한국현대문학의 이론』)를 통해서 白樂晴을 비판적으로 수용하면서 자신의 주장을 반복하는데, 이는 직접적이라기보다는 우리 비평의 근본적인 문제를 탐구함으로써 자신의 논리를 보완하고 있다.

鈺에 대해 보다 긍정하는 태도를 나타낸다. 이는 미묘한 차이지만 여기에서 분명 둘 사이의 지향하는 문학은 갈림길에 놓인다. 이들은 모두 문학사회학적 기반을 두고 있다고 할 수 있는데, 전자는 보다 사회적 의식을 강조하고 있는 반면 후자는 미학적 의미를 보다 고려한다고 보아야 하겠다.[56)]

60년대 세대론은 하나의 작은 논쟁적 성격을 띈다. 하지만 그 규모가 비교적 작았음에도 불구하고 전복적이었다고 평가할 수 있다. 60년대 세대 논쟁 이후 50년대 세대들의 문학 활동이 저조해 지고 60년대 세대들이 문단을 주도하게 되기 때문이다. 더욱이 60년대 세대들의 문학적 인식은 오늘날 문학의 연장선상에 놓이며 아직도 어느 정도 유효하다고 판단된다. 그런데 세대 논쟁에 참가했던 작가 비평가들이 '대변인'이라는 말을 쓰면서 자기 세대의 세대의식을 대변하고 있는 것처럼 말하고 있으나 여타 문인들이 이에 어느 정도 동의할 것인가는 확신하기 어렵다. 쟁점의 가장 중요한 대상이 되었던 金承鈺의 경우에도 아무런 개입이 없었으며 白樂晴은 여기에 참가한 작가 비평가들이 세대를 대변할 수 있는가에 의문을 제기하기도 하[57)]기 때문이다. 金允植이 지적하듯이 "이들은

56) 1970년 이후 60년대 신세대는 『문학과지성』을 중심으로 한 그룹과 『창작과비평』을 중심으로 한 그룹으로 대별되지만, 1970년 이 창간되기 이전에는 아직 명확하게 문학에 대한 사고가 분화되지는 않은 것으로 판단된다. 염무웅이 회고하듯이 (염무웅 · 김윤태 대담, 「1960년대와 한국문학」, 『새미』, 1997. 2.) 『창작과비평』은 60년대 신세대의 중요한 활동 무대였다. 염무웅은 "김현, 김주연, 조동일 등이 나보다 먼저 <창비>의 필자로 등장했어요. <문지>는 아직 창간되기도 전이었으므로, 적어도 60년대 후반의 <창비>는 소위 <문지>와의 대립구도 속의 어느 한 축을 대표한다기보다 기존의 보수적인 문협 체제에 반대하는 비판적 문인들의 연합체적 성격을 가지고 있었다고 보아야한'다고 말한다. 하지만 분명 이 논쟁 속에는 이미 분화의 싹이 내포되어 있다고 할 수 있다. 70년대 이후 『創作과批評』과 『文學과知性』이라는 잡지로 그 색채가 규정되는 이 두 그룹은 모두 문학사회학적 기반에 있었지만, 전자가 사회 역사 쪽으로 치중한다면 후자가 미학적 상상력을 중요시 하는 쪽으로 나아간다고 할 수 있다.

57) 백낙청은 다음과 같은 글을 통해서 전후세대와 60년대 신세대의 연계성을 주장하

60년대를 60년대 작가 전부를 대상으로 하지 않고 자기 그룹의 몇 사람만을 대상으로 함으로써 또 세계관상의 연속성에 입각함으로써 다분히 작위적인 혐의를 완전히 불식하지 못"[58]했다고 생각할 수도 있다.

하지만 세대 논쟁에 직접 참여했던 신세대 비평가들이 6·25 전쟁 이후 우리 문학의 전반에 대한 반성을 가하고 金承鈺, 李淸俊, 洪盛原 등의 작품에 대한 치밀한 분석을 통해 논리적 구체성을 획득한 새로운 세대의식을 제시함으로써 한국 문학의 가능성을 타진하는 계기를 마련한 것은 사실이다. 이 논쟁을 거치면서 60년대 신세대들은 자신들의 세대의식을 더욱 명확하게 확인하며 자신들의 문제를 발견하게 된다. 이러한 문제는 소시민 논쟁으로 발전되는데, 소시민 논쟁을 통해 60년대 신세대는 다시 분화의 과정을 겪게 되고, 이러한 과정은 우리 문학을 보다 다양하고 풍

기도 한다.

"그런 의미에서 필자는, <60년대 문학>(혹은 <65년대의 문학>)의 대변자들과 <50년대 문학>내지 <전후문학> 옹호자간의 최근의 논쟁은 우리 문학을 위해 별로 보탬이 없다고 본다. 아니 진정한 문학적 쟁점이 없는 곳에 무엇이 있는 듯한 인상을 주어 문단의 빈곤을 감추는 결과가 되었고 10년도 채 안 되는 시기적 차이에 집착하여 동시대 작가간의 보다 중대한 질적 차이를 소홀히 했다는 점에서 적지 않은 해독을 끼쳤다고 하겠다. …(중략)… 3·1운동 세대의 문학으로 우리가 1919년 이전에 활동을 시작했던 작가·시인들의 작품을 들 수 있었다면 4·19로 시작된 1960년대의 문학에 4·19 이전, 즉 4·19 준비기에 등단한 다수 문인들이 포함될 수 있음은 당연한 일이다. 그런 의미에서 <60년대 문학>을 <전후문학>의 연속으로 보자는 徐基源 씨의 주장은 타당한 것이다(『亞細亞』, 1969년 5월호 所載 「戰後文學의 擁護」 참조). 그러나 이왕 연속성을 따져 들어가려면은 시와 평론에서의 金洙暎은 물론, 소설만 하더라도 손창섭까지 거슬러 올라가야한다."(白樂晴, 위의 글, 497~498쪽.)

논쟁에 직접 참여했던 신세대 비평가들이 60년대를 50년대와 단절적으로 보기를 주장하기도 했지만 50년대의 문학을 전면 부정하는 것은 아니었다. 김현이 孫昌涉을 인정하고 있으며(김현, 「1968年의 作家狀況」, 『思想界』, 1968. 12), 金治洙도 廉想涉, 李箱, 孫昌涉, 崔仁勳을 각각 문학적 전통으로 끌어들이고 있다(金治洙, 「韓國文學의 課題」, 『68문학』 1, 1969. 1). 특히 金洙暎과 崔仁勳은 모두 60년대 신세대 비평가들에게 모범이 된다는 점에서 이들은 50년대와 60년대의 중요한 고리가 되고 있다.

58) 金允植, 「批評槪觀-떠나면서 질문하는 어떤 方式」, 『月刊文學』, 1970. 1, 232쪽.

부하게 형성하는 계기가 된다. 그들이 현대문학이라는 용어를 사용하고 있지는 않지만, 50년대적 의미에서의 한국 현대문학 수립의 가능성은 여기에서 발판을 얻게 되는 것이다. 결국 60년대 세대론은, 6·25 전쟁 후 우리 문학의 전반에 대해 반성하고 새로운 문학론을 모색하는 과정이라고 할 수 있다.

4. 결론

이 논문은 50년대 신세대 문인들이 "기성세대의 문학정신과 방법으로는 더 이상 안 된다"는 최소한의 세대 의식을 가졌으며, 그것은 거시적인 안목에서 볼 때 60년대 세대론과 무관하지 않기 때문에 50년대와 60년대 세대론을 동시에 고려함으로써 당대의 세대론을 온전히 파악할 수 있다는 문제의식에서 출발했다.

50년대 신세대 문인들은 분명 "기성세대의 문학정신과 방법으로는 더 이상 안 된다"는 공통된 의식을 가지고 있었지만 이러한 의식은 기성세대에 대한 반발이라기보다는 완전히 새로운 상황에서 우리 문학을 개척한다는 성격이 두드러졌다. 이러한 의식은 신세대 뿐 아니라 기성세대도 어느 정도 공유하고 있는 생각이었고 신세대의 문학적 과제는 곧 신구를 포괄하는 50년대의 문학적 과제였다. 그래서 기성세대는 자신들의 한계를 어느 정도 인정하면서 신세대에 대한 기대 어린 비판을 가했다. 따라서 50년대 세대론은, 신구의 격돌을 넘어서 새로운 문학을 수립해야한다는 강박적 사고의 산물이라고 할 수 있다. 여기에서 새로운 문학의 수립이란 온전한 현대문학의 수립을 의미한다.

50년대 세대론은 모더니즘론이나 실존주의 문학론 그리고 전통론 등 당대의 문학 논의들과 혼란스럽게 겹쳐 있는데, 사실상 이러한 논의들은 모두 현대문학 수립의 과제로 모아진다. 세대론은 이러한 문제를 극명하게 드러낸다. 50년대 문인들의 현대문학에 대한 인식은 20세기 서구의 현대문학이었으며 그것은 곧 모더니즘 혹은 실존주의문학론이었다. 많은 신세대 문인들이 이를 반성 없이 그대로 받아들이고 서구 추수적 경향을 보이는 반면 기성세대 문인들은 이에 반발하면서 전통적 복고주의로 나아간다. 이 양자는 한국적 특수성에서 야기되는 것으로 하나의 문제에서 나온 두 가지의 결과로 모두 극복되어야할 것들이다.

기성세대와 일부 신세대 문인들은 이에 대하여 의문을 제기하면서 한국적 현대문학을 꾀하는데, 白鐵과 崔一秀가 그 대표적인 예라 할 수 있다. 白鐵의 경우 신세대 문인들이 경도되어 있는 서구 추수적 경향은 병적 불안의식의 소산이며 이는 극복되어야하며 극복될 수 있는 것으로 파악하며 崔一秀는 전통과 서구 현대문학 사이에서 조화를 꾀하며 민족문학을 주장하기도 한다. 하지만 이들은 아직 전쟁 후 우리 문학이 나갈 방향을 제대로 제시하고 있다고 보기 어렵다. 白鐵은 우리 문학이 나아갈 방향을 온전히 제시하고 있지 못하고 있으며, 崔一秀는 작품과 유리된 채 추상적 논리를 통해 다분히 이상론적 당위성을 내세움으로써 당대의 상황과 현실에 밀착된 논의를 전개하지 못하고 있기 때문이다.

60년대 초중반에 문단에 등장해서 착실하게 기반을 다져왔던 60년대 신세대 문인들은 1969년에 세대논쟁을 통해 문단 전복을 꾀한다. 이 논쟁을 거치면서 60년대 신세대들은 자신들의 세대의식을 더욱 명확하게 확인하며 자신들의 문제를 발견하게 된다. 이러한 문제는 소시민 논쟁으로 발전되는데, 소시민 논쟁을 통해 60년대 신세대는 다시 분화의 과정을 겪게 되고, 이러한 과정은 우리 문학을 보다 다양하고 풍부하게 형성하는 계기가 된다. 이러한 60년대 세대론은, 4·19의 좌절을 딛고 정신적 견고성을 갖추고자 하는 노력의 소산으로 우리 문학이 오늘날에까지 이르게 하는 추동적인 힘을 마련하는 계기가 되었다. 그들이 현대문학이라는 용어를 사용하고 있지는 않지만, 50년대적 의미에서의 한국 현대문학 수립의 가능성은 여기에서 발판을 얻게 되는 것이다. 결국 60년대 세대론은 6·25 전쟁 이후 우리 문학의 전반에 대해 반성하고 새로운 문학론을 모색하는 과정이라고 할 수 있다.

짧은 기간 동안 두 차례나 세대 논의가 이루어지는 것은 어쩌면 기현상이다. 하지만 이는 전쟁 이후 문학의 좌표를 설정하기 위한 당대 문인들의 지난한 노력에 의한 필연적인 결과라 할 수 있다. 50년대 우리 문인들은 완전히 초토화된 국토 속에서 문학의 제로 지대를 보며 새롭게 우리 문학을 일구어 나가야한다는 강박의식을 지녔다. 하지만 그들의 노력은 많은 문제의식을 남기며 미해결의 장을 형성한다. 그래서 60년대 문인들에 의한 또 한 차례의 문단 전복은 필연적인 것이었다. 50년대의 문학적 과제는 60년대 문인들에게 이월되고 60년대 세대들은 어느 정도 이를 성취하는 것으로 보인다. 결국 50년대와 60년대 세대론은 모두 전쟁 이후의 폐허 속에서 우리 문학의 존립 근거를 마련하려는 노력이었다고 평가할 수 있다. 그들은 모두 전후라는 제로 지점에서 새롭게 우리 문학을 수립해야한다는 현대문학의 과제를 나름대로 충실히 수행해 나갔던 것이다.

참고문헌

구중서·강진호.「대담, 1960,70년대와 민족문학」.『작가연구』. 새미, 1998. 10.

권성우.「60년대 비평문학의 세대론적 전략과 새로운 목소리」.『1960년대 문학연구』. 예하, 1993.

김상선.『국어국문학』. 국어국문학회, 1961. 5.

______.『新世代作家論』. 일신사, 1964.

金允植.『韓國現代文學批評史』. 서울대학교출판부, 1982.

金允植. 「6·25전쟁문학-세대론의 시각」. 『1950년대 문학연구』. 예하, 1991.
______. 「전후비평 감수성의 세 가지 양상」. 『1970년대 문학연구』. 문학사와 비평연구회 편, 예하, 1994.
김창원. 「전통논의의 전개와 의의」. 『한국현대시사의 쟁점』. 시와시학사, 1991.
김현 외. 『68문학』, 1. 한명문화사, 1969. 1.
백낙청. 「문학과 예술에서의 근대성 문제」. 『창작과비평』. 1993, 겨울.
송하춘. 「1950년대 한국소설의 형성」. 『1950년대의 소설가들』. 나남, 1995.
송희복. 「집단적 삶 의식의 넓이, 개인적 실존의식의 깊이-1960년대와 70년대 문학 비평」. 『한국문학 50년』. 문학사상사, 1995.
신형기. 「비평이 열림과 민족 모수의 심화-해방기와 한국 전쟁 이후 비평의 흐름」. 『한국문학 50년』. 문학사상사, 1995.
염무웅·김윤태. 「기획대담, 1960년대와 한국문학」. 『작가연구』. 새미, 1997. 2.
유종호·이남호. 「대담, 1950년대와 한국문학」. 『작가연구』. 새미, 1996. 4.
이상갑. 「60년대 문학과 '소시민 의식'의 의미」. 『유천 신상철 박사 회갑기념논총』. 1996. 8.
______. 「문화주의의 역사주의의 상승작용」. 『1960년대 문학연구』. 깊은샘, 1998.
전기철. 「한국 전후문예비평의 전개양상에 대한 고찰」. 서울대학교 박사학위논문, 1992.
______. 『한국전후문예비평연구』. 국학자료원, 1994.
최유찬. 「1950년대 비평연구(1)」. 『1950년대 남북한 문학』. 평민사, 1991.
하정일. 「주체성의 복원과 성찰의 서사」. 『1960년대 문학연구』. 깊은샘, 1998.
한강희. 「1960년대 한국문학 비평연구」. 성균관대학교 박사학위논문, 1998.
______. 『한국현대비평의 인식과 논리』. 태학사, 1998.
______. 「4·19의 문학사적 맥락과 파장에 관하여-4·19세대 비평가의 비평담론을 중심으로」. 『작가연구』. 새미, 1998. 10.
______. 「1950~60년대 전통론의 이월 및 정체성모색의 세 국면」. 『성균어문연구』. 1997. 12.
한수영. 「1950년대 한국 문예비평론 연구」. 연세대학교 박사학위논문, 1995.
______. 「1950년대 문학의 재인식」. 『작가연구』, 창간호. 새미, 1996. 4.

한수영. 「최일수 연구」. 『문학과 현실의 변증법』. 새미, 1997.
허윤회. 「1960년대'순수'비평의 의미와 한계」. 『1960년대 문학연구』. 깊은샘, 1998.

홍성원의 『남과 북』의 개작 연구

- 그 텍스트에 대한 고찰 -

1. 서론

홍성원의 『남과 북』은 월간 『세대』지에 1970년 9월부터 5년 2개월 동안 「육이오」라는 제목 아래 발표된 소설이다. 이 소설은, 한국 전쟁 발발 직전인 1950년 4월에서부터 휴전이 성립된 1953년 9월까지 약 3년 반의 기간 동안 한반도에서 벌어진 다양한 사건들을 다루고 있다. 이 소설에는 약 30여명의 주요인물이 등장하며, 미국군과 중국군 그리고 소련군 등을 포함하는 많은 주변인물도 등장한다. 요컨대 이 소설은, 원고지 약 만 매 가량의 분량 안에, 다양한 인물들을 통해 한국전쟁이 벌어졌던 시간동안의 다양한 양상들을 사실적으로 형상화한 작품이다.

1990년대 이전까지 『남과 북』에 대한 논의는 미미하게 진행되어 왔다.[1)2)] 그러다가 90년대를 지나면서 논의가 비교적 활발해지고, 2000년대

---

1) 1990년대 이전까지의 논의로는 다음과 같은 글이 있다.
진덕규, 「정치의 위선과 전쟁의 진실」, 『문학과지성』, 문학과지성사, 1975, 가을.

에 이르러서는 이에 대한 학위논문도 나오게 된다.[3] 이 소설에 대한 90년대 이전의 논의 중에서는 김병익의 글이 주목된다. 김병익은, 6.25 콤플렉스가 식민지 콤플렉스와 더불어 한국인의 의식에 부정적 역할을 담당하는 2대 심성구조라고 전제한다. 그리고 그는 『남과 북』이 이러한 6.25 콤플렉스로부터의 해방 가능성을 제시한다고 한다.[4] 90년대 이후의

김병익, 「6.25 콤플렉스와 그 극복: 홍성원의 소설 『남과 북』」, 『문학과지성』, 문학과지성사, 1975, 겨울.

이동하, 「총체성이 포착을 향한 도전: 홍성원의 『남과 북』」, 『문학사상』, 문학사상사, 1986. 6.

2) 이 작품은 1977년 제2회 반공문학상 대통령상을 받게 되는데, 작가에 의하면 이 상의 수상으로 인해 오랫동안 이 작품이 비평계의 홀대를 받게 되었다고 한다. 반공문학상을 받음으로써 이 작품이 은연중에 반공물로 매도되었다는 것이다. 이는 사실상 증명하기 어렵다. 다만 이러한 생각이, 작가로 하여금 이 작품을 여러 차례 개작하게 만들었을 것이라고 추측할 수는 있을 것이다.

홍성원·홍정선, 「자신과 세상을 향해 던지는 '그러나'라는 질문」, 『홍성원 깊이 읽기』, 문학과지성사, 1997.

홍성원, 「열린 세상 쪽으로 뚫린 좁고 긴 터널」, 『홍성원 깊이 읽기』, 문학과지성사, 1997.

3) 90년대 이후의 논의로는 다음과 같은 글이 있다.

송희복, 「전쟁과 애증 혹은 욕망의 서사시」, 『문학사상』, 1993. 4.

김치수, 「남성문학의 세계」, 『작가세계』, 18, 세계사, 1993 가을.

김현숙, 「홍성원의 소설 『남과 북』 연구: 인물 구조를 중심으로」, 『성신어문학』, 성신어문학회, 1995. 2.

서준섭, 「한국전쟁, 집단적 비극의 소설화」, 『감각의 뒤편』, 문학과지성사, 1995 참조.

권오룡, 「주체 찾기의 모험과 그 의미; 개작된 『남과 북』에 부쳐」, 『남과 북』, 6, 문학과지성사, 2000.

김병익, 「남북 화해의 기대 속에서 다시 읽는 『남과 북』」, 『문학과사회』, 51, 문학과지성사, 2000. 8.

정성진, 「홍성원의 『남과 북』 연구」, 성신여자대학교 석사학위논문, 2001.

김명준, 「한국분단소설 연구: 『광장』, 『남과 북』, 『겨울 골짜기』를 중심으로」, 단국대학교 박사학위논문, 2002.

김명준, 「홍성원의 『남과 북』론」, 『동양학』, 33, 단국대학교 동양학 연구소, 2003. 2.

유임하, 「80년대 분단문학, 역사의 진실 해명과 반공주의의 극복: 『남과 북』, 『지리산』, 『태백산맥』을 중심으로」, 『작가연구』, 15, 새미, 2003. 2.

논의 중에는 김치수와 서준섭의 글이 주목된다. 김치수는, 『남과 북』이 홍성원 군대소설의 집대성이며, 전쟁문학의 한 장을 열고 있다고 평가하고,[5] 서준섭은 이 소설이 한편으로는 '민족 집단의 비극적 수난사'이며, 다른 한편으로는 '완강한 생존의 의지'의 표현이라고 보았다.[6] 이밖에 인물 구조의 측면에서 다룬 김현숙의 글[7]이나 대체로 사회적 측면에서 조망한 김명준의 글[8]도 이 소설의 의미를 밝히는 데 기여하고 있다고 판단된다.

90년대 이후 상당한 논의가 진행되었음에도 불구하고, 『남과 북』에 대한 논의는 여전히 만족할 만한 수준이라고는 할 수 없다. 무엇보다 문제가 되는 것은 이 소설이 세 차례에 걸쳐 개작이 이루어졌고, 특히 2000년 문학과지성사에서 발간한 판본은 획기적으로 개정되었는데도 불구하고, 이에 대한 논의가 부족하다는 점이다.[9] 여러 가지 의미가 있겠지만, 연재 당시의 정치적 제약을 해소하겠다는 작가의 확고한 의지가 보인다는 점만으로도 문학과지성사본은 매우 중요한 의미를 지닌다.[10] 개작이 반드

---

4) 김병익, 「6.25 콤플렉스와 그 극복: 홍성원의 소설 『남과 북』」, 앞의 책 참조.
5) 김치수, 앞의 글 참조.
6) 서준섭, 앞의 글 참조.
7) 김현숙, 앞의 글 참조.
8) 김명준, 앞의 글 참조.
9) 이 소설의 개작에 대한 연구가 전혀 없는 것은 아니다. 권오룡, 김병익, 정성진의 앞의 글에서 이에 대해 논의한 바 있다. 하지만 이 소설의 개작 문제가 온전히 해명되지는 못했다. 권오룡, 김병익이 중요한 지적들을 하고 있지만, 이들의 글은 텍스트를 꼼꼼히 검토하지 않고 있다. 정성진의 경우 이 소설의 여러 텍스트들을 꼼꼼히 다루고 있지만, 대체로 텍스트 확정에 초점을 맞추고 있어 개작이 담고 있는 의미를 밝히는 데는 부족하다고 판단된다.
10) 홍성원은 여러 편의 글에서 「육이오」 연재 당시의 정치적 제약에 대해 토로한다. 이는, 그가 '作品 製作上의 에로와 고충은 나를 때때로 신경증적인 절망감으로 몰아넣었다.'(홍성원, 「후기」, 『남과 북』 7, 서음출판사, 1977, 452쪽)고 말할 정도로 심했다. 작가는 이러한 문제를 해소하기 위해, 문학과지성사본의 개작에 많은 노력을 기울였음을 스스로 밝힌 바 있다(홍성원, 「보완과 개작에 대한 짧은 해명」, 『남과 북』 1, 문학과지성사, 2000). 이 소설의 정치적 제약에 대해서는 주 2)에서

시 개선이라고 말할 수는 없다. 하지만 이러한 경우 『남과 북』 연구에 있어 문학과지성사본을 간과할 수는 없으며,[11] 이 판본에 대한 심도 있는 논의는 필수적이라고 판단된다.

본 논문은, 이러한 문제를 해결함으로써 『남과 북』에 대한 보다 심층적인 연구의 바탕을 마련하는데 있다. 이를 위해, 우선 이 소설의 판본 대조를 통해 개작 과정을 살펴보고, 개작 과정에서 드러나는 각 텍스트들의 특징들을 정리해 보겠다. 그리고 문학과지성사본을 중심으로 개작의 의미를 밝히기로 한다. 연구 대상으로 삼을 텍스트는 기존에 출판된 『남과 북』의 모든 판본이며, 특히 주목할 텍스트는 가장 현저히 개작된 것으로 보이는 문학과지성사본이다.

2. 개작에 대한 개략적 검토

1) 개작의 과정

홍성원의 『남과 북』은 「육이오」라는 제목 아래 월간 『세대』지에 1970년 9월부터 1975년 10월까지 5년 2개월 동안 한 번도 거르지 않고 총 62회 연재되어 완결된다. 이 작품은 1977년 서음출판사에서 총 7권으로 최

소개한 홍성원의 글들과 함께 다음의 글에서도 확인된다.
홍성원 외 3인, 「전쟁문학으로서의 「육이오」」, 『세대』, 1975. 10.
홍성원, 「막다른 골목에 몰린 폭력에 대한 호기심」, 『남과 북』, 문학사상사, 1987.

11) 이런 점에서 김명준, 유임하의 연구는 텍스트 선정에 있어 다소 문제가 있다고 판단된다. 문학과지성사본이 출간된 이후의 연구인데도 불구하고, 연구대상에 대한 아무런 언급도 없이 문학사상사본을 연구 텍스트로 삼고 있기 때문이다. 물론 문학사상사본을 연구 텍스트로 삼을 수 있다. 하지만 이렇게 판본이 여러 종류이고 더욱이 정치적 제약을 해소하기 위해 개작된 판본이 있을 경우, 연구 대상에 대해서는 간략한 언급이라도 할 필요가 있다고 본다.

초 출판되었다. 이때 제목이 『남과 북』으로 바뀌었는데, 이것은 이후 이 소설의 제목으로 확정된다. 1982년에는 대호출판사에서, 1983년에는 중앙서관에서 총 7권으로 다시 출판된다.[12] 1987년에 문학사상사에서, 2000년에 문학과지성사에서 총 6권으로 개정 출판된다. 이렇게 해서 이 작품의 판본은 총 6개가 된다. 하지만 대호출판사본과 중앙서관본은 표지, 화보, 페이지는 물론 오자, 탈자까지 모두 서음출판사본과 같다. 이들은 모두 같은 판을 가지고 다른 출판사에서 찍은 책으로 추측된다. 그래서 실제적으로는 이 소설의 판본은 세대본, 서음출판사본(이후 서음본), 문학사상사본, 문학과지성사본 등의 네 개가 존재하는 셈이다.[13] 이렇게 볼 때 이 작품은 한 개의 원작이 세 번의 개작을 거쳤다고 할 수 있다.

2) 체재의 변화

『남과 북』의 개작의 과정에서 우선 눈에 띄는 것은 체재의 변화이다. 모든 판본은 총 3부로 되어 있으나 그에 다른 소제목과 장절의 구분은 개작을 통해 큰 변화의 과정을 거쳤다. 각 판본의 체재를 요약 정리하면 다음과 같다.

> 1) 세대본: 총 3부로 나누어 짐. 장절 구분이 있을 뿐 각 부의 소제목이 없다. 제1부(서장, 1~3장), 제2부(4~8장), 제3부(9~11장, 종장). 각 장의 장 번호 바로 다음에 에피그램이 붙음.
>
> 2) 서음본: 제1부 가장 긴 여름(서장, 1~3장), 제2부 凍土(4~8장), 제3부 生과 死(9~11장, 종장). 세대본의 에피그램이 그대로 실림.

12) 1983년 판본의 경우 발행처는 도서출판 성한으로, 제작공급은 중앙서관으로 되어 있다.

13) 이하 세대본, 서음본, 문학사상사본, 문학과지성사본 등으로 표기.

3) 문학사상사본: 제1부 가장 긴 여름(서장, 1~4장) 제2부 동의할 수 없는 죽음들(5~8장) 제3부 키가 작아 보이지 낳는 평화(9~11장, 종장). 장절의 변화에 따라 몇몇 에피그램도 바뀜.

4) 문학과지성사본: 서장 제1부 가장 긴 여름(1~4장) 제2부 동의할 수 없는 죽음들(5~8장) 제3부 키가 작아 보이지 낳는 평화(9~11장, 종장) 문학사상사본의 에피그램을 그대로 실음.

결국 이 소설은 두 번에 걸쳐 체재가 개정된 셈이다. 위에서 보듯이 서음본과 문학사상사본에서는 체재의 변화를 보이지만 문학과지성사본은 문학사상사본의 체재를 그대로 따르고 있기 때문이다. 문학과사상사본은 부, 장, 절의 구분도 그렇지만 각 장의 앞에 붙은 에피그램도 문학사상본을 그대로 따르고 있다. 다만 한자를 상당수 없앴다는 점이 다르다. 따라서 이 소설의 체재는 문학사상사본에서 확정되었다고 할 수 있다.

3) 문장 서술의 수정

『남과 북』은 개작의 과정에서 문장 자체에도 많은 변화를 보인다. 다음 인용문은 세대본, 서음본, 문학사상사본, 문학과지성사본에 각각 나타나는 이 소설의 서두 부분이다.

> 오전중에 소낙비가 내린뒤 오후에는 날씨가 수정처럼 맑게 개었다.
>
> 경민(薛敬民)은 이층 편집실로 들어서자 곧장 자기 데스크인 외신부(外信部)쪽으로 다가갔다. 사(社) 내에는 기자들이 대부분 퇴근하고 당직기자 대여섯명만이 드문드문 각 부서에 앉아 있었다.[14)]

---

14) 세대본, 1회, 390쪽.

오전중에 <u>**한차례**</u> 소낙비가 내린 뒤 오후에는 날씨가 수정처럼 맑게 개었다.

경민薛敬民은 이층 편집실로 들어서자 곧장 자기 데스크인 외신부外信部쪽으로 <u>**다가간다**</u>. 사社 내에는 기자들이 대부분 퇴근하고 당직기자 <u>**5, 6명만**</u>이 드문드문 각 부서에 <u>**앉아 있다**</u>.[15)]

오전중에 <u>**한차례**</u> 소낙비가 내린 뒤 오후에는 날씨가 수정처럼 맑게 개었다.

경민은 이층 편집실로 들어서자 곧장 자기 데스크인 외신부 쪽으로 <u>**다가간다**</u>.

사(社)내에는 기자들이 대부분 퇴근하고 당직기자 <u>**5, 6명만**</u>이 드문드문 각 부서에 앉아 있다.[16)]

오전에 <u>**한차례**</u> 소낙비가 내린 뒤 오후에는 <u>**구름이 걷혀 하늘이**</u> 맑게 개었다.

<u>**외출에서 돌아온**</u> 경민은 이층 편집실로 들어서자 곧장 자기 데스크인 외신부 쪽으로 <u>**다가간다**</u>. 사내에는 <u>**대부분의 기자들이**</u> 퇴근하고 당직 기자 <u>**대여섯**</u> 드문드문 각 <u>**부서를 지키고 있다**</u>.[17)]

세대본과 비교한다면, 서음본은 첫째, '한차례'라는 단어가 삽인된 것, 둘째, 서술어가 현재형으로 바뀐 것,(이 점은 이후 판본에 모두 적용된다. 이는 이 소설을 보다 현실감 있게 만든다는 의의가 있다.) 셋째 한자의 괄호를 없애고 한자의 글자 크기를 작게 바꾸었다는 점이 다르다. 문학

15) 서음본, 1권, 10쪽.
16) 문학사상사본, 1권, 19쪽.
17) 문학과지성사본, 1권, 25쪽.

사상사본에서는 한자를 줄이고 다시 괄호에 넣었다. 그런데 문학과지성사본에서는 모든 문장을 새롭게 다듬었다. 이러한 예는 단적이지만 전체적으로 보아도 마찬가지이다. 서음본과 문학사상사본에서는 일부의 문장을 약간 다듬는 정도로 수정되었다. 하지만 문학과지성사본의 경우 매우 많은 문장이 수정되었고, 상당한 분량의 문장이 삭제되거나 첨가되기도 한다. 대체로 전반부에서 많은 수정이 가해지고 후반부로 갈수록 수정이 적다.

4) 내용의 변화

『남과 북』은 세대본에서 문학사상사본에 이르기까지는 내용상 큰 차이가 없다. 서음본에서는 세대본의 문장을 다듬는 수준에서의 개작이 이루어졌고, 문학사상사본에서는, 체제의 변화가 있었지만 내용상 큰 변화가 이루어진 것은 아니다. 하지만 문학과지성사본에 이르러서는 묘사의 수준을 넘어 내용상으로도 상당한 변화를 보인다. 첫째, 인물에 대한 묘사가 보다 구체화되는데, 이는 인물의 성격 변화를 가져오기도 한다. 둘째, 새로운 인물이 등장하기도 한다. 새로운 인물은 대체로 북한 사람들이다. 셋째, 북한 인민군의 행적이 상당 부분 삭제되거나 첨가되며, 중국군에 대한 묘사도 수정된다. 이러한 보완 수정 부분은 매우 자연스럽게 전체와 조화를 이루고 있는데, 여기서 작가의 장인적 솜씨와 피땀 어린 노력을 확인할 수 있다. 그럼에도 불구하고 부분적으로 작가의 의도가 필요 이상으로 노출되는 경향도 보인다는 점이다. 하지만 이는 이 작품의 가치를 떨어드릴 정도로 한계를 넘어서는 것은 아니다.[18]

---

18) 유종호는 작품의 개작 문제를 논의하면서, 이 점을 매우 중요한 문제로 제기한다. 그는 염상섭의 만세전을 예로 들면서 '마음대로 써 보자는 복원 충동은 8.15 이후의 감격시대에 영합하여, 제3의 텍스트(1924년, 고려공사본)에 있던 반일적 요소

3. 문학과지성사본 개작의 의미

1) 인물 묘사 혹은 성격의 변화

『남과 북』의 문학과지성사본에서 우선 두드러지게 드러나는 점은 인물 묘사의 변화이다. 여기서 인물 묘사는 대체로 첨가된 부분이 많고, 일부에 한해서 삭제된 경우도 있다. 그런데 이러한 변화가 단순히 묘사의 차원에 그치는 것이 아니라 인물의 성격을 보다 분명하게 한다. 다음은 각각 서음본, 문학사상사본, 문학과지성사본에 나타나는 모희규에 대한 묘사 부분이다.

> 그 사흘간의 고난 중에 동렬은 희규라는 인간이 어떤 인간인가를 충분히 경험했다. 희규는 과연 소문으로 듣던 대로 놀랄 만큼 우수한 뱃사람 중의 하나였다. 아니 그는 뱃사람이기 이전에 대단히 재미있는 기이한 성격의 인간이었다.[19]

> 그 사흘간의 어려움과 고난 중에 동렬은 희규라는 뱃사람의 진면목을 알 수 있었다. 소문으로 듣던 대로 희규는 과연 놀랄 만큼 우수한 뱃사람 중의 하나였다. 아니 그는 뱃사람이기 이전에 남자라면 누구라도 좋아할 대단히 재미있는 기이한 성격의 인간이었다.[20]

를 과장하고 그렇게 함으로써 혹 반일적 민족적 저항적 작가라는 측면을 강조할 위험성이 있다.'(유종호, 「문학의 텍스트 확정」, 『문학이란 무엇인가』, 4판, 민음사, 1991, 24쪽.) 하지만 다행히 『만세전』은 이러한 유혹에서 벗어나 원작의 진정성을 훼손하지 않는 한에서 개작이 이루어졌다고 평가한다. 『남과 북』 역시 이러한 위험을 안고 개작된 예이다. 이 작품도 이러한 면을 완전히 배제했다고 말할 수는 없지만, 위험 수위를 넘어서는 것은 아니다.

19) 서음본, 1권, 22쪽.

20) 문학사상사본, 1권, 28쪽.

> 그 사흘간의 고통스런 선상 생활 중에 동렬은, 우습게 생각했던 뱃사람 모희규에게서 남다른 매력과 놀라운 능력을 발견 했다. 남포 갯가에 떠돌던 유명짜한 소문대로 일등 선장 모희규는 과연 배와 바다에 관한 한 온갖 재주와 능력을 고루 갖춘 뛰어난 배꾼이었다. 아니 그는 뱃사람이기 이전에 남자라면 누구라도 좋아할 기이한 매력을 지닌 독특한 성격의 인간이었다.[21)]

위의 인용문은 신동렬의 입장에서 서술한 모희규에 대한 묘사 부분이다. 서음본과 문학사상사본에서 모희규에 대한 묘사는 약간의 차이가 있을 뿐이지만, 문학과지성사본에서 그것은 현저하게 달라진다. 첫 번째 인용문에서 모희규는 기이하고 재미있는 뱃사람이다. 여기에서는 모희규의 기인적 성격만이 강조되어 있는데, 그것이 구체적으로 어떤 것인지는 알기 어렵다. 두 번째 인용문에서 '남자라면 누구라도 좋아할'이라는 말이 첨가되어 다소 긍정적인 인상을 부여하고 있지만 여전히 그의 매력이 어디에서 오는지는 알기 어렵다. 하지만 세 번째 인용문에서는, 그의 기이함이 놀라운 능력에서 비롯되며 그것이 그의 인간적인 매력의 근원이 된다는 점을 알 수 있다.

앞의 두 판본이 정도의 차이는 있지만 모희규라는 인물에 대한 소개에 그치고 있다면, 문학과지성사본은 그의 구체적 인상을 통해 성격을 분명히 제시하고 있다. 그런데 더욱 중요한 것은 이러한 성격의 제시가 이후 모희규의 행동에 개연성을 부여한다는 점이다. 그는 재치로 의용군에 끌려갈 위기를 모면하기도 하고, 보통사람을 훨씬 넘는 힘과 패기로 부하들을 제압하기도 한다. 그리고 종국에는 동료 군인들을 사지에서 피신시키고 스스로 의연한 죽음을 맞이한다. 이러한 그의 행동은 위에서 제시

21) 문학과지성사본, 1권, 35쪽.

한 성격과 잘 맞아 떨어지는 것이다.

이런 점에서 효석이라는 인물에 대해 주의를 기울일 필요가 있다. 그는 모든 판본에서 신중한 사람으로 묘사되지만, 서음본이나 문학사상사본에서는 아직 그 성격이 불명확하고 역할도 매우 미미한 인물이다. 하지만 문학과지성사본에서 그의 성격은 보다 뚜렷해지며, 여전히 중심인물로 부각되는 것은 아니지만 중요한 의미를 지니는 인물이 된다. 여기서 특히 주목되는 점은, 그가 청솔회라는 예술단체에 가입한 적이 있다는 행적이 첨가된다는 점이다. 이로써 명석하고 신중한 품성을 지닌 전도유망한 젊은 예술가라는 그의 성격은 보다 명확해진다. 청솔회는 우익적 예술집단으로 묘사되지만, 그는 이러한 이데올로기를 초월해 있다. 또한 그는 자신의 신념에 어긋난다는 이유로 목숨을 걸고 사회주의 이념에 대한 강요를 거부한다. 여기서 균형 감각 지닌 지식인의 성격도 뚜렷이 드러난다.

이 소설에서 그의 죽음은 중요한 의미를 지니는데, 문학과지성사본에서 이는 보다 확실히 드러난다. 이전 판본에서는 그가 단지 지주의 아들이라는 죄로 인해 죽음을 맞이하는 반면, 문학과지성사본에서는 청솔회와 관련된 사건 때문에 죽게 된다. 우익 예술단체인 청솔회에서 발표한 반공 성명서에 자기도 모르는 사이에 이름이 올라있었던 것이다. 말하자면 그는 좌우 양쪽의 희생양이 되는 셈이다. 그럼에도 불구하고 그는 의연하게 죽음을 맞이한다. 효중이 죽기 전에 "살만한 사람은 전쟁 통에 다 죽구, 지금까지 살아남은 인간들은 죽어 마땅한 빈 쭉정이 같은 인간들 뿐이오"라고 하고, 효석이를 가리키며 "걔가 우리 집안에선 유일한 진국이오. 헌데 전쟁은 진국을 잡아가구 똥걸레 같은 나허구 효진일 살려 놓았소."[22]라고 토로하는 근거가 여기에서 확실해 진다.

22) 문학과지성사본, 6권, 267쪽.

이와 같이 대체적으로 성격 묘사의 변화는, 인물의 성격을 구체화함으로써 인물의 행동에 개연성을 부여하는데 크게 기여한다. 이러한 점에서 가장 주목할 만한 인물이 신학렬이다. 문학과지성사본에서도 신학렬은 이전 판본에서와 같이 극렬한 사회주의자로 등장하지만, 여기에서 그는 보다 인간적인 인물로 새로이 조형된다.

> 민관옥은 곧 시동생인 동렬에게 자기도 탈출 계획에 참가하고 싶다는 의사를 전해 왔다. 시동생은 승낙했다. 동렬은 이미 자기 형에 대해서는 증오와 경멸이외에는 아무런 감정도 품고 있지 않았다. 그는 형을 **두발로 걸어다니는 공산주의자라는 흉포한 동물로**만 생각했다.[23]

> 그러나 그들의 전격적인 결혼은 신혼 초에 이미 불화의 조짐을 보이기 시작했다. 성장과정이 가져다 준 뚜렷한 성격 차이와 서로에게 품고 있던 꿈과 환상이 깨지면서, 그들의 조급한 결혼은 조금씩 틈이 생기기 시작했고, 급기야 두 사람 사이에는 짧은 대화와 긴 침묵의 고통스런 매일이 반복된 것이다. 사회주의 혁명 역군으로 마음속 깊이 존경했던 남편 신학렬에게서 민관옥은 열등감에 사로잡힌 복수심 강한 치졸한 인간의 모습을 발견했고, 학렬은 또 사회주의 신봉자로 자기를 따르던 인텔리 여성 민관옥에 대해서 부르주아 반동의 위선에 가득 찬 허영과 자만을 역겹게 발견한 것이다.[24]

위의 첫 번째 인용문에서 알 수 있듯이 서음본에서 신학렬은 '두발로 걸어다니는 공산주의자라는 흉포한 동물'[25]로 묘사된다. 비록 신동렬의

---

23) 서음본, 1권, 30쪽.
24) 문학과지성사본, 1권, 43쪽.
25) 이는 세대본에서 '두발로 걸어 다니는 공산주의자라는 이름의 퍽 흉포한 동물'(1

입장에서 서술된 것이지만, 이러한 묘사는 이전 판본 전반에 드러나는 신학렬의 성격에 부합되는 것이다. 하지만 문학과지성사본에서 이러한 표현은 사라진다. 그 대신 약 세 페이지에 걸쳐 신학렬의 가족사적 배경이나 민관옥과의 애증 관계를 자세히 서술하고 있다.

그의 어머니가 무녀 출신이며 첩이라는 점은 이전 판본에도 나타나지만, 문학과지성사본에서 그의 가족사적 상처는 더욱 상세히 서술된다. 그는 일제시대부터 조국 해방에 대비한 사회주의 모임 '북두성'을 조직하여 문명퇴치를 위한 야학을 운영하기도 한다. 민관옥과의 만남도 '북두성'이루어지는데, 이전 판본에서 그 원인이 불명확했던 민관옥과의 불화가 이와 관련된 것으로 서술된다. 위의 두 번째 인용문은 이러한 심리 잘 보여주고 있는 대목이다. 여기에서 신학렬의 성격을 예리하게 드러내는 중요한 사건, 즉 그의 아내 민관옥을 소련군 장교에게 넘긴 사건도 진실 여부를 알 수 없는 '허황한 내용'[26]으로 서술된다.[27] 이로써 신학렬이 벌이는 행동의 심리적 원인을 짐작할 수 있게 된다.

문학과지성사본에서 신학렬은 개인적인 차원에서 성격 변화를 보일 뿐 아니라 사회주의 이념을 대변하는 역할도 담당하게 된다. 다음은 초로 수용소에서 취조를 받는 대목이다.

> "자넨 그 글에서 이번 전쟁을 인본주의와 동포애에 기초한 '겨레 사랑의 전쟁'이라는 좀 별난 말로 표현 했더군. 전쟁이 어떻게 사랑이 되는지 자네의 설명을 좀 듣고 싶네."

회, 402쪽)로, 문학사상본에서는 '두 발로 걸어 다니는 <u>**출세주의자**</u>라는 이름의 흉포한 동물'(1권, 33쪽)로 묘사되어 있다. 이로써 신학렬에 대한 묘사가 이전 판본에서도 조금씩이나마 완화되고 있음을 알 수 있다.

26) 문학과지성사본, 1권, 37쪽.

27) 이전 판본에서도 이 사건은 풍문으로 서술되지만, 마치 공공연한 비밀인 것처럼 표현된다.

…(중략)…

"겨레 사랑이란 이웃의 고통을 나의 고통처럼 함께 아파하는 것을 말하는 거요. 남조선은 노동자 농민이 인민의 구 할을 차이하오. 그 구 할의 없이 사는 동포가 허기진 배를 끌어안고 인간 이하로 비참하게 살아가고 있소. 일 할도 안 되는 자본가와 지주를 위해 인민의 구 할이나 되는 사람들이 헐벗거나 굶주려가고 있단 말이오. 이번 전쟁은 바로 그 굶주리는 구 할의 동포를 구하기 위한 거요. 우리가 왜 아무 까닭 없이 전쟁을 일으켜 같은 동포를 살상하겠소? 헐벗고 굶주리는 구 할의 인민을 압제와 수탈에서 해방시키기 위해, 이번 전쟁은 어쩔 수 없이 우리가 선택한 어려운 결심이었소."[28)]

이전 판본에서 신학렬은 단순 과격한 적색 이념을 표방하고 있다면 문학과지성사본에서는 보다 정교하고 인간적인 차원에서 이론을 전개한다. 그는 비밀 지하신문에 '해방전사의 임무'라는 글을 발표한 바 있는데, 그는 거기서 인간적인 맑시즘을 주장했던 것이다. 이전 판본에서 신학렬은 지하 신문에 이러한 글을 실을 만한 이론가는 아니다. 그에게 이러한 인간주의적 사회주의이념은 찾아 볼 수 없었다. 그는 '노동자 농민을 자본주의로부터 구출'하기 위해 '무산계급의 단합된 실력 행사'[29)]라는 단순 논리를 주장할 뿐이다. 하지만 문학과지성사본에서 신학렬은 더 이상 '흉포한 동물'이 아니라 인간적으로 충분히 이해 가능하며 보다 논리적인 사회주의자가 된다.

28) 문학과지성사본, 5권, 415~416쪽.

29) 서음본, 6권, 338쪽.
문학사상사본, 5권, 335쪽.

2) 새로운 인물의 등장

문학과지성사본의 개작에서 나타나는 가장 두드러진 특징은 새로운 인물들이 등장한다는 점이다. 상황에 따라 남쪽 인물도 새로이 등장하지만 이들은 큰 의미를 지니는 것은 아니고,[30] 실제적인 의미를 지니는 새로운 인물은 북한 사람들이다. 그 대표적인 예가 문정길, 조명숙, 남재숙이다. 이 중에서도 특히 문정길이 가장 중요한 의미를 지닌다. 이들 사이에서 벌어지는 새로운 사건은 모두 문정길을 중심으로 이루어지기 때문이다. 조명숙이 문정길과의 사이에서 아이를 낳는다는 점에서 남재숙보다는 중요한 의미를 지니지만, 그 역시 남재숙과 더불어 문정길이라는 인물을 조형하는 보조적인 역할을 하는 인물이라고 볼 수 있다.

문정길은 신학렬이 주도한 조직 '북두성'의 회원이기도 하여 신학렬과 일정한 관계를 맺고 있다. 하지만 그는 여러 가지 점에서 신학렬과는 다르다. 그는 일본에서 공과 대학을 나온 지식인이다. 그는 제철소 기계 설비반에서 노동운동을 하던 일본인 다카하시가 검거되면서 두고 간 '자본론' 요약본을 읽게 되면서 사회주의 이념을 받아들인다. 신학렬의 이념이 사회에 대한 보복심리에서 싹텄다면, 문정길은 순수하게 정의로운 측면에 매료되어 사회주의 이념에 경도된 것이다. 그는 사회주의 이념에 대한 신념이 투철할 뿐 아니라, 전쟁 중에도 윤리적 감각을 잃지 않으며 냉철한 판단력으로 과감하게 행동한다.

김병익은 그에 대해 '중요한 것은 그의 이력과 활동이기보다 그를 통해 보여주는 사회주의 사상에 대한 그의 진지한 신념'[31]이라고 말한다. 이러한 지적은 옳다. 하지만 필자의 생각으로는 그의 진지한 이념이 다

30) 남쪽 인물 중 새롭게 등장하는 인물로는 청솔회의 총무 차영근, 문정길의 손에 죽는 퇴임 목사, 문정길이 퇴각하며 살려주는 국회의원의 첩 등이다.

31) 김병익, 「남북 화해의 기대 속에서 다시 읽는 『남과 북』」, 앞의 책, 1338쪽.

른 인물들의 생각과 충돌하여 새로운 문제를 던진다는데 보다 중요한 의미가 있다. 예를 들면 문정길이 설박사를 취조하는 장면에서 드러나는 전쟁에 대한 상반된 견해이다.32) 문정길에게 한국전쟁은 의심할 바 없는 주국 해방 전쟁이지만, 설박사에게 그것은 외래 사상이 빚은 이데올로기의 충돌일 뿐이다. 이러한 충돌은 전쟁을 다면적으로 보게 한다. 하지만 여기서는 진지한 토론이 결여되어 새로운 사고로까지 나가지는 못한다.

이런 점에서 문정길이 정해평과의 만남은 주목을 요한다. 정해평은 중국지원군 상교(장교의 직위)로 일제 때 만주에서 조선독립운동을 하다가 모택동의 팔로군에도 참가했던 조선족 노병이다. 인민군이 민간인을 무차별 포격한 안평리 사건 때문에, 문정길은 그를 만나게 된다.

> "내말은 그런 뜻이 아니오? 문동무는 사회주의를 믿소? 이 전쟁이 사회주의의 승리로 끝날 것이라고 확신하오?"
>
> "물론입니다. 확신합니다. 조선은 반드시 해방되고 통일될 것입니다."
>
> 정상교가 절레절레 고개를 가로 내두른다. 그의 큰 고갯짓은 부정의 뜻을 강조하는 것일 게다.
>
> "틀렸소. 내 생각은 대단히 비관적이오. 조선의 사회주의 통일은 작년 여름 이미 멀리 떠나갔소. 당신들의 부도덕한 처신으로 사회주의 혁명의 기운이 그 싹부터 짓밟힌 거요."
>
> "상교 동무의 의견에 동의할 수 없습니다. 형편은 어렵지만 조선의 사회주의 혁명은 지금 착실하게 진행 중입니다."
>
> "아니오. 당신들의 이번 전쟁에 변명의 여지없이 완패했소. 당분간 조선 땅에 사회주의 혁명은 없을 거요."33)

---

32) 문학과지성사본, 2권, 61~65쪽.
33) 문학과지성사본, 4권, 37~38쪽.

위의 인용문에서 문정길과 정해평 사이에는 한국전쟁에 대한 엇갈린 평가가 드러난다. 문정길은 조선의 사회주의 혁명 완수에 대해 확신을 드러내지만, 정해평은 이를 단호히 부정한다. 단호히 부정할 뿐 아니라 당분간 조선 땅에 사회주의 혁명은 없을 것이라고 단언한다. 정해평은 중국에서 사회주의 혁명은 인민들의 열렬한 지지를 바탕으로 완수될 수 있었음을 역설한다. 반면 조선 인민군은 사회주의를 외치면서도 "지난 여름에 당신들은 남조선 인민들을 몽둥이로 패서 쫓"[34]았다고 신랄히 비판한다. 그는 사회주의를 위해서는 무엇보다 모든 행동이 인민을 위한 것이 되어야 한다는 점을 강조하는 것이다. 결국 문정길은 정해평의 지적을 수락하고 조선 인민군의 잘못을 스스로 인정하게 된다. 결국 문정길을 통해 사회주의의 이상을 보여주고, 다시 정해평과 충돌시켜 이러한 이상을 해체시키고 있는 것이다.

다음은 또 다른 차원에서 이러한 사상적 충돌을 잘 보여주는 대목이다.

> "그렇소이다. 당신들의 이상 때문에 죽어간 무고한 사람들을 생각해 보시오. 인간은 도구가 아니며 바둑판 위에 바둑돌도 아니외다. 한 낱개의 인간 속에는 우주를 아우르는 엄청난 의미가 함축되어 있소이다. (후략)"
>
> "(전략) 우리는 포악한 살인마의 집단이 아니며, 전쟁을 즐기지도 않고 사랑하지도 않습니다. 자본주의의 압제로부터 무산 대중을 해방하기 위해 전쟁은 우리들이 취할 수 있는 유일한 선택이었을 뿐입니다. 오히려 이 전쟁이 대량 살상으로 격화된 것은, 미제국주의자들이 전쟁에 끼어들어 조선의 통일을 방해하고 있기 때문입니다. (후략)"[35]

34) 문학과지성사본, 4권, 40쪽.
35) 문학과지성사본, 2권, 220～221쪽.

> 문정길은 순간 기이하게도 자신이 직접 처형한 목사 출신 노인의 몇 마디 말들이 생각난다. 죽음은 그 죽음의 당사자들에게는 모두가 억울한 피살일 뿐이외다…… 동포를 살상한 당신들의 조는 역사 속에 영원히 오욕의 기록으로 남을 것이외다……[36]

위의 첫 번째 인용문은 퇴임 목사 노인과 문정길의 대화이다. 노인은 총살형을 당하기 하루 전에 문정길에게 최후의 면담을 요청하고, 문정길은 이를 기꺼이 받아들인다. 둘의 대화는 자못 진지하고 심각하다. 노인은 은퇴한 목사답게 생명의 존엄을 주장한다. 그가 말하는 생명이란 우주 전체를 아우르는 유일무일한 가치를 지닌 것이다. 어떠한 훌륭한 목적이라도 생명보다 우위에 둘 수는 없다는 것이다. 따라서 사회주의적 이상이 아무리 높다고 하더라도 생명을 소홀히 한 대가로, 한국전쟁은 결국 역사 속에 오욕의 기록으로 남을 것이라고 한다. 이에 대해서 문정길은 사회주의적 이상을 위해서 일부의 희생은 어쩔 수 없이 받아들여야 하며 궁극적으로 대량 살상의 주체는 미국임을 강조한다. 결국 문정길의 손에 죽고 싶다는 노인의 부탁에 따라, 문정길은 노인을 처단한다. 이를 통해 각자 자신의 신념이 확인되던 것이다.

그런데 보다 중요한 문제는 그 다음에 제기된다. 그는, 붙잡아 두었던 남한 국회의원의 첩을 처리하고 퇴각하려고 지하실로 간다. 거기서 발견한 것은 하체가 알몸이 된 채 살려달라고 애원하는 여인 모습이다. 그는, 사회주의자를 자처하던 부하대원이 궁지에 몰리자 한갓 폭도가 되어 여인을 강간한 것을 보며 분노를 느낀다. 두 번째 인용문에서 보듯이, 이때 문정길은 퇴임 목사의 말을 회상한다. 그는 스스로 아무런 회의 없이 노인에게 총을 쐈다고 생각했으나, 무의식 속에서 그 사건은 그의 이념을

36) 문학과지성사본, 2권, 225쪽.

혼란시키고 있는 것이다. 문정길의 작은 심리적 변화를 통해서, 이 소설은 궁극적으로 이념보다 인간이 우선이며 어떠한 사상도 인간의 혹은 생명의 존엄에 앞설 수 없다는 점을 드러내고 있다.

문학과지성사본에서 간과할 수 없는 사건이, 문정길과 조명숙 사이에 아기가 생기는 것이다. 문정길과 조명숙은 위장 부부이지만 결국 둘은 사랑을 하게 되고 급기야 조명숙은 임신을 한다. 조명숙은 만삭인 채로 남한에서 간첩 혐의로 잡히게 되고, 해산을 후 총살된다. 아이러니하게도 아기는 남한 경찰 간부가 키우게 된다. 아이가 북쪽의 친부모와 남쪽의 양부모를 가진다는 점에서, 이 사건은 이데올로기의 경계를 허무는 상징적 계기가 된다. 이는 프롤레타리아 혁명이외에 다른 삶이 없다고 믿었던 문정길이 다른 삶을 인정한다는 사실에서도 잘 나타난다. 여기서도 문정길은 갈등을 통해 사회주의 이념을 넘어서는 가치를 예감하게 된다. 이 소설에서 문정길은 진지한 이념을 지닌 인물로서도 중요한 의미를 지니지만 갈등을 통해 이를 넘어서는 가치를 제기한다는데 더욱 중요한 의미가 있다. 그것은 결국 이념보다 인간이 앞선다는 점이다. 결국 문정길의 새로운 등장의 의미는, 그가 다른 인물들과 사상적으로 충돌하면서 북한의 이념적 정당성을 변호하는 계기를 마련할 뿐 아니라 그 한계까지도 동시에 드러내고 있다는 점에 있다.

3) 북한에 대한 태도의 변화

문학과지성사본에서 『남과 북』은 이전 판본에 비해 북한에 대해 호의적 태도를 보인다. 이는 우선 어조에서 드러난다. 이전 판본에서도 적군이라는 말에는 거의 모두 '赤軍'이라는 한자를 병기함으로써 적군(敵軍)이 아님을 강조함으로써, 북한을 무조건 적(敵)으로 간주하지는 않는다. 그런데 이러한 태도는 문학과지성사 개작의 과정에서 더욱 두드러지게 나타난다.

「놈들이 벌써 의정부를 밀어부친 모양이지요?」

「북쪽에서 내려오는 피난민들 말로는 적들이 벌써 미아리까지 올라왔대요.」[37)]

"인민군들이 벌써 의정부까지 닥친 모양이지요?"

"북쪽에서 내려오는 피난민들 말루는 인민군들이 벌써 미아리 고개까지 올라왔대요."[38)]

위의 인용문에서 보듯이 '놈'이 '인민군'으로, '적'도 '인민군'으로 바뀌었다. 이렇게 북한에 대한 명칭이 바뀐 경우는 매우 많다. '적도赤都 평양'을 '북한의 수도인 평양'으로 바꾸는가 하면, '공산당'이라는 말도 '북쪽 사람들' 혹은 '북녘 사람들'로 바꾸었다. '적도'나 '공산당'에서 느껴지는 이념적 색채를 지움으로써 북쪽에 대한 완화도니 태도를 취하고 있는 것이다. 이러한 변화는 단지 명칭만이 아니라 많은 서술에서도 드러난다. "8월말로 접어들자 차차 흉악한 마각馬脚을 드러내기 시작했다."[39)]라는 의용군 모집에 대한 서술은, "8월 말경부터 전황이 불리해지자 각 전선에 병력 손실이 많아졌고, 그 손실을 메우기 위해 그들은 더 많은 입대 장정을 필요로 했다."[40)]로 바뀌었다. 전자에서 투철한 반공정신까지 엿보인다면, 후자에서는 북쪽 사람들의 입장을 이해하는 듯한 어조를 취하고 있다. 이러한 어조의 변화는 북한을 대하는 근본적인 태도 변화로 이어

---

37) 세대본(3회, 415쪽), 서음본(1권, 170쪽), 문학사상사본(1권, 138쪽)은 모두 같음.
38) 문학과지성사본, 1권, 183쪽.
39) 서음본, 2권, 74~75쪽. (문학사상사본, 1권, 354쪽도 같음.)
40) 문학과지성사본, 1권, 465쪽.

진다. 북쪽의 선전 문구를 그대로 싣거나,[41] 인민재판에 의한 무자비한 학살 장면을 삭제하고,[42] 보다 인간적인 인민군의 모습이 추가하기도 한다.[43] 그런데 이러한 호의적인 태도는 이념에 대한 이해의 폭을 넓히는 방향으로까지 나간다.

> "형님은 공산주의가 어떤 거라구 생각하시우?"
>
> "어떤 거라구 생각하다니?"
>
> "이번에 실시헌 토지 개혁으루 밤골 논 네 마지기가 우리집 몫으루 떨어진 거 아시우?"
>
> "안다."
>
> "세상이 바뀌자 돈 한 푼 내지 않구두 우씨네 상답 네 마지기가 우리 집에 고스란히 떨어졌수. 공산주의 세상이 아니라면 어떻게 이런 일이 있을 수 있겠수?"
>
> "없는 사람들이 공평허게 갈라 먹자는게 공산주의의 본 뜻 아니냐."
>
> "형님 나두 전쟁 전에는 공산주의가 천하에 나쁘구 못된 걸루만 생각했수. 헌데 세상이 바뀌구 해방군 전사들이 허는 말을 들어보니 나쁘기는커녕 우리 같은 없는 사람들헌테는 참으루 올바르구 둘두 없이 좋은 주의입디다."
>
> "나두 대충 들어서 안다. 그래서 여기서두 배움 많구 머리 좋은 사람들은 온갖 압제를 받아가면서두 공산주의 허지 않드냐."[44]

위의 인용문은 문학과지성사본에 새롭게 첨가된 부분이다. 이것은 박

41) 문학과지성사본, 1권, 330쪽.
42) 서음본, 1권, 313~314쪽.
43) 문학과지성사본, 1권, 332쪽.
44) 문학과지성사본, 2권, 23쪽.

수익이 인민군 의용군에 들어가기 전날 밤에 그의 형 박한익과 나누는 대화이다. 박수익은 인민군이 버드내에 들어오자 스스로 나서서 공산주의 활동을 하다가 의용군에 지원한다. 그리고 전쟁포로가 되어 거제도 포로수용소에 갇혔다가 가까스로 살아남는다. 하지만 그가 사회주의 이념에 대한 신념 때문에 그러한 활동을 한 것은 아니다. 그는 단지 집안의 안위를 위해서 어쩔 수 없이 그러한 활동을 한 것이다. 그의 동생 박노익이 국군이어서, 그가 그렇게 행동하지 않으면 반동으로 몰려 집안이 풍비박산이 날 위기에 처해 있었기 때문이다. 그는 이념과는 무관한 한 명의 촌부에 불과하다.

위의 인용문은, 그러한 촌부의 마음속 깊은 곳에서 사회주의 이념에 대한 이해가 싹트고 있다는 점에서 문제적이다. 깊은 내면으로부터 우러나오는 생각이라는 점에서, 그의 말은 그가 한 활동보다 의미가 있다. 이것은, 책 속의 논리로 이해하는 것이 아니라 경험을 통한 마음의 움직임이라는 점에서, 이 소설에 새롭게 삽입된 어떠한 북한에 대한 긍정적 태도보다도 호의적이다. 그런데 이러한 공산주의에 대한 이해가 그의 형 박한익의 마음에서도 그대로 일어나고 있다는 것은 더욱 문제적이다. 이것은 말하자면 당시의 민중들의 상당수의 마음에 공산주의에 대한 최소한의 내면적 이해가 싹트고 있다는 점을 말하고 있는 것이기 때문이다.

이렇게 문학과지성사본에서는 북한에 대해 매우 호의적인 태도를 보이고 있는데, 이와 관련해서 지적할 것은 북한에 대한 태도보다도 중국군에 대한 태도는 더욱 호의적이라는 점이다. 이전에도 중국에 대해서는 대단히 호의적이었는데, 문학과지성사본에서 이러한 경향은 더욱 짙어진다. 여기서 중국혁명 당시의 홍군은 "기강과 군기가 엄정하고 훌륭"하며, "인민에 대한 그들의 태도는 모든 군대의 모범이 될 만큼 친절하고 공손한"[45] 것으로 새롭게 묘사된다. 중국에 대한 이러한 태도는 다음 장면에서 잘 드러난다.

> 부인은 중공군이 소문과 다를 뿐 아니라 민간인에게는 피해는커녕 극히 친절하고 예의바르다는 것이었다. 그들은 민가에서는 숟가락 한 개도 강제로 취하는 일이 없으며, 길에서 우연히 젊은 여인을 만나도 그녀들에겐 눈길 한 번 주는 일이 없다는 것이다. <u>비록 말이 통하지 않아 자유로운 의사소통은 불가능하지만, 그들의 태도나 언행으로 보아 그들이 말하는 인민들에게는 폐 끼치는 일이 절대로 없다는 것이다.</u> 따라서 부인은 관옥에게 더 이상 숨어 있지 말고 밖으로 나와, 자기를 거들어 그들의 취사에 협력해 달라고 요구해 왔다. 그들이 제공해주는 양식으로 연명하는 이상, 자기 혼자서만 애쓸 것이 아니라 관옥도 의당 함께 부엌일을 거들어야한다는 것이다. 부인의 이런 강렬한 요청을, 관옥은 더 이상 거절하거나 뒤로 미룰 수 없었다. 그녀는 어쩌면 부인의 말이 사실일 지도 모른다고 생각했다. <u>화남(華南)에서 연안(延安)까지의 대륙을 가로지르는 대장정(長征)을 거치면서도 그들은 연도의 백성들에게는 터럭만한 민폐도 끼친 일이 없는 신화를 가지고 있다. 한국에 출정한 군대 역시 그들과 같은 군대라면, 인민을 위한 사회주의 군대답게 인민을 해치는 일은 없을 지도 알 수 없다.</u>[46)]

관옥은 피난 도중 어떤 부인과 함께 사람들이 모두 떠난 마을의 빈집에서 머물게 되는데, 아침에 일어나 이 마을에 중국군이 진주해 있음을 알게 된다. 중국군에 대한 흉악한 소문을 익히 들었던 이들은 집안에 숨지만, 부인은 이내 들키게 되고 관옥만 계속 은거한다. 여기서 문제가 되는 것은 중국군의 태도이다. 뜻밖에도 중국군은 어떠한 위해를 가하지도 않고, 다만 자기들의 취사를 도와줄 것만 요구한다. 위의 인용문은, 부인이 관옥을 안심시키며 함께 중국군의 취사를 도울 것을 설득하자 관옥이

45) 문학과지성사본, 4권, 31쪽.
46) 문학과지성사본, 3권, 306~307쪽.

가지는 생각을 수술한 대목이다. 이 사건에 대한 대체적인 내용은 이전 판본과 같지만, 문학과지성사본에는 위의 밑줄 친 문구들이 첨가된다. 여기서 문학과지성사본에서 중국군에 대한 호의적인 태도가 더욱 뚜렷해지는 것을 확인할 수 있다. 특히 맨 뒤에 첨가된 부분을 고려하면, 중국군뿐 아니라 중국의 사회주의 혁명에 대해서도 깊은 이해와 신뢰의 태도를 보이고 있는 것이다.[47)]

4. 결론

지금까지 홍성원의 『남과 북』의 판본들을 상세히 검토하였다. 홍성원은 『세대』지에 발표했던 원작 「육이오」를 세 차례에 걸쳐 수정하여 『남과 북』을 완성했다. 서음본, 문학사상사본, 문학과지성사본이 그것이다. 서음본은, '남과 북'이라는 제목이 확정되었다는 점과 문장을 현재형으로 바꿈으로써 현실감 있는 표현을 얻었다는데 의미가 있고, 문학사상사본은 체재가 확정되었다는 의미가 있다. 문학과지성사본은 내용상 획기적인 수정이 가해진다는 점에서 중요한 의미를 지니는데, 이는 보다 상세한 고찰이 요구되는 것이다.

문학과지성사본의 개작은 세 가지의 특징적 결과를 보여준다. 첫째, 첫째, 인물 묘사가 구체화되어, 인물에 보다 선명한 성격을 부여하고, 결

47) 여기서 한 가지 지적할 것은 인용문 끝의 첨가 부분에서, 다소 애매하지만 작가의 목소리가 노출된다는 점이다. 이 인용문 부분은 전체가 관옥의 의해 초점화되어 있다. 하지만 마지막 첨가 부분은 관옥의 입장이라기보다 작가의 입장이 그대로 노출된 듯하다. 물론 관옥이 북두성의 일원이었다는 점을 감안하면, 그녀 이러한 생각을 못할 것은 없다고 생각된다. 하지만 이미 그러한 행적은 과거형이고 이렇게 어려운 상황에 이러한 정치적 이념이 그녀의 머릿속을 비집고 들어온다는 것은 납득하기 어렵다.

과적으로 인물의 행동에 개연성을 부여한다. 둘째, 문정길로 대표되는 북한 사람들을 새로이 등장시켜 북한 쪽의 상황을 보다 잘 드러나도록 한다. 특히 문정길의 새로운 등장의 의미는, 그가 다른 인물들과 사상적으로 충돌하면서 북한의 이념적 정당성을 변호하는 계기를 마련할 뿐 아니라 그 한계까지도 동시에 드러내고 있다는 점에 있다. 셋째, 북한에 대한 표현을 완곡하게 함으로써 적대감을 완화시켰다. 이는 북한의 명칭의 변화, 표현에 있어서 어조의 변화 등을 통해서도 나타나지만, 이념에 대한 이해 수준의 폭을 상당히 넓혔다는 점에서 더욱 두드러지게 나타난다. 더불어 지적할 것은 중국군에 대한 태도 역시 보다 호의적이라는 점이다.

전체적으로 볼 때, 『남과 북』의 문학과지성사본 개작은 의미의 차원에서나 양적인 차원에서 모두 북한 쪽에 보다 많은 배려를 함으로써 남한에 기울었던 원작의 한계를 극복하고 있다고 평가할 수 있다. 이는 남한과 북한의 입장에 대한 균형을 회복함으로써 발표 당시의 정치적 제약을 온전히 해소하겠다는 작가의 노력의 결과라고 할 수 있다. 하지만 물론 여기서 무조건 북쪽을 옹호하는 것은 아니다. 앞서 밝혔듯이 이 판본에서 새롭게 등장하는 문제적 인물 문정길을 통해 북한 한국전쟁에 대한 입장과 사회주의 이념에 대한 정당성과 한계를 매우 예리하게 보여주고 있기 때문이다.

『남과 북』은 한국전쟁을 최초로, 매우 사실적인 측면에서, 세부까지 상세하게 형상화하고 있다는 점에서 원작만으로도 매우 가치 있는 소설이다. 하지만 이 소설은 개작을 통해 표현면에서나 내용면에서나 보다 완성도 높은 작품이 되었다. 이런 점에서 『남과 북』의 문학과지성사본은 문학적으로 매우 높은 가치를 지니며, 이 소설의 연구에서 간과할 수 없는 판본이다.

참고문헌

1. 1차 자료

홍성원. 「육이오」. 『세대』. 1970. 9~75. 10.
_____. 『남과 북』 1~7. 서음출판사, 1977.
_____. 『남과 북』 1~7. 대호출판사, 1982.
_____. 『남과 북』 1~7. 중앙서관, 1983.
_____. 『남과 북』 1~6. 문학사상사, 1987.
_____. 『남과 북』 1~6. 문학과지성사, 2000.

2. 논문 및 평론

권오룡. 「주체 찾기의 모험과 그 의미; 개작된 『남과 북』에 부쳐」. 『남과 북』 6. 문학과지성사, 2000.
김명준. 「한국분단소설 연구: 『광장』, 『남과 북』, 『겨울 골짜기』를 중심으로」. 단국대학교 박사학위논문, 2002.
_____. 「홍성원의 『남과 북』론」. 『동양학』 33. 단국대학교 동양학연구소, 2003. 2.
김병익. 「6.25 콤플렉스와 그 극복: 홍성원의 소설 『남과 북』」. 『문학과지성』. 문학과지성사, 1975, 겨울.
_____. 「남북 화해의 기대 속에서 다시 읽는 『남과 북』」. 『문학과사회』 51. 문학과지성사, 2000. 8.
김치수. 「남성문학의 세계」. 『작가세계』 18. 세계사, 1993 가을.
서준섭. 「한국전쟁, 집단적 비극의 소설화: 홍성원의 『남과 북』론」. 『감각의 뒤편』. 문학과지성사, 1995.
유임하. 「80년대 분단문학, 역사의 진실 해명과 반공주의의 극복: 『남과 북』, 『지리산』, 『태백산맥』을 중심으로」. 『작가연구』 15. 새미, 2003. 2.
이동하. 「총체성이 포착을 향한 도전: 홍성원의 『남과 북』」. 『문학사상』. 문학사상사, 1986. 6.
정성진. 「홍성원의 『남과 북』 연구」. 성신여자대학교 석사학위논문, 2001.
송희복. 「전쟁과 애증 혹은 욕망의 서사시」. 『문학사상』. 1993. 4.

진덕규. 「정치의 위선과 전쟁의 진실」. 『문학과지성』. 문학과지성사, 1975, 가을.
김현숙. 「홍성원의 소설 『남과 북』 연구: 인물 구조를 중심으로」. 『성신어문학』. 성신어문학회, 1995.

3. 단행본

유종호. 『문학이란 무엇인가』. 4판. 민음사, 1991.

4. 기타

홍성원. 「후기」. 『남과 북』 7. 서음출판사, 1977.
홍성원 외 3인. 「전쟁문학으로서의 「육이오」」. 『세대』. 1975. 10.
홍성원. 「막다른 골목에 몰린 폭력에 대한 호기심」. 『남과 북』. 문학사상사, 1987.
홍성원 · 홍정선. 「자신과 세상을 향해 던지는 '그러나'라는 질문」. 『홍성원 깊이 읽기』. 문학과지성사, 1997.
홍성원. 「열린 세상 쪽으로 뚫린 좁고 긴 터널」. 『홍성원 깊이 읽기』. 문학과지성사, 1997.
______. 「보완과 개작에 대한 짧은 해명」. 『남과 북』 1. 문학과지성사, 2000.

채만식의 『濁流』 연구
- 통속성 문제에 대한 고찰 -

1. 서론

蔡萬植의 『濁流』는 1937년 10월 12일부터 1938년 5월 17일까지 『朝鮮日報』에 연재된 장편소설이다. 연재 당시, 상당한 대중적 인기를 누렸던 것으로 알려져 있으며, 여러 논자들에 의해 논란의 대상이 되기도 했다. 해방 이후에는 연구에서 소외되는 경향을 보기도 했으나, 70년대에 이르러 蔡萬植에 대한 재평가가 이루어지면서 많은 연구자의 연구 대상으로 부상하기도 한다.

발표 당시 林和가 세태소설로 규정한[1] 이래로, 『濁流』는 많은 논자들에 의해 세태소설의 범주에서 논의되었다. 林和는 세태를 꼼꼼하게 그린 것을 다소 긍정적으로 보지만 세태를 꼼꼼하게 그리는데 그쳤기 때문에 문제가 있다고 평가한다. 이에 비해 金南天은, 세태 묘사가 잘 된 전반의 성과는 인정하되 후반은 부정적으로 평가하고 있다. 白鐵은 이와 달리

1) 林和, 「世態小說論」, 『文學의 論理』, 1940.

발표 당시에는 "作家 蔡萬植氏의 小說家의 面貌가 若如하게 빛난 作品"[2]이라 하며 높이 평가하고, 후에는 이 작품이 단순히 세태 묘사에만 그친 소설인가 하는 점에 대해 의문을 표명하기도 한다.[3]

70년대 이후 蔡萬植의 재평가되면서, 『濁流』는 『太平天下』와 더불어 蔡萬植의 대표작으로 인식된다. 하지만 『太平天下』에 대한 평가가 대체로 풍자의 차원에서 문학적 성과가 인정되는데 반해, 『濁流』에 대한 평가는 상반된 견해가 엇갈리는 양상을 보인다. 鄭漢淑, 洪以燮, 김현 등이 『濁流』에 대해 긍정적인 견해를 표명한데 반해, 丘仁煥, 金宇種, 李在銑 등은 부정적인 견해를 드러낸다.

鄭漢淑은 『濁流』를 "現在와 未來를 喪失한 群像들이 경험하는 진흙바닥을 表出하면서 性格 類型의 對立的인 창조를 통하여 온갖 濁流的인 狀況을 描寫하여 高度의 리얼리즘을 획득한 作品"[4]이라고 평가하며, 洪以燮은 『濁流』에서 나타나는 사회 역사적 상황을 세세하게 살피면서 이 작품이 식민지민의 궁핍화와 몰락 그리고 일제의 침탈사를 여실히 보여주고 있다고 한다.[5] 김현도, 이 작품이 식민지 교육의 모순과 비정상적인 자본축적의 이동을 날카롭게 비판한 작품으로 『太平天下』와 더불어 蔡萬植의 대표작이라고 한다.[6]

한편 丘仁煥은 『濁流』는 作家의 發想的인 意圖가 실패한 大衆小說로 이제까지 지나치게 과대평가를 해 왔다"[7]고 하며 부정적으로 평가하며, 李在銑도 "초반의 도시형태론을 충분히 활용하고 있지 못하고 있을 뿐

---

2) 白 鐵, 「蔡萬植氏의 <濁流>를 읽고」, 『每日新報』, 1939. 12. 28.
3) 白 鐵, 『朝鮮新文學思潮史』, 白楊堂, 1947, 324~325쪽.
4) 鄭漢淑, 「崩壞와 生成의 美學」, 『民族文化研究6』, 高大民族文化研究所, 1972, 108쪽.
5) 洪以燮, 「蔡萬植의 濁流-近代史의 한 課題로써의 植民地의 窮乏化」, 『創作과批評』, 1973.봄, 58~72쪽.
6) 金允植 김현, 『韓國文學史』, 民音社, 1973, 185~189쪽.
7) 위의 글, 179쪽.

아니라, 중반 이후는 新聞連載小說로서의 娛樂性을 顯著化시키고 있다"[8] 고 함으로써 다소 부정적 견해를 피력한다. 金宇種은 "<濁流>의 주인공 초봉의 생활이 너무나 극적으로 꾸며져 있고, <太平天下>의 윤직원이나 그 밖의 인물들과 사건들에는 진실한 비판 정신이 빠져 있"어서, "蔡萬植의 작품은 통속적인 멜로드라마로 그치고 말았다"[9]고 평가하면서 蔡萬植 문학 전체를 극단적으로 부인한다.

『濁流』에 대해 상반된 견해가 엇갈리는 중요한 이유 중 하나는 이 작품이 통속적인 요소를 지니고 있다는 점이다. 이 작품의 통속적 요소를 어떻게 평가하느냐에 따라 문학적 성과도 상당 부분 좌우되는 것이다. 하지만 이미 많은 논자들이 『濁流』의 통속성에 대해 언급하고 있음에도 불구하고, 몇몇 논자를 제외하면 이에 대해 그리 깊은 논의를 전개하지는 않았다.[10] 따라서 이 작품의 통속성 문제에 대한 명확한 규명은, 이 작품에 대한 온전한 평가를 위해 반드시 이루어져야 할 논제라 할 수 있다.

이 논문의 목적은 이와 같은 문제의식 속에서 이미 여러 논자들이 지적한 『濁流』의 통속성에 대한 문제들을 보다 명확하게 밝히는 데 있다. 하지만 『濁流』의 통속성을 끄집어내서 그 문학적 가치를 평가절하하려는 것이 이 논문의 의도는 아니다. 다만 『濁流』에 나타나는 통속성 문제를 여러 모로 살펴보고, 그것이 이 작품에서 어떤 의미를 지니는지를 밝혀 보려는 것이다. 그러기 위해 우선 소설 일반의 통속성 문제를 논의하겠다. 그리고 『濁流』의 통속성에 대한 지금까지의 견해들을 종합하고 문

8) 李在銑, 『한국현대소설사』, 弘盛社, 1982, 312쪽.

9) 金宇種, 『韓國現代小說史』, 宣明文化社, 1968, 282쪽.

10) 위에서 소개한 글들 이외에도 『濁流』에 대해서는 많은 평론과 학위논문이 발표되었는데, 대체로 긍정적인 쪽으로 기울어지는 경향이 있으나 여전히 이 작품의 통속성에 대해서는 비판의 대상이 되고 있다. 여기에 대해서는 뒤에 구체적으로 논의하기로 한다.

제를 추출할 것이며, 이를 바탕으로 작품을 살펴봄으로써 구체적으로 통속성 문제에 대해 논의하겠다.

2. 소설에 있어서의 통속성 문제

통속성이란 말에는 이미 어느 정도 가치판단이 내재되어 있다. 대체로 통속성이라는 말은 부정적으로 쓰이며, 여기에는 때로 경멸의 감정이 담기기도 한다.[11] 그래서 통속성은 일반적으로 예술성이나 문학성과는 반대의 의미로 쓰인다.

박성봉은 통속성의 범주를 대표하는 다섯 가지 요소로 웃음의 해학성, 성의 관능성, 폭력의 선정성, 몽상의 환상성, 눈물의 감상성을 꼽는데,[12] 흔히 엽기성이나 신기성도 통속적 요소로 지칭되며, 고소설이나 멜로드라마에서 나타나는 우연성, 행복한 결말, 권선징악 등도 통속성의 범주에 드는 것으로 간주된다. 하지만 이러한 요소들이 있다고 해서 무조건 그 작품을 통속적이라고 단정할 수는 없다. 그것이 작품 안에서 어떻게 작용하는가에 따라 다라질 수 있기 때문이다.

통속성을 근간으로 하는 통속소설은 "본격소설에 대립하는 소설의 존재 방식으로 간주되지만", 이를 "엄밀하면서도 객관적으로 구분해 줄 논리적 준거를 마련하기 쉽지 않다"[13]는 것도 사실이다. 통속소설에 반대되는 다른 용어로 순수소설, 순문예소설, 예술소설 등이 사용되고, 그와 유사한 용어로 대중소설이라는 말을 쓰기도 한다. 통속소설의 하위 장르

11) 한용환, 「통속소설」, 『소설학 사전』, 고려원, 1992, 433쪽.
12) 박성봉, 『대중 예술의 미학; 대중 예술의 通俗性에 대한 미학적 접근』, 동연, 1992, 186쪽.
13) 한용환, 앞의 책, 같은 쪽.

로는 연애소설, 탐정소설, 정치소설 등이 있다. 통속소설은 일반적으로 "흥미본위의 통속적인 소재를 다룸으로써 성격 묘사나 주제 등은 이차적인 것이 되고 그 사건의 전개가 중시되는 일종의 대중소설"14)이라고 규정할 수 있다.

통속성이나 통속소설에 대한 일반적인 규정에도 불구하고, 소설에 있어서의 통속성은 쉽게 정의되지 않는다. 소설에 있어서 통속성이라는 말은 일반적으로 부정적 가치 개념이 내포되어 있으나 본래부터 그랬던 것은 아니다. 소설은 발생적으로 볼 때 세속의 문화를 바탕으로 하기 때문이다. 소설은 합리성과 현실성을 기반으로 하는 근대의 산물이며 중산계급의 의식을 대표하는 장르이지만, 동시에 그것은 동서양을 막론하고 근대 이전의 하층계급의 문화를 바탕으로 형성되었다. 사실상 소설의 발생 초기에는 본격소설과 통속소설 혹은 대중소설의 구분은 없었고, 소설의 양상이 다양해지면서 이러한 구분이 생기게 된다.

李泰俊이 원칙적으로 통속성을 옹호하면서, "정말 作品에 있어서 下待될 所謂 通俗性이란 共通萬俗하는 그 通俗이 아니라 作者가 對象을 靈魂으로 統制하지 못하고, 興味만으로 弄하는데서 생기는 不眞實味 그것"15) 이라고 주장하고, 安懷南이 굳이 通俗性을 通俗小說에서 떼어 通俗性을 옹호하는16) 이유도 이러한 맥락에서 이해할 수 있다. 그에 의하면 "對象을 靈魂으로 統制하지 못하고 興味만으로 弄하는" 것이 부정적 의미에서 통속성이며, '共通萬俗하는 그 通俗'이란 긍정적인 의미로 본래적인 의미에서의 대중성에 접근하는 통속성 개념이다.

鄭漢淑은 "通俗性이 어느 면에서 저질성이지만 大衆性은 엄연히 소설문학이 지녀야 할 기본적인 요소이기 때문에 通俗小說과 大衆小說을 양

---

14) 이희승 편저, 『국어대사전』, 민중서림, 1982, 3880쪽.
15) 李泰俊, 「通俗性 其他」, 『文章』, 1940. 10, 83쪽.
16) 安懷南, 「通俗小說의 理論的 檢討」, 『文章』, 1940. 11.

분해야 한다"[17]고 주장하며, 권영민도 소설의 본질이 대중성에 있음을 강조하면서 "소설의 大衆性을 벗어나는 곳에서부터 通俗化가 현상이 드러난다는 점을 주목할 필요가 있다"고 한다.[18] 하지만 대중성이라는 말에는 복잡한 역사적 의미가 개입되어 있어서 이에 대해 좀더 고찰해 볼

---

17) 鄭漢淑, 「大衆小說論」, 『人文論集』 21, 高大 文理大學, 1976.

18) 권영민은 소설의 본질 자체가 대중성을 지닌 것이기 때문에 "대중소설이라는 말은 불필요한 의미의 이중성을 지닌 용어"라고 전제하면서, 소설은 도리어 이러한 대중성에서 벗어나는 곳에서 통속화가 된다고 한다. 그래서 그는 "소설이 한 인간의 삶을 형상화하는 과정에서 그것을 보편화 일상화 전체화하면 본격적 의미에서 대중성을 획득하게 되나, 반대로 특수화 예외화 개별화에 빠져들면 통속성에 치우칠 위험이 있다"는 것이다(권영민, 「대중문화의 확대와 소설의 통속화 문제」, 『한국민족문학론연구』, 民音社, 1988, 504~518쪽).

이에 대해 이남호는 "이러한 생각은 논리적으로는 타당할지 모르나, 현실성이 약하다고 생각된다. 오늘날 소설의 대중화를 기대하면서 통속성을 완전히 부정하고 또 대중성과 통속성을 대립되는 의미로 설정할 수 있을 지는 의문이다. 대중성과 통속성을 구분하고 싶은 것이 우리의 바람이지만, 실제적으로 그 둘은 복잡하게 얽혀 있다고 생각된다. 통속화의 영역을 밟지 않고 대중화의 길을 갈 수 있다면 좋겠지만 그것은 쉬운 일이 아니다. 현실적으로 대중화의 길은 통속화의 길목을 지나치지 않을 수 없는 것이다. 우리는 피할 수 없는 길을 외면하는 것이 아니라 그 길을 밟되 지혜롭게 밟는 방법을 생각해 보아야 한다"고 말하기도 한다(이남호, 「소중(小重)에서 대중(大衆)에로의 길」, 『녹색을 위한 문학』, 민음사, 1998, 129~130쪽).

한편 金允植은 "大衆小說은 일반적으로 말하면 純文學에 대립하는 通俗的 文學이다. 많은 讀者의 흥미를 주로 하여 이 요구에 맞춘 娛樂的인 것이라 할 수 있다. 狹義로 時代小說을 뜻하나, 廣義로는 通俗小說로 불려지는 家庭小說・戀愛小說・探偵小說・科學小說・유우머小說이 포함된다. …(중략)… 따라서 大衆性과 通俗性을 分別할 수 있는 것은 아니다. 다만 東京文壇에서는 이것을 大衆小說이라 고 했고, 韓國에서는 林和・金南天 등의 小說論者들이 通俗性 또는 通俗小說이라고 했을 따름이다. 이것이 日本보다 더 大衆小說을 卑下視한 반증으로 볼 수 있다"고 한다(金允植, 「30년대 韓國小說論의 樣相」, 『문학과지성』, 1971. 가을).

이와 같이 대중성과 통속성에 대한 해석에는 다양한 견해가 공존할 수 있다. 권영민이 순전히 본질적이고 원칙적인 입장에서 이 문제에 대해 말하고 있다면, 이남호는 대중성의 긍정적인 면과 부정적인 면을 모두 인식하고 독자로부터 멀어지는 소설이 어떻게 독자에게 가까이 다가갈 수 있는가 하는 방법론적 측면에서 살피고 있다. 한편 金允植은 현상적이며 역사적인 측면에서 이 문제를 바라봄으로써 대중성과 통속성을 같은 의미로 받아들이게 되는 것이다.

필요가 있다.

대중이라는 말은 산업 사회와 불가분의 관계가 있다.[19] 이는 산업화 속에서 형성된 불특정 다수로, 몰개성적이고 무반성적인 속성을 지니는 다수의 집단을 지칭한다. 따라서 대중소설이란 그것을 향수하는 독자의 속성을 중심으로 지칭하는 말이라 할 수 있다.[20] 대중의 몰개성적이고 무반성적인 속성 때문에 대중소설은 통속소설과 유사한 의미로 사용되기도 하지만, 대중소설이라고 해서 반드시 통속소설이 되는 것은 아니다. 이렇게 볼 때 통속성이 소설의 내적인 측면과 독자와 맺는 관계에서 비

---

19) 金柱演, 「민중과 대중」, 『대중문학과 민중문학』, 민음사, 1981, 15쪽.

20) 대중문화라는 용어는 Mass culture와 Popupular culture 사이에서 그 의미를 획득한다. 이는 산업사회와 불가분의 관계에 놓인 것으로 파악할 수 있다. 특히 산업화, 도시화, 전문화가 본격적으로 이루어지는 20세기의 문화적 특성으로 받아들일 수 있는데, 대체로 Mass culture라는 용어를 수용할 경우 부정적 의미가 강화되는데 반해, Popupular culture라는 용어를 수용할 경우 긍정적 의미를 지니기도 한다. 일반적으로 전자를 사용하지만, 허버트 겐지의 경우 후자를 받아들임으로서 부정적 의미를 극복하고자 한다. 하지만 대중문화란 그것 자체로 긍정적이거나 부정적 개념을 내포하는 것은 아니다(박성봉, 앞의 책, 31~34쪽 참조).

한편 하우저는 향수자의 교육 계층에 따라 민중예술(Volkskunst), 통속예술(Volkstümliche), 사회 엘리트층의 예술 그리고 대중예술로 구분한다. 여기에서 문제가 되는 개념은 민중예술과 통속예술, 대중예술인데 민중예술은 도시 산업노동자가 아닌 주로 소박한 농민들에 의해 이루어진 음악적, 문학적, 조형적 창작을 의미하는데 이는 창작자와 향수자가 일치하는 특징을 지니며 집단적 경향을 지닌다. 통속예술은 얼치기 교육을 받고 때로는 그릇된 교육을 받았으며 대중화의 경향을 띤 주로 도시 감상층의 욕구에 영합하는 예술적인 혹은 예술과 흡사한 생산을 포괄한다. 이는 수동적이며 비창조적인 수용자의 수요에 따라 생산된다. 한편 대중예술의 향수자인 대중은 단순히 과거 통속예술의 감상층이 확대된 것이라고 볼 수 없고 보다 잡다한 사회 구성원으로 구성되어 있으며, 그들이 예술에 대해 갖는 관계는 비록 전반적으로 내용상으로는 천박하고 빈약하게 되었을지언정 보다 다양하게 동질화되었다고 한다(아놀드 하우저, 『예술의 사회학』, 한길사, 최성만 · 이병진 역, 1983 참조).

하우저의 이러한 설명은 일관된 기준에 의하므로 객관성을 확보하고 있으나 서구의 오랜 역사 속에서 파악함으로써, 오늘날 널리 사용하는 연애소설, 탐정소설 등을 지칭하는 통속소설과는 다소 거리가 있다. 따라서 이 논문의 논의에서는 일정한 거리를 두고 받아들일 수 있다.

롯된 말이라면, 대중성이 독자의 속성에서 비롯된 말이라 할 수 있다. 몰개성적이고 무반성적이라는 의미에서 대중성은 소설이 지양해야 할 것이지만, 다수의 독자라는 의미에서 대중성은 지향해야 할 속성이다. 따라서 소설에서 대중성이라는 말은 부정적인 의미와 긍정적인 의미가 동시에 내포되는 셈인데, 전자가 본래적인 의미라면 후자는 현상적인 의미라고 할 수 있다.

소설의 오락성은 대중성과 더불어 통속성의 가장 중요한 속성 중 하나다. 오락성은 독자에게 재미를 주는 요건이다. 하지만 오락성은 대중성과 마찬가지로 무조건 부정될 수는 없는 것이다. 교훈과 재미가 문학의 대표적인 두 가지 기능이라고 볼 때, 이는 도리어 소설의 미덕이라고 할 수 있기 때문이다. 오락성의 부정적 의미는 이것들이 상업성과 만나는 자리에서 성립된다. 소설이 상업성과 결탁할 때, 보다 많은 독자를 끌어들이기 위해 소설은 순전히 재미만을 위해 창작될 것이기 때문이다.

이때 소설은 순전히 대중적 욕구에 부응하기 위해 생산(창작이라기보다)되며 독자를 단순 소비자로 전락시킨다. 이에 따라 소설은 인식의 예술에서 문화상품으로 전락한다.[21] 이렇게 될 때 소설은 대중적 성공을 거두는 일정한 패턴 속에서 제작되는데, 결국 이러한 공식화의 과정이 곧 통속화의 과정이다. 문학은 인식의 예술이라는 점에서 반성의 양식이라고 할 수 있는데, 소설은 공식화됨으로써 무반성적 양식으로 전락하게 된다. 金治洙가 소설이 "양식에 대한 질문을 던지지 않는 다는 것은 통속화를 의미하는 것"[22]이라고 말하는 이유가 여기에 있다. 하지만 소설이 통속화될 때, 단지 양식에 대한 질문만을 그치는 것이 아니라 개인의 삶과 그를 둘러싼 사회 그리고 기존의 가치나 윤리에 대한 질문도 동시에

---

21) 호르크하이머 · 아도르노, 「문화산업-대중기만으로서의 계몽」, 『계몽의 변증법』, 문예출판사, 1995, 169~228쪽 참조.

22) 金治洙, 「신문소설과 예술성」, 『문학사회학을 위하여』, 문학과지성사, 1979, 112쪽.

그치게 된다. 결국 개인의 삶과 그를 둘러싼 사회에 대한 질문을 멈추고 상투적 공식 속에 매몰되어 문학적 관습을 반성 없이 추수함으로써 자기 모방에만 그치게 될 때, 소설은 통속화된다고 할 수 있다.

이렇게 본다면 통속소설이란 외양은 소설의 양식을 갖추었으되 본질적인 의미에서 문학을 배반하고 있는 것이 된다. 통속소설은 기존의 가치에 대한 질문을 제기하기보다는 끊임없이 기존의 양식을 재생산하며 기존의 이데올로기를 옹호하는 방향에서 창작된다. 그래서 안이한 거짓화해, 위장된 도덕주의, 내면성의 결여, 몽매주의의 전파[23]의 속성을 지니게 되며 독자의 비판 의식을 마비시키는 역할을 담당하는 것이다.

그런데 소설의 공식화 문제는 쉽게 판단하기 어려운 점이 있다. 하우저는 "通俗小說의 가장 현저한 특징은 그것이 확증된, 그리고 쉽게 조정될 수 있는 공식을 고수하는 데 있다'[24]고 하면서도 공식성이 반드시 예술의 본질에 위배되는 것이 아님을 강조한다.[25] 이러한 공식성의 문제는 예술의 관습의 문제와 밀접한 관계가 있다. 모든 예술은 일정한 양식적 관습을 바탕으로 창조되며 향수자는 이러한 관습을 통해 향수할 수 있다. 이때 양식적 관습뿐 아니라 문화적 관습도 작용한다.

예술가의 창조적 정신은 이러한 관습을 끊임없이 갱신하고자 한다. 하지만 예술가가 기존의 관습을 완전히 무시할 수는 없다. 지나치게 기존

23) 柳宗鎬, 「거짓화해의 세계-대중문화론」, 『사회역사적 상상력-유종호전집 3』, 민음사, 1995, 43~55쪽.

24) 아놀드 하우저, 『예술의 사회학』, 한길사, 최성만·이병진 역, 1983, 239쪽.

25) 하우저는 공식성이 통속예술의 가장 현저한 특징이라고 한다. 고급예술이 지니는 유동성과는 달리 통속소설은 베스트셀러, 인기 있는 연극, 히트물 등은 성공의 비결이 되는 규칙을 고지식하게 고수한다. 하지만 이것이 반드시 반(反)예술은 아니라고 한다. 호머의 예술과 같이 매우 성공적인 최고의 예술 역시 상당 부분 공식으로 이루어져 있으며 그것을 통해서 성공적인 예술을 창조하고 있다는 것이다. 하지만 이러한 공식성은 항상 예술적인 질을 해칠 위험과 결부되어 있다고 한다 (아놀드 하우저, 위의 책, 같은 쪽).

의 관습에 위반되는 작품은 영원히 독자로부터 격리될 수밖에 없는 운명에 처하게 된다. 물론 이러한 작품이 새로운 독자들을 기다리는 평가 유보 상태에 놓여 있다고 할 수도 있으나 반드시 그 작품이 새로운 독자들에 의해 선호될 것인가는 의문으로 남을 수밖에 없다. 따라서 예술은 근본적으로 끊임없이 혁신의 단계에 놓여 있지만 동시에 쉽게 변화시킬 수 없는 부분을 가지고 있다고 할 수 있다.

그래서 하우저는 "모든 작품 하나 하나와 작품의 모든 부분이란 독창성과 관습, 새로운 것과 전통적인 것 사이의 갈등의 결과를 구현하는 것"26)이며, "예술에 있어서의 독창성은 스스로를 관습에 대한 대립과 복종의 양쪽 측면에서 나타나는 것이고, 또한 확립된 관습의 경계 안에서만 스스로를 보일 수 있는 것"27)이라고 한다. 결국 예술은 관습과 창조성의 변증법적 지양의 결과라고 할 수 있는데, 관습만을 지향할 때 그것은 통속화되고 관습을 무시하고 창조성만을 강조할 때 그것은 이해될 수 없는 미래의 예술로만 남는 것이다.

수용미학에서는 기대지평이라는 용어를 사용함으로써 예술의 이러한 속성을 달리 설명하기도 한다. 수용미학에 의하면 문학 작품은 그것 자체로는 흰 종이 위의 잉크 자국에 불과하고 독자와 만날 때 비로소 하나의 문학적 사건을 형성한다. 이때 문학적 사건의 성격을 규정하는 것은 독자가 지닌 모든 문학적 경험에 근거한다. 독자가 지닌 문학적 경험의 총화는 새로운 작품 수용의 방식을 결정하는 기대지평(Erwantungshorizont)이다. 작품이 독자의 기대를 배반할 때 작품과 독자 사이에는 '심미적 거리(ästhetische Distanz)'가 생겨난다. 이러한 미학적 간극을 통해서 독자의 기대지평은 수정되고 확장된다. 기대-배반-재조정의 과정을 거치면서 독자는 새로운 미적 체험을 겪게 되는 것이다.28)

---

26) 아놀드 하우저, 『예술사의 철학』, 황지우 역, 돌베개, 1983, 370쪽.
27) 위의 책, 401쪽.

따라서 작품이 순전히 독자의 기대 수준 안에 있을 때 그것은 훌륭한 작품이 될 수 없으며, 독자로 하여금 반성의 계기를 마련함으로써 독자의 기대지평을 넓히는 작품이야말로 좋은 문학작품이라고 할 수 있는 것이다. 야우스에 의하면 심미적 거리가 짧아서 수용자에게 새로운 의식의 지평으로 어떠한 방향 전환도 요구하지 않는 작품은 구미에나 맞는 혹은 오락적인 예술의 영역에 근접해 있다. 오락예술은 수용미학적으로 어떠한 지평의 변동도 요구하지 않으며 오히려 지배적인 취미 방향을 따른다. 그것은 인습적인 미의 재생산에 대한 요구를 만족시키고 친밀한 감정을 확인하며 비일상적인 경험을 센세이션으로 느끼게 만든다. 또한 윤리적 문제들을 제시할 때도 기존의 교화적인 의미로 해결함으로써 만연된 취향을 그대로 충족시킨다는 것이다.[29)]

결국 소설의 통속성은, 근본적으로 그것이 반성의 양식인가 아닌가 여부에 달려 있다. 소설이 질문하기를 그치고 자본의 메카니즘에 귀속될 때 그것은 순전히 대중의 욕구에 영합하게 되며 그러기 위해서 순전히 재미만을 추구하게 된다. 그럼으로써 소설은 선정성, 감상성, 기괴성 등의 통속적 요소를 띄게 되고, 억지로 이러한 통속적 요소들을 끼워 넣기

---

28) 야우스는 독자의 기대지평의 기대-배반-재조정의 현상을 플로베르의 『마담 보봐리』를 들어 설명한다. 1857년에 프랑스에서 페이도의 『파니』와 플로베르의 『마담 보봐리』가 동시에 출판되는데, 당시에 『파니』는 대단한 상업적 성공을 거두어 13판을 거듭했으나, 이에 비해 『마담 보봐리』는 상대적으로 실패했다. 1857년의 독자들의 기대지평선은 『아탈라/르네』, 『아돌프』, 『세 기아의 고백』의 고백체에 익숙해 있었으며 플로베르의 비개성성, 비정성에 익숙해 있지 않았다. 하지만 한정된 독자들에게만 선호되던 이 소설이 후에 세계 소설사를 바꾸어 놓았다는 평을 받게 되는 것은 일반적 독자들의 기대지평이 수정된 결과이다. 이에 따라 페이도의 소설은 지나치게 멋부린 문체, 상투적인 고백체, 유행 추구적 효과 등의 약점을 가진 것으로 취급되어 과거의 베스트셀러에 불과한 작품이 되고 만다(한스 로베르트 야우스, 「문예학의 도전으로서의 문학사」, 『도전으로서의 문학사』, 장영태 역, 문학과지성사, 190~192쪽).

29) 위의 책, 187쪽.

때문에 우연성이 남발하기도 한다. 소설의 통속적 요소들은 반성의 양식이라는 문학적 속성과 자본이 메카니즘 즉 상업성 사이에 존재한다. 통속적 요소들이 질문의 방식 속에 포섭될 때 긍정적 의미에서의 대중소설이 될 수 있으며, 상업성과 영합할 때 통속소설로 전락하게 된다.

3. 『濁流』의 통속성에 대한 기존의 논의

林和는 『濁流』를 세태소설로 규정하면서, "이 『모자이크』의 대표적인 것이 『川邊風景』이고 非審美的 體裁를 피하려 한 『濁流』같은 소설이 不可避的으로 通俗味를 加味하야 『푸롯트』를 굵게 하고 있는 事實을 우리는 성찰해야 한다"[30]고 함으로써 처음으로 『濁流』의 통속성에 대해서 언급한다.[31] 林和는 『濁流』를 통속소설로 규정하지는 않지만 거의 통속소설로 보는 듯하다. 그가 탁류를 통속소설로 보는 이유는 구체적으로 드러나지는 않는다. 그가 이 작품이 본격소설에 근접해 있는 것으로 생각하면서도[32] 근본적으로 통속소설로 보는 것은 이 작품의 통속적 요소뿐 아니라, 본격소설 수립이라는 역사적 당위성을 강조하기 위한 점도 있는 것 같다.[33]

---

30) 林和, 「世態小說論」, 앞의 책, 358쪽.

31) 林和는 「通俗小說論」(앞의 책, 400~401쪽)에서 "얼마전 <世態小說論>이란 文章에서 蔡萬植氏의 『濁流』를 이야기할때 作者가 描寫와 主張과의 矛盾을 多分히 通俗的인 줄거리의 發展가운데서 解決할려고 들었다는것을 나는 指摘한 일이 있는데, 이것은 前言의 好例임을 不失한다"고 말함으로써 『濁流』의 통속적 요소에 대해 재차 언급하기 한다.

32) 林和는 "蔡萬植의 『濁流』도 『川邊風景』보다는 十九世紀的 小說이라할 지라도 아주 그런 作品은 아니다. …(중략)… 蔡氏는 諷刺나 大衆小說의 方法을 빌어 十九世紀的 小說의 形態를 維持하고 있다."(위의 글, 381~382쪽)고 한다. 여기에서 19세기적 소설이란 본격소설을 의미하는 것으로 볼 수 있다.

33) 당시는 카프가 해체되면서 문학의 사상성이 퇴색되고 일제의 통치가 강화되는 시

林和와는 달리 金南天은 남승재와 계봉의 건강한 정신을 이 소설의 장점으로 들며 『濁流』를 순문학의 범주에 귀속시킨다.[34] "나도 지금 新聞小說이라고 쓰고 있지만 우리 同僚들로써 新聞小說로 適當히 成功하면서 그래도 通俗小說로 完全히 떨어지지 안흔作品이 몃篇잇다면 『濁流』 가튼것이 그代表는 아닌가생각한다"[35]고 하면서 통속적 경향이 두드러진 당시의 소설계에서 통속소설로 전락하지 않은 몇 안 되는 작품으로 『濁流』를 꼽는다.[36] 하지만 金南天은, "結婚式 以前까지의 世態描寫의 아름다움은 實로 그것이 어느 程度까지 理論的 「모랄」이 風俗과 融合된 缺課라고 볼 수 있을 것이며 下半에서 그의 藝術性이 漸次로 減少된 것은 低調에 빠진 世態風俗의 지나친 過剩에 比하여 이론적 「모랄」이 影子를 감추어 그것이야말로 글字 그대로의 「濁流」가 汎濫한 탓"[37]이라고 하면서 전반의 성과는 인정하되 후반은 부정적으로 평가하고 있다.[38]

기이다. 이때 많은 논자들이 장편소설의 새로운 계기를 마련하기 위해 지난한 노력을 기울이는데, 林和는 「世態小說論」, 「本格小說論」, 「通俗小說論」 등을 발표하면서 本格小說을 주장한다. 林和가 생각하는 本格小說이란 묘사를 통해서 성격과 환경을 조화시킨 소설로 19세기 서구의 근대소설을 지향하는 말이다.

34) 金南天은 1938년 소설을 다음과 같이 분류한다.
1) 純全한 通俗小說로 金末峰의 『密林』, 韓龍雲의 『薄命』, 朴種和의 『待春賦』, 尹白南의 『事變前後』, 金東仁의 『帝星臺』, 尹孝定의 『晩向』, 方仁根의 『새벽길』, 2) 通俗性이 明白히 드러난 것으로 嚴興燮의 『幸福』, 咸大勳의 『無風地帶』, 玄鎭健의 『無影塔』, 朴泰遠의 『愚氓』, 朱耀燮의 『길』, 3) 若干의 通俗性이 있는 것으로 李光洙의 『사랑』, 兪鎭午의 『受難의 記錄』, 4) 純文學이라고 할 수 있는 것으로 蔡萬植의 『濁流』, 『天下太平春』, 洪命熹의 『林巨正』, 李箕永의 『新開地』, 『春年』, 5) 小說이라 부르기 困難한 것으로 李輔相의 『五轉奇釵』, 崔琴桐의 『解氷期』를 들고 있다(「長篇小說界」, 『朝鮮文藝年鑑』, 人文社, 1939, 11~14쪽).

35) 金南天, 「連載小說의 새境地-濁流의 魅力」, 『朝鮮日報』, 1940. 1. 4.

36) 金南天은 通俗性을 "長篇小說이 갖고 있는 모든 矛盾, 分裂, 乖離에 대하여 고심하거나 초극할 方向에서 努力치 아니하고, 出版機關의 商業主義에 迎合하여, 그대로 안이한 解決方法으로 몸을 던진것, 그리하여 興味本位 偶然과 感傷性의 濫用, 構成의 奇想天外, 描寫의 不誠實, 人物設定의 類型化등으로 가버린 것"(金南天, 「長篇小說界」, 『朝鮮文藝年鑑』, 人文社, 1939, 11~14쪽)이라고 정의한다.

37) 金南天, 「世態風俗描寫其他」, 『批判』, 1938. 6.

70년대 이후 蔡萬植의 재평가와 더불어 『濁流』의 통속성 문제는 더욱 치열하게 논의가 되는데 대표적인 논자는 鄭漢淑과 丘仁煥이다. 하지만 이들 외에도 많은 논자들이 탁류의 통속성에 대해 다양한 논의를 전개하고 있다. 이중 金允植이 『濁流』의 통속성을 구체적으로 언급하고, 최혜실은 이 문제를 정면으로 문제 삼는다.

鄭漢淑은 『濁流』를 "高度의 리얼리즘을 獲得한 作品"으로 평가함으로써[39] 이 작품이 문학적 우수성을 강조하면서도, 다음과 같이 언급하면서 이 작품의 통속성을 인정한다.

> 끝으로 蔡萬植文學의 마지막 問題點에 대하여 검토하기로 한다. 여기서 말하는 마지막 問題란 通俗性의 문제이다. (…) 『濁流』에서도 초봉이가 태수 · 형보 · 재호에게 차례로 유린된다는 스토리의 전개 때문에 통속적이라는 비난을 들어왔다.
>
> 이러한 問題點은 蔡萬植文學의 숨길 수 없는 弱點이다. 그러나 우리가 이와 같은 단 하나의 弱點을 구실로 하여 그의 文學의 價値를 罵倒하는 愚를 범해서는 안되겠다. 그와 같은 通俗性을 克服하고 있는 더 많은 強點이 作品 안에 互存하고 있을 때, 우리가 취할 最終的인 價値評價의 尺度는 自明하게 밝혀진다.[40]

---

38) 林和와 金南天의 『濁流』에 대한 평가에 대해 채만식은 아쉬움을 피력하기도 한다. 그는 「自作案內」에서 "「明日」의 方向을 좀더 넓고 世俗的인 세계에서 발전시켜 보자던 것이 『濁流』인데", "알짜배기는 남의 눈에 안 띠이고, 일카러 「世態小說」이 되어버렸으니, 작품이 子息이라면 不孝子息"(『청색지』, 5, 1939. 5, 76쪽)이라고 말한다.

39) 鄭漢淑은 庶民이 생활하는 진흙구덩이를 파헤친 문학이라는 점, 성격과 환경이 가져온 조화를 획득하고 있다는 점 그리고 탁류를 헤치고 강안에 오르려는 건실한 구도자적인 인물을 설정하여 작품을 궁극적으로 生成의 차원으로 도달시켰다는 점 등을 들어 『濁流』를 "現在와 未來를 喪失한 群像들이 경험하는 진흙바닥을 表出하면서 性格類型의 對立的인 創造를 통하여 온갖 濁流적인 狀況을 描寫하여 高度의 리얼리즘을 獲得한 作品"이라고 평가한다(鄭漢淑, 앞의 글, 75~110쪽).

鄭漢淑은 『濁流』에서 여주인공 초봉이 세 사람의 남자에게 차례로 유린하는 스토리를 전개가 통속적인 요소임에 틀림이 없으며 이러한 문제점은 蔡萬植 문학의 숨길 수 없는 약점이라고 한다. 하지만 "이와 같은 通俗性을 극복하고 있는 더 강한 요소 예컨대 현실 비판이라든가 풍자정신이 그 작품 안에 互存하고 있을 때 우리가 취할 가치평가의 척도는 자명해진다"[41]고 함으로써 근본적으로 이 작품이 리얼리즘 소설의 중요한 성과로 평가한다. 그러면서 이 작품에 나타나는 "대중적 소도구들이 과연 작품 제작에 필연적인 요소였는가 하는 문제는 소설기술상의 문제로 더 검토를 받아야 할 것"이라고 함으로써, 통속성이 여부의 문제를 유보 상태로 남겨둔다.[42]

丘仁煥은, "『濁流』는 植民地下에서 하층사회의 비극적 生活相을 부각하여 濁流와 같은 현실을 극복하려는 피어린 道程을 보여준다. 그러나 거기에 제시된 식민지하에서 몰락되어 가는 社會的 背景이 가지는 歷史的 現實의 受用을 제외하면, 『濁流』는 大衆小說 영역을 넘지 못한다"[43]고 하며, 『濁流』의 문학성을 부정하면서 "『濁流』는 作家의 發想的인 意圖가 실패한 大衆小說로 이제까지 지나치게 과대평가를 해 왔다"[44]고 평가한다. 丘仁煥은 『濁流』가 쌀 수탈에 의한 정주사의 몰락, 현실을 직시하는 계봉의 예리한 역사적 통찰 등 긍정적인 부분이 없는 것은 아니지만 결국 소설 전반이 초봉의 인생유전으로 집중됨으로써, 군산 미두로 암시된 하층사회의 면모를 통해 식민지하의 사회를 역사의식으로 조명하려던 작가의 발상적인 의욕은 실패해서 대중소설로 전락했다는 것이

---

40) 鄭漢淑, 위의 글, 110쪽.

41) 鄭漢淑, 「狀況과 藝術의 一體性-蔡萬植의 文學史的 位置」, 『文學思想』, 1973. 12, 324쪽.

42) 위의 글, 같은 쪽.

43) 丘仁煥, 「蔡萬植論」, 『現代作家論』, 螢雪出版社, 1979, 171~172쪽.

44) 위의 글, 179쪽.

다. 그에 의하면 초봉의 인생편력은 삶의 의지에 의한 현실의 극복이 아니라 세속의 탁류에 떠내려가는 인생유전에 불과한 것이다.

金允植은 "당시의 다른 어느 소설보다도 대상의 전체성을 그리려는 시도에 비교적 가까이 간 것"이라는 전제하면서, "이 전제를 승인하고 난 자리에서라면 이 작품은 한갓 世態小說 혹은 通俗小說에서 크게 벗어나지 않는다는 비판을 모면하기 어렵다"[45]고 평가한다. 金允植은 "고태수의 죽음 이후 즉 무대가 군산서 서울로 옮긴 뒤 「濁流」는 지극히 通俗小說로 보인다"[46]고 함으로써, 주로 『濁流』의 후반부를 문제 삼는다. "장형보 같은 극악취미는 초봉의 속물근성과 함께 통속적 흥미에 봉사할 따름이"라는 것이다. 이에 따라 金南天 白鐵을 비롯한 많은 논자 긍정적으로 평가한 계봉, 남승재도 "장형보 같은 인물이 극악취미로 말미암아 오히려 골계적인 흥미거리로 전락된다"[47]고 한다. 또한 "특히 결말에서의 초봉의 자수 결심에 이르는 과정, 즉 계봉 남승재의 초봉을 설득하는 장면은 자나치게 통속적이"라고 하기도 한다.

최혜실은 『濁流』의 통속성 문제에 대해서 정면으로 논의를 전개한다. 그는 우선 "타락한 부자, 순결한 여인, 가난하지만 성실하고 진실한 남성의 삼각구도"[48]를 상투적 구조라는 점과 초봉이라는 인물이 비개성적 인물이라는 점을 들어 이 작품이 통속적 요소가 강하게 드러나는 작품임을 시사한다. 하지만 이 소설에는 "通俗小說의 상투성이 흔히 독자에게 주는 자기향수(self-enjoyment)가 차단되었다"[49]는 것을 근거로 이는 통속성이라고 볼 수는 없다고 한다. 그는 독자의 자기향수(self-enjoyment)가

45) 金允植, 「서사양식과 극양식」, 『한국학보』, 16, 1979. 가을, 162쪽.
46) 위의 글, 같은 쪽.
47) 위의 글, 같은 쪽.
48) 최혜실, 「<탁류>에 나타나는 통속성」, 『한국현대소설의 이론』, 국학자료원, 1994, 173쪽.
49) 위의 글, 같은 쪽.

차단하는 장치로는 남승재와 계봉의 존재를 꼽는다. 남승재와 계봉의 존재가 독자로 하여금 초봉에게 무분별한 동정을 쏟는 것을 막는다는 것이다. 또한 초봉의 불행이 오직 운명에 의한 것이 아니라 초봉의 성격과 자본이라는 물적 토대에 의한 것임을 작가는 잘 보여주고 있다는 점도 강조한다.

하지만 최혜실은 "이런 우월함에도 불구하고 <탁류>의 통속성에 대해 어떤 의구심을 보내지 않을 수 없다"[50]고 하는데, 그 이유를 그 결말의 비극성에서 찾는다. 통속소설이 일반적으로 행복한 결말로 끝나지만, 이 소설처럼 비극적으로 끝난다고 하더라도 작가가 비극에 처한 착한 주인공에 대해 무한한 동정을 보내고 악인에 대해 지나치게 강한 비판적 태도를 보임으로써 사이비 전망을 드러낸다는 것이다. 그는 "이 비극은 세계는 악으로 가득 차 있고 선량한 인간이 속수무책으로 당하므로 역으로 우리는 세상을 개혁해야 하겠다는 전망을 너무 강하게 제시함으로써 그 실감을 약화시켜 버린다"고 결말을 맺고 있다.

최혜실의 논의는 작품을 세세히 분석하면서 논의하는 점에서 여러 모로 『濁流』의 통속성을 밝히는 데 중요한 성과라고 본다. 하지만 소설의 통속성에 대한 근거를 밝히지 않고 과거 우리 문단에서 이루어졌던 통속성에 대한 논의를 분류 정리하고 "문학에서의 통속성 규명은 각 작품별로 각각 다른 방향에서 접근되어야 한다"고 주장함으로써 그 기준이 애매해졌다. 물론 소설의 통속성은 추상적 규정이나 정의로서 규명될 수 없기 때문에 작품의 세세한 분석을 통해서 이러한 논의가 이루어져야 한다는 점은 필자도 강조하는 바이지만 아무런 잣대도 없이 통속성을 논의하는 것은 문제가 있다고 본다. 최혜실의 『濁流』의 通俗性에 대한 논의는 대체로 수긍할 수 있는 것이지만, 후반부에서 리얼리즘에 배반되는

50) 위의 글, 176쪽.

것이 통속성이라는 식으로 논의를 전개함으로써 논지가 다소 흐려지는 듯하다.

이외에도 李在銑은 「濁流」가 "표제 그대로 식민지 시대의 사회·경제적 및 심리적인 무질서의 격류 속에 휩쓸린 인간의 탐욕·죄악 및 파멸의 일면을 그리고 있다. 그러나 식민지 사회의 모순을 겨냥함에 있어서 이 작품은 초반의 도시 형태론을 충분히 활용하고 있지 못하고 있을 뿐 아니라, 중반 이후는 新聞連載小說로서의 娛樂性을 顯著化시키고 있다."[51]고 함으로써 이 소설이 오락성에 치우쳤음을 강조한다. 金宇種은 "<太平天下>나 <濁流>같은 작품에는 조소와 욕이 너무 경박하게 남용되었다. 또한 <濁流>의 주인공 초봉의 생활이 너무나 극적으로 꾸며져 있고, <太平天下>의 윤직원이나 그 밖의 인물들과 사건들에는 진실한 비판 정신이 빠져 있다. 따라서 蔡萬植의 작품은 통속적인 멜로드라마로 그치고 말았다"[52]고 씀으로써 蔡萬植 문학 전체를 통속소설 내지는 멜로드라마로 폄하한다. 宋河春은 계봉이와 남승재의 건전한 삶 속에서 이 소설의 생명력을 찾고, 특히 마지막 장이 「序曲」인데 주목하여, 이 소설을 『소년은 자란다』와 더불어 '리얼리즘 문학의 승리'라 명명했다.[53] 하지만 宋河春도 후반부에 초봉을 중심으로 한 이야기는 "전반부 정주사의 생애와 비교해 볼 때 그것은 분명히 상투적인 수법 혹은 通俗性을 면치

---

51) 李在銑, 앞의 책, 312쪽.

52) 金宇種, 앞의 책, 1968, 282쪽.

金宇種은 같은 책 수정본에서 다음과 같이 서술함으로써, 蔡萬植 문학에 대한 부정적 평가를 다소 완화시키고 통속성에 대한 언급은 삭제한다. "<太平天下>나 <濁流> 같은 그의 작품은 비록 딴 작품과 달리 批判的 傾向은 있었지만 조소와 욕이 너무 남용되었다. 그리고 <탁류>의 주인공 「초봉」의 생활은 너무나도 극적으로 꾸며져 나갔으며 <太平天下>의 「尹直員」 기타 인물들과 사건들에 나타나는 비판정신 역시 너무 야유적이어서 眞摯性이 느껴지지 않았다. 그래서 채만식은 작품량은 많은 편이지만 그의 참된 재능은 해방에 빛나게 되었다."(『韓國現代小說史』, 成文閣, 1982, 288~289쪽)

53) 宋河春, 『채만식』, 건국대학교출판부, 1994, 64~81쪽.

못한다"고 함으로써 『濁流』의 통속성을 지적하고 있다. 申東旭은 "이 작품에 나오는 술, 기생, 그 밖의 여인들은 고태수나 형보의 욕망의 구체적인 대상으로서 도덕적인 한계를 벗어난 쾌락의 실험을 보여주고 있고 이 점이 通俗小說로 흥미를 유발하는 장치임을 알 수 있지만, 이것은 도덕적 관점에서는 가리워지거나 은폐되어 있는 부정하고 비판하는 사실주의 정신의 필연적인 결과"라고 한다. 그래서 "발자끄는 19세기 초 불란서 욕망의 통속적 풍경을 드러냈고, 蔡萬植은 1930년대 한국이 담고 있었던 퇴락상을 보인 것"[54]이라고 하여 사실주의 소설의 큰 성과로 파악한다.

4. 『濁流』의 통속적 요소에 대한 고찰

『濁流』의 통속성의 문제를 제기할 때 가장 문제가 되는 인물은 초봉이다. 『濁流』에는 식민지 상황 속에서 살아가는 다양한 인물 군상들이 등장하지만, 서사의 중심은 초봉의 인생 역정이다. 세 남자를 거쳐 가는 초봉의 삶이 상투화된 비극적 여인의 일생 모티브를 반복하는 것처럼 보인다. 초봉의 비극이 그녀의 순응주의적 태도에 기인하며, 그녀의 삶이 삼각구도의 사랑 이야기라는 점에서, 이 소설은 멜로드라마적[55]인 성격을

54) 申東旭, 『우리시대 작가와 모순의 미학』, 개문사, 1982, 175쪽.

55) 멜로드라마란 본래 연극 용어다. 본래 16세기 이탈리아에서 음악을 가미한 연극으로 시작되어 오페라와 동일한 것으로 간주되기도 하였다. 연애와 엽기적 사건 등의 강렬한 정서적 자극이 있는 것을 내용으로 하고, 대체로 주인공이 어려운 처지에 몰려 관객의 눈물을 자아내다가 끝내는 행복을 찾는다는 결말, 통속적인 윤리관에 입각한 권선징악적 교훈, 선악의 대비를 특징으로 하며 인물들의 행위는 인간의 사실적 심리에서 주어지지 않고 인위적인 관중의 소망적 사고에 영합한다(이상섭, 『문학비평용어사전』, 민음사, 1976, 61쪽). '멜로드라마적'이라는 형용사는 그럴 듯하지 않은 사건들과 센세이셔널한 행동에 의존하는 문학 작품이나 에피소우드 어느 것에서나 쓰인다(이명섭, 『세계문학비평용어사전』, 을유문화사, 1985, 130~131쪽).

띠기도 한다. 부자지만 타락한 남자와 가난하지만 성실한 남자 사이에 연약하고 착하며 가난한 여인이 비극을 맞거나 행복한 결말을 성취하는 구성은 신파극이나 신소설에서 자주 등장하며 오늘날까지 통속적 서사의 주요 테마가 되고 있기 때문이다. 고태수와 남승재 사이에 초봉이 놓여 있으며 고태수의 자리에 박제호와 형보가 차례로 대치되고 있을 뿐 이러한 삼각구도는 소설의 후반부까지 가장 중요한 구성이 되고 있다.

이렇게 본다면 이 소설은 분명 통속적 멜로드라마에 불과하다. 하지만 이러한 통속적 요소가 단순히 독자의 흥밋거리로만 전락하고 있는가 하는 문제는 이 소설의 통속성을 명확히 하는 요건이 될 수 있다. 이것은 초봉과 그 주위에 있는 여러 인물들과의 관계 속에서 해명되어야 하는데, 특히 남승재와 계봉은 여기에서 중요한 검토 대상이 된다. 여러 논자들에 의해 남승재와 계봉은 초봉의 삶이 주는 통속적 요소에 대한 보완적 의미를 지닌다고 지적해 왔지만, 정말 그런지는 검토해 볼 필요가 있다. "남승재는 성실하고 마음 좋은 사람이지만 세계의 실상을 분석할 만한 지성이 결여되어 있으며 계봉의 경우도 뭘 좀 알기는 해도 소설적 인물이 되기는 아직 어리고 경박하"[56]며 때문이다. 또한 후반부로 갈수록 남승재와 계봉의 생각이나 행동이 초봉의 삶과 유리되는 경향이 있기도 하다. 따라서 남승재와 계봉의 건강성이 어떤 의미를 지니는 지를 밝혀야 하며 또한 그것이 초봉의 삶과 어떻게 유기적 관계를 이루고 있는가 하는 문제를 해명해야만 한다.

남승재는 주인공이라고 할 수는 없지만, 소설 전체를 통해서 하나의 큰 흐름을 유지하는 인물이기도 하다. 남승재를 중심으로 본다면 이 소설은 다분히 성장소설의 면모를 지닌다.[57] 남승재는 무료로 가난한 환자

56) 우한용, 「시대의 犧牲祭儀를 읽어내는 방법-<濁流>를 읽어내는 한 시각」, 『濁流』, 서울대학교 출판부, 1997, 595쪽.

57) 우한용, 「<濁流>의 문학교육적 해석」, 『선청어문』, 서울대 국어교육학과, 1991.

를 치료해 주기도 하고, 자신의 장서를 팔아 명림이라는 여자아이가 기생으로 팔려 가는 것을 막기도 하며 야학에서 교사 일을 하기도 한다. 하지만 자신의 행동이 근본적으로 사회적 문제를 해결할 수 있는가에 대해 끊임없이 반성한다. 남승재는 여러 인물들을 만나면서 정신적으로 성장해 가는데, 그가 만나는 인물들은 남승재의 각성에 중개 역할을 한다.

"넌 공부를 해가지구 이제 자라면 무얼할텐가?" …(중략)… "순사요"/ "순? 사?" …(중략)… "그래, 순사가 되구 싶다?"/ "네에"/ "응, 순사가 되구 싶어……. 그런데 어째서 ?" …(중략)… "우리 아버지, 잡아가지 말게요"

승재는 황망하여, 아까보다 더 여러놈이 웃는 것을 일변 나무래면서 일변 종쇠더러,

"종쇠, 너, 순사가 느이 아버지 붓잡어가던? 응?"/ "내애"/ "온, 저걸! ……"

전서방이라고 살기는 <사쩽이>에서 살고, 선창에서 지게벌이로 겨우 먹고 사는데, 며칠전에 다리를 삐었다고 승재한테 옥도정기까지 얻어간 사람이다. 그리고 집에는 아내와 종쇠를 맨 우두머리로 젖먹이까지 아이들이 넷이나 되는 것도 승재는 휑하니 알고 있다.

…(중략)…

"으응!……. 런데 왜? 어쩌다가" …(중략)… "쌀 훔쳐다 먹었다구……"

승재는 아뿔사! 여러 아이들이 듣는데서 물을 말이 아닌 걸 그랬다고 뉘우쳤으나 이미 늦었다. 그는 저도 모르게 사나운 얼굴로 아이들을 휘이 둘러본다. 선생님의 무서운 얼굴에 겁들이 나서 죄다 천연스럽게 앉아 있고 한 놈도 웃거나 저이끼리 소군거리는 놈이 없다.

12, 61쪽.

…(중략)…

"넌 그래서 순사가 되겠단 말이지? ……, 느이 아버지가 남의 쌀을 몰래 갖다 먹어두 넌 잡아가지 않겠단 말이지"/ "내애"/ …(중략)… "그럼 남의 쌀 갖다먹은 아버진 그랬어두 착한 아버지란 말이지?"/ "아뇨"/ "아냐?"/ "내애"/ "그럼 나쁜 아버진가? 종쇠랑 동생들이랑 배곱하하니깐 밥해 먹으라구, 그래서 그랬는데"/ "그러니깐 난 아버지 붙잡아 안가요"

승재는 슯은 동화를 듣는 것 같아 눈갓이 매워오고, 목이 미어 더 말을 하지 못했다.[58]

남승재가 서울로 떠나기 직전, 마지막 야학 수업의 한 장면이다. 남승재는 야학 교사로서 학생들을 가르치는 입장이지만 이 장면에서 그는 자기 자신이 사회에 대해서 깨달아 가는 과정에 있는 존재이다. 가난 때문에 아버지가 쌀을 훔쳐서 순사에게 끌려갔기 때문에 순사가 되겠다는 학생의 모습은, 남승재로 하여금 당대 사회의 부조리에 대해 심각하게 고민하게 하는 계기를 마련한다. 남승재는 학생이 잘못된 생각을 하고 있다고 여기지만, 여기에서 그 자신도 근본적인 문제가 무엇인지 모르겠다는 자각이 드러난다. 야학에 대한 남승재의 회의는 여기에서 설득력을 얻게 된다. 근본적인 문제는 야학으로 해결될 수 없기 때문이다.

남승재는 많은 선행을 베푸는데, 여기서 중요한 점은 그 선행 자체보다도 그러한 선행이 남승재의 사회에 대한 각성의 계기가 된다는 것이다. 남승재의 선행은 문제를 드러내고 그 문제는 반성적 계기가 된다. 결국 남승재의 선행은 그가 사회에 대해 깨달아가는 과정에 대응된다. 이때 독자는 그의 정신적 성장과 함께 각성의 계기를 공유한다. 그러므로 남승재의 정신적 성장은 이중의 의미를 갖는다. 미신 때문에 치료를 받지

58) 蔡萬植, 「食慾의 方法論」, 『濁流-現代朝鮮文學全集』, 3, 民衆書館, 1949, 568~572쪽.

못해 먹곰보의 자식이 죽게 되는 사건도 같은 성격을 지니지만 다음과 같은 장면은 이를 더욱 강하게 드러낸다.

> "……다아 몹쓸 것두 없잖어 있어 호강하자구 딸자식을 논다니루 내놓는 연놈두 있구, 애편을 하느라고 청누나 술집에다 팔아먹는 수두 있긴 합니다마는, 그래두 열에 아홉은 가치 앉어 굶다 못해 그짓입낸다. 나는 이런 장사를 여리해 한 덕에 그속으루는 뚫어지게 알구 있다우. 배곱흔 호랑이가 원님을 알어보나요? 굶어죽기 아니면 도둑질인데……, 아참 여보시우, 그래 당신님 생각에는 이런데 와있느니 도둑질이 낫다구 생각하우?"/ "그야!"
>
> 승재는 도적질과 그것과를 비교해서때 어느것이 좀 낫다는 판단을 선뜻 내리기 어려웠다
>
> …(중략)…
>
> "장차……어떻게 하실른지야 모르겠소마는, 저앨 몸을 배줘두 소용없으리다!"/ "네? ……어째서?"/ "또 팔아 먹습니다! 요!"/ "또오?"/ "네 이제 두구 보시우"/ "아-니요……. 나는 다아 한두번이 아니구 여러 차례 겪음이 있어서 하는 소리랍니다! ……. 아, 글쎄 그 사람네가 그까짓것 돈 이백원을 가지구 한평생을 살줄 아시우? ……. 장사? 흥! 단 일년 지탕하믄 오래가는 셈이지요. 그리구나믄 그땐 첨두 아니었다, 한번 깨묵 맛을 디렸는걸 오죽 잘 팔아먹어요? 시방이나 그때나 배곱흐기는 일반인데 무엇이 대껴서 안팔아 먹겠수? ……. 두번짼 굶어 죽더래두 안팔아먹을 애미애비라믄, 애여 처음뻔에 벌써 팔아먹들 않는다우……. 생각해 보시우? 이치가 그렇게 아니우?"/ "네에!"[59]

남승재가 자신의 장서까지 팔아가면서 명님이가 색주집에 들어가는

59) 위의 책, 586~587쪽.

것을 막으려고 노력하지만, 그것이 본질적인 해결이 될 수 없음이 드러난다. 이를 깨우쳐 주는 사람은 다름 아닌 색주집 주인이다. 남승재의 선행이 이 장면에서도 여지없이 무색해지는 것이다. 근본적인 해결책이 없다면 명님이가 다시 색주집에 팔려 가게 될 것은 정한 이치다. 이것은 비단 명님이의 문제만은 아니다. 문제는 "배고픈 호랑이가 원님을 알아볼 리 없듯이" 가난에 대한 근본적인 문제가 무엇인지를 알아내는 것이 중요하다. "당신님은 이런데 와 있느니 도둑질이 낫다구 생각하우?"하고 던지는 색주집 주인의 질문은, 앞 인용문에서 "그럼 남의 쌀 갖다먹은 아버진 그랬어두 착한 아버지란 말이지?"하고 반문하는 남승재의 질문과 같은 것이다. 승재는 스스로 질문을 던지면서 자신도 그 답이 무엇인지 고민하고 있기 때문이다. 이것들은 모두 '식욕의 방법론'의 문제이다. 문제는 생존이냐 윤리 의식이냐 하는 것이다. 이러한 질문의 해답이 사회 구조에 있음이 드러난다.

> "응……. 세상의 인간이 통채루 가난병이 든 것 같아! 그놈 가난병 때문에 모두 환장들을 해서 사방에서 더러운 농(膿)이 질질 흐르구……에이! 모두 추악하구……"/ "그렇지만 가난한 사람이 가난한게 어디 그 사람네 죈가, 뭐……"/ "죄?"/ "누가 글세 가난하구 싶어서 가난하냔 말이우!"/ "가난한거야 제가 가난한건데 어떻거나?"/ "글세 제가 가난허구 싶어서 가난한 사람이 어딧수?"/ "그거야 사람마다 제각금 부자루 살구 싶긴 하겠지……"/ "부자루 사는 건 몰라두 시방 가난한 사람네가 그닥지 가난하던 않을 텐데 분배가 공평털 않어서 그렇다우"/ "분배? 분배가 공평털 않다구? ……"
>
> 승재는 그 말의 촉감이 선뜻 그럴사하니 감칠맛이 있어서 연신 고개를 갸웃 갸웃 입으로 짚어 뇌인다. 그러나 지금의 승재로는 책을 표제만 보는 것 같아 그놈이 가진 매력에 구미는 잔뜩 당겨도 읽지 않은 책인지

라 그 표제에 알맞인 내용을 오붓이 한입에 삼키기 좋두룩 알아내는 수가 없었다.[60)]

"그런 놈을 갖다가 그냥 두구 본담! 마구 죽여 놓던지……"

계봉이는 가치서 흥분하기보다도, 승재의 흥분하는양이 우수워서, 미소를 들어내고 바라보다가 문득 고개를 가루 흔든다.

"그래두 육법전서가 다아 보호를 해주잖우? 생명을 보호해주구, 또 재산도 보호해 주구……. 수형법(手形法)? 이라더냐 그런게 있어서, 고리대금을 해먹게 마련이구……. 머, 당당한 시민인걸! ……, 천하 악당이라두……"

승재는 두팔을 탁자 위에 세워 턱을 고이고 앉아서 앞을 그윽 바라다본다. 얼굴을 골똘한 생각에 잠겨 양미간으로 주름살이 세게 패인다./ 육법전서가 보호해 준다고 한 계봉이의 그 말이 승재한테 신선한 자극을 주었던 것이다. 그것이 비록 <라마르세이유>처럼 분명하진 못해도 마치 박하(薄荷)를 들이켠 것같아 아프리만큼 시원했다./ 승재는 그놈의 박하 기운으로 온통 어얼얼, 화아해서 시언하기는 하나 어디가 어떻다고 꼬집어 낼 수가 없었다. 시방 이맛살을 찌프려가면서 생각하기는 그의 중심을 찾아내자는 것이다.[61)]

가난의 문제가 불공평한 분배과 부당한 육법전서에 있었음을, 남승재는 어렴풋이 깨닫게 된다. 여기서 계봉은 남승재의 각성에 대한 매개자가 된다. 생존의 문제는 윤리 문제에 앞선다. 그러나 생존을 파괴하는 것은 합법적 폭력이라고 할 수 있는 육법전서이다. 육법전서는 부당한 분배론을 합법화하고 있기 때문이다. 법이 제 역할을 못하게 될 때 윤리는

60) 위의 책, 「老童의 訓戀日記」, 648쪽.
61) 위의 책, 660~661쪽.

무의미해 진다. 그렇다면 어떻게 할 것인가 하는 문제가 남지만 그것에 대해서는 더 이상 거론되지 않는다. 남승재로는 “책을 표제만 보는 것 같아 그놈이 가진 매력에 구미는 잔뜩 당겨도 읽지 않은 책인지라 그 표제에 알맞인 내용을 오붓이 한입에 삼키기 좋두룩 알아내는 수가 없”는 것이다. “비록 <라마르세이유>처럼 분명하진 못해도 마치 박하(薄荷)를 들이켠 것 같아 아프리만큼 시원했다”는 말에서 알 수 있듯이 작가는 어렴풋이 부르주아 혁명을 암시하기도 하지만 그것은 어렴풋한 암시로만 그칠 뿐이다. 남승재의 정신적 성장은 여기에서 그친다. 하지만 남승재의 질문은 계속될 것이고 그의 성장도 따라서 계속되리라는 것은 추측할 수 있다. 결국 이 소설에서 남승재의 중요성은 단순히 그 건강한 정신에 있는 것이 아니라, 사회에 대한 질문과 그 질문에 대한 성실한 탐구 그리고 그러한 탐구가 자기 각성의 과정 위에 있다는 점에 있다.

그렇다면 작가는 남승재나 계봉에게 무조건적인 신뢰를 보내고 있는가 하는 문제를 제기해 볼 수 있다. 앞서 지적했듯이 “남승재는 성실하고 마음 좋은 사람이지만 세계의 실상을 분석할 만한 지성이 결여되어 있으며 계봉의 경우도 뭘 좀 알기는 해도 소설적 인물이 되기는 아직 어리고 경박하”62)기 때문이다. 분명 남승재는 실상을 분석할 만한 지성이 결여되어 있으며 계봉은 뭘 좀 알기는 해도 소설적 인물이 되기는 경박하다. 하지만 이들이 정신의 미성숙 단계에 있기 때문에 성장은 가능하다. 만약 이들이 처음부터 세계를 꿰뚫어 보는 눈을 가진 현자라면 이 소설은 다분히 계도적으로 흐를 수도 있었을 것이다. 남승재는 답을 가진 인물이 아니라 모르기 때문에 알아가는 과정에 있는 인물이다. 蔡萬植은 독자를 가르치는 길을 택하기보다, 독자가 인물과 함께 성장할 수 있는 계기를 마련하는 길을 택했다고 할 수 있다.

---

62) 우한용, 「시대의 犧牲祭儀를 읽어내는 방법」, 앞의 책, 595쪽.

그런데 문제는 이러한 남승재의 정신적 성장이, 이 소설 전체에서 가장 큰 흐름이 되는 초봉의 비극적 인생역정과 어떻게 유기적 관계를 맺고 있는가 하는 점이다. 초봉의 불행이 단순히 운명에 의한 것인가 당대 식민지 상황의 물적 토대에 의한 것인가 하는 문제는 남승재이 정신적 성장에 의해서 극명히 드러나기 때문이다. 초봉의 비극이 남승재의 정신적 성장과 아무런 관련을 맺지 못할 때, 각기 분리된 이야기가 될 뿐이다. 이 문제는 초봉이가 고태수에게 시집을 가는 것은 명님이가 돈 때문에 색주집에 팔려가는 것과 유사하다는 점에서 어느 정도 해석의 실마리를 찾을 수 있다. 이 소설은 초봉에 관한 이야기이지만, 그것은 명림이의 이야기일 수도 있고, 야학에서 순사가 되겠다는 학생의 이야기일 수도 있는 것이다. 다만 작가가 초봉에게 초점을 맞추어 이야기를 전개했을 따름이다. 따라서 명님이 문제에 대한 남승재의 깨달음은 고스란히 초봉의 결혼 문제에도 대입될 수 있다. 명림이가 돈 때문에 색주집에 팔려가는 것처럼, 초봉이도 돈 때문에 고태수에게 팔려가듯이 시집을 가기 때문이다.

「자아 그래서 돈이 생기면……」

느긋하게 궁리를 하면서, 정주사는 천천히 집을 향하고 걸어간다./ 대체 얼마나 줄랴는고? 한 오륙백원? ……. 오륙백원쯤 가지고야 넘고 처져서 할께 맞당찮고……. 아마 돈천원은 둘러주겠지. 혹시 몇천원 척 내놓는지도 모르구./ 한데, 무슨 장사를 시작한다./ 싸전? 포목전? 잡화전? ……. 그런 것은 너무 이문이 박해서 할게 못되고……/ 가만히 미두를 몇번 해 보아? 그래서 쉽게 한미천 잡아?/ 에잇! 그건 못쓰지. 그랬다가 만약 실수나 하고 보면, 체면도 아니려니와 모처럼 잡은 들거린데 방정을 떨어서야…….

…(중략)…

> 그리하여 그들은 이미 악취가 나는 것도 그것을 번연히 코로 맡고 있으면서, 실끔 외면은 하고는, 하나가 혹시/ '「어찌좀퀴퀴! 허우?」/ 할라치면 하나가 얼른 내달아/ 「아냐. 구수–한 냄새를 가지구 그리는 구려」/ 하고 달래고, 그리다가 또 하나가/ 「그런데 어쩐지 좀 상한 냄새가 나는 것 같군!」/ 할라치면, 하나가 서슬이 시퍼래서/ 「향긋허구먼 그러시우!」/ 하고, 새수 빠진 소리를 하는 것을 지천을 하던 것이다.63)

위의 인용문은 초봉이가 시집을 가는 것이 순전히 돈 때문이라는 점이 잘 드러나는 부분이다. 초봉이를 고태수에게 시집보내고 그로부터 돈을 받아 장사 할 꿈에 부풀어 있는 정주사의 모습은 악하다고 보기보다 차라리 슬프다고 해야 할 일이다. 더욱이 고태수에게서 다분히 사기성을 느끼면서 그것을 애써 외면하려는 두 내외의 대화는 희극적이기 때문에 도리어 역설적으로 그 비극성을 더욱 가중시키는 효과를 지닌다. 상황의 심각성은 여기에서 적나라하게 드러난다. 이러한 심각성은 미두를 통한 정주사의 몰락과 깊은 관계를 이루고 있어서 구체적인 실감을 더한다. 여기에서 초봉의 비극은 철저하게 자본이라는 물적 토대 위에 있음이 극명하게 드러난다. 하지만 그렇다고 해서 초봉의 인생역정이 전혀 통속적이 아니라는 결론을 내릴 수는 없다.

이 작품 전반부의 배경이 되는 군산이 '物貨와 돈과 사람'이 '한데 뭉쳐 생명있게 움직이는'64) 곳이며, 이는 고스란히 식민지 조선 전체를 비유하는 것이기도 한데, 이러한 문제가 남승재의 정신적 성장을 통해 구체적으로 드러나지만, 초봉의 비극이 남승재의 각성과 별반 깊은 유기적 관계를 맺지 못한다. 더욱이 소설의 후반부로 갈수록 남승재의 각성과 초봉의 삶은 더욱 유리되어 간다. 후반부는 거의가 초봉과 박제호 또는

63) 蔡萬植, 「千兩萬兩」, 앞의 책, 203~208쪽.
64) 蔡萬植, 「食慾의 方法論」, 위의 책, 530쪽.

초봉과 형보의 생활이 단조롭게 꾸며져 있는데, 특히 형보와 만난 뒤 초봉과 형보가 만들어내는 사건이나 대화가 단순한 아귀다툼이라고 밖에 말할 수 없다. 또한 후반부로 갈수록 남승재의 정신적 깨달음은 본질적이지만 그만큼 추상화되고 관념화됨으로써 소설적 구체성을 상실한다. 전반부에서 정주사를 중심으로 한 미두를 중심으로 한 다양한 사건을 통해 당대의 문제를 드러내고 있는데 반해, 후반부에서는 남승재와 계봉의 대화를 통해서 거의 직접적으로 문제를 끄집어내고 있다. 남승재의 정신적 성장과 초봉의 비극적 삶이라는 상승과 몰락의 이중 구조는 유기적인 결합을 맺지 못하고 유리되어 간다. 초봉의 삶은 계속 나락으로 떨어지며 급기야 형보를 살인하기에 이르게 되고, 그러면 초봉의 불행은 물적 토대를 잃어간다.65)

남승재와 초봉의 몰락은 이 소설의 또 하나의 중요한 ㄱ조적 틀이다. 남승재가 정신적 성장의 과정에 있는 인물이라는 점에서, 반면 초봉이 당대 물적 토대의 희생물이면서 동시에 그녀의 소극적 성격이 비판의 대상이 된다는 점에서, 이러한 구조는 자연스럽다. 이러한 구조는 소설을 더욱 극적이며 완성도 높은 작품으로 만들 수 있는 바탕이 될 수 있다. 그것은 남승재의 문제의식이 초봉의 비극에 깊이 침투했을 때 가능하다. 그러나 이 소설에서는 이 둘 사이를 매개할 수 있는 위치에 선 계봉이 조차도 아무런 행동을 보이지 않음으로써 둘 사이는 점점 유리되어 가는

65) 초봉이가 박제호나 형보를 만나는 것도 돈 때문이라고 파악하는 경우도 있는데, 이러한 주장은 엄격한 의미에서는 맞지 않다. 박제호와 형보를 만났을 때 초봉의 태도는 "에라 이렇게 된 김에 돈이나 두둑히 뜯어내자"는 식이기 때문이다. 분명 초봉의 운명이 돈에 의해 변하는 것은 고태수와의 혼인뿐이다. 초봉의 운명이 돈에 얽매어 있는 것은 분명한 사실이지만, 초반부의 경우 명림이가 팔려간다는 것과 정주사의 미두 행위 그리고 정주사와 부인의 대화 등의 다양한 사건들이 초봉의 혼인과 유기적으로 얽혀 있어 그 구체성을 획득하는데 반해 후반부에서는 별다른 사건도 없고 남승재의 사상적 성장과도 유리됨으로 '돈에 살고 돈에 우는' 식의 인생 유전을 보여준다.

것이다. 물론 남승재와 초봉의 삶이 교차되어 드러난다는 것 자체로도 의미를 가질 수는 있다. 하지만 미약하다.

그래서 제기 되는 것이 바로 이 소설의 종결부의 문제이다. 이 소설은 초봉이 형보를 살해하는 것으로 끝을 맺는다. 그럼에도 불구하고 소제목이 「序曲」인 것은, 말할 것도 없이 이러한 종말이 끝이 아니라 새로운 시작이라는 역설적 의미를 드러낸다. 『濁流』를 긍정적으로 평가하는 많은 논자들이 서두부의 금강에 대한 서술과 더불어 마지막 소제목이 「序曲」인데 주목하면서 여기에서 역사적 의미를 찾으려고 했다. 사실 이 부분은 다분히 작가의 주제 의식이 잘 드러나는 부분이다. 하지만 그렇다고 훌륭한 문학적 성과를 이루었는가 하는 문제는 별개이다. 이 소설의 문학적 성과는 이러한 주제 의식을 소설의 전체 내용 속에서 어떻게 구현하고 있는가에 따라 결정될 수 있기 때문이다.

문제는 종결부에서 초봉이 형보를 죽이는데, 이러한 비극성이 「序曲」이라는 소제목과 얼마나 부합하고 있는가 하는 점이다. 「序曲」이라는 소제목은 말하자면 소설적 전망을 담고 있는 것인데, 이유 없는 안이한 낙관주의에 빠짐으로써 사이비 전망을 제시하고, 그럼으로써 독자로 하여금 거짓 희망을 갖게 하는 것은 아닌가 하는 의문이 들 수 있기 때문이다. 아울러 초봉의 형보 살해는 다분히 권선징악의 성격을 띰으로써 상투적 가치를 반복하는 인상을 준다. 거기에 「序曲」이라는 제목을 붙이는 것은 이러한 불신을 가중시키는 결과를 가져올 수 있다. 만약 그렇다면 "이 비극은 세계는 악으로 가득 차 있고 선량한 인간이 속수무책으로 당하므로 역으로 우리는 세상을 개혁해야 하겠다는 전망을 너무 강하게 제시함으로서 그 실감을 약화시켜 버린다"[66]는 주장은 타당한 것이다. 이렇게 본다면 김윤식이 "결말에서의 초봉의 자수 결심에 이르는 과정, 즉

66) 최혜실, 앞의 글, 같은 쪽.

계봉 남승재의 초봉을 설득하는 장면은 지나치게 통속적이"라고 말한 것도 이해할 수 있다.

> 참혹한 살상에 대한 불쾌했던 인상이 슬어지는 반면 그 살상을 저지른 초봉이의 정상에 오히려 동감이 되면서 ,일변 「독초」와 독초(毒草)를 기르는 그것을 가꾸는 육법전서의의 울분이 치달아 오르는 것이다.
>
> …(중략)…
>
> 초봉이는 무엇인지 간절함이 어리어 있는 눈동자로 무엇인지를 승재의 얼굴에서 찾으려는 듯 한참이나 보고 있다가 이윽고 목멘소리로/ 「그렇게 하까요?」/ 하면서 조르듯 묻는다. 의외요 그러나 침착한 태도 였었다./ 승재는 그렇듯 어떤 새로운 긴장을 띈 초봉의의 그 눈이 무엇을 말하며, 하는 그 말이 무엇을 의미하는지 자알 알고 있었다. 알고나니 대답이 맥히기는 했으나 그는 시방 이 자리에서 초봉이가 애원하는 그 「명일의 언약」을 거절하는 눈치를 보일 용기는 도저히 나덜 못했다.67)

남승재는 초봉의 형보 살해를 알고 나서 초봉에게 동정을 보내는 동시에 독초와 독초를 기르는 육법전서를 생각한다. 여기에는 다분히 작가의 의도가 깔려 있다. 말하자면 초봉의 비극에 합당한 의미를 부여하려는 것이다. 이대로 읽는다면 결국 초봉의 비극은 육법전서의 부당함 때문에

---

67) 채만식, 앞의 책, 723~726쪽.

"그 말이 무엇을 의미하는지 자알 알고 있었다"가 民衆書館 1958년 판에는 "그 말이 무엇을 의미하는지 잘 알 수 없었다"로 되어 있고 그 이후 거의 모든 판본에서 이를 수용한다. 전후 맥락으로 보아서 전자가 옳은 듯하다. 이 문제는 한지현(「리얼리즘 관점에서 본 <탁류> 연구」, 연세대학교 박사학위논문, 1987, 25쪽)이 이미 밝히고 있는데, 필자가 조사한 바로는 조선일보에 실린 1938년 5월 17일자 『濁流』 마지막 호와 博文書館 1939년 판본 그리고 民衆書館 1949년 판까지는 모두 전자를 따랐다. 民衆書館 1958년 판을 텍스트로 삼는 것이 일반적이지만, 위와 같은 이유에서 이 논문에서 는 『民衆書館』 1949년 판본을 텍스트로 삼았다.

생기는 것이며, 이는 남승재의 정신적 성장을 통해 드러난다. 남승재의 정신적 성장과 초봉의 비극은 여기에서 연결된다. 하지만 다분히 작가의 의도라고 할 수 있는 이러한 의미가 설득력을 갖는지는 의문이다. 형보는 여기에서 그야말로 온전한 악의 전형이 된다. 형보가 악의 전형이 됨으로써 초봉의 행위는 정당성을 확보할 수 있다. 그런데 형보를 육법전서가 키운 독초라고 하는데는 문제가 있다. 형보의 극악취미의 근거는 사회적 부조리에 있는 것도 아니고 인간 본성에 있는 것도 아니다. 다만 작가가 밝히기로는 그의 외모와 성장과정에 있다. 특히 곱추라는 기괴한 외모는 추상적 악을 대변하는 것처럼 서술한다.[68] 따라서 그는 추상적 의미에서의 악을 대변하는 인물일 뿐이다.

이렇게 볼 때 이 소설의 결말을 권선징악의 성격에 가까워지며, 또한 여기에서 초봉의 비극과 육법전서와의 관계가 모호해지는 것은 분명하다. 더욱이 초봉이 형보를 살해하고 남승재와 마주쳤을 때 그와 재회하기를 갈구하는 속된 눈빛과 남승재의 애매한 태도 그리고 이를 오해함으로써 자수를 결심하는 초봉의 행동은 지극히 우스꽝스럽기까지 하다. 여기에서 '明日의 言約'은 남승재에 대한 초봉의 기대 이상 별다른 의미를 획득하지 못한다. 초봉의 인생과 육법전서가 키운 독초의 관계는 점점 멀어지며 초봉의 삶은 그대로 속된 인생유전이 된다. 따라서 이 작품의 결말은 「序曲」이라는 소제목이 가지는 상징적이며 희망적 의미와는 거리가 생긴다.[69]

---

68) 禹漢鎔은 『濁流』 通俗性을 형보의 엽기적 언행에서 찾는다(禹漢鎔, 「蔡萬植 小說의 談論 特性에 관한 硏究」, 서울대학교 박사학위논문, 1991, 128쪽).

69) 한기는 초봉의 형보 살해를 반항의 의미로 해석하기도 한다. 그는 뤼시앙 골드만의 '비극적 세계관'이 1930년대 우리 나라에도 그대로 적용된다고 한다. 1930년대 우리의 현실은 '몰락'과 '위기'의 상황 속에서 이럴 수도 저럴 수도 없는 교착상태이기 때문에 비극적 세계관을 가질 수밖에 없다는 것이다. 그는 『濁流』를 근본적으로 비극의 세계로 파악한다. 그래서 그는 형보의 역할을 제대로 파악하지 않고서는 이 소설의 제대로 이해할 수 없다고 한다. 여기에서 형보는 비극적 세계에서

하지만 「序曲」이라는 제목이 단지 초봉의 형보 살해 즉 초봉의 비극적 하강에만 연결될 수 있는지에 대해 질문을 던질 수 있다. 「序曲」이라는 제목은 결말부의 제목이기도 하지만 이 소설 전체의 마지막 소제목이기도 하기 때문이다. 「序曲」은 "깨어진 꿈이고 무엇이고 탁류째 얼러 좌르르 쏟아져 버리는" 강물 뒤에 놓이는 것이다. 여기에서 강물의 흐름은 초봉의 인생유전을 의미하는 동시에 이 소설 전체에 등장하는 인물들과 그들이 벌이는 사건들을 지칭하며 그것을 넘어서 현실과 역사의 흐름이라는 내포까지 지닌다. 이렇게 본다면 「序曲」이라는 의미는 정주사, 고태수, 형보, 계봉이 뿐 아니라 남승재 등이 엮어내는 모든 사건들 뒤에 울리는 노래이며 특히 소설 전체에서 정신적 성장을 이루는 남승재와는 더욱 깊은 연관을 맺고 있다고 할 수 있다. 따라서 「序曲」은 남승재의 상승에 대한 기대와 함께 역사적 희망에 대한 암시를 어느 정도 성취하고 있는 것으로 보인다.

결국 「序曲」의 의미는 초봉의 비극적 삶과 남승재의 정신적 성장, 소설 전반에 나타나는 인물들이 벌이는 사건들 그리고 역사적 희망의 암시 등과 관계를 맺으면서 다양한 내포를 지니는 것임에는 틀림없다. 그럼에도 불구하고 초봉의 비극이 남승재의 성장과 유리된다는 점, 특히 후반부로 갈수록 그것은 더욱 가중된다는 점 그리고 형보가 단순한 악의 상징을 대변한다는 점 등 때문에, 「序曲」의 의미는 이 소설의 가장 중심이

의 악을 표상하는 일종의 '악한'인 셈이며, 초봉이 마침내 형보를 살해함으로써 비극적인 세계에서의 반항의 의미를 구현한다. 따라서 한기는 소설 『濁流』의 전체적인 의미구조는 '세계의 비극성'과 그 비극적인 세계 속에서의 '반항'의 의미 실현으로 요약한다(한기, 「식민지시대의 몰락계층과 비극적 세계관-채만식의 <탁류>論」, 『장편소설로 보는 새로운 민족문학사』, 열음사, 1993). 하지만 한기 역시 "반항을 구현하기 위한 작가의 의도가 무리하게 작용함으로써 다분히 멜로드라마적 구성을 끌어들였으며, 따라서 후반부는 작품 전체에 훼손을 가져왔다는 지적이 일반적으로 성립할 수 있는 것은 작품 전체의 이와 같은 이원화된 양상 때문이"(위의 글, 224쪽)라고 말하고 있다.

되는 초봉의 비극에는 그리 큰 의미를 부여하지는 못하는 것 같다.

따라서 초봉의 비극은 후반부로 갈수록 초반에서 가졌던 물적 토대를 잃고 단순한 흥밋거리로 전락함으로써 통속화된다고 할 수 있으며, 이는 이 소설의 약점이 될 수밖에 없다. 하지만 이러한 약점을 들어 이 소설을 통속소설로 규정할 수 있는 것은 아니다. 남승재의 끊임없는 질문과 탐구 그리고 그에 따른 정신적 성장은 식민지 시대의 우리 현실에 대한 질문과 그 해결책의 모색의 과정이었다고 할 수 있기 때문이다. 또한 이 논문의 논의에서 제외되었지만, 정주사, 고태수, 장형보 등이 벌이는 사건은 이미 여러 논자가 지적했듯이 훌륭한 문학적 형상화를 이루고 있다는 점도 간과할 수 없다.70)

5. 결론

필자는 『濁流』의 통속적 요소를 어떻게 보느냐에 따라 이 작품에 대한 평가가 확연한 차이를 보인다는데 착안하여, 지금까지 『濁流』의 통속성 문제에 대해 고찰해 보았다.

필자는 우선 평가 기준을 세우기 위해서, 소설이라는 장르에 있어서 통속성이란 무엇인가 하는 점을 따져 보았다. 소설은 본래부터 대중을 대상으로 하는 예술이기 때문에 선정성이나 엽기성, 기괴성 등의 통속적 요소들을 가질 수 있다. 하지만 이러한 요소들이 나타난다고 해 무조건 통속성이라고 말할 수는 없고, 그것들이 작품 안에서 어떻게 작용하느냐

70) 『濁流』가 통속성은 문학 외적인 측면에서 작용했을 수도 있다. 채만식은 『濁流』의 집필 시작 직후 「出判文化의 危機」(『朝鮮日報』, 1937. 10. 24~26)에서 '펄프의 기근'이 심각해져서 문학성을 잃지 않으면서도 '재미있게', '잘' 씀으로써 대중으로부터 환영받는 소설을 쓸 것을 적극 호소한다. 이로써 蔡萬植이 『濁流』를 구성할 때 이미 문학성과 대중성을 동시에 고려하고 있얼을 것이라고 추측할 수 있다.

에 따라 달라 질 수 있다. 문제는 통속적 요소들이 상업성과 결탁하여 순전히 재미를 위해 쓰임으로써 소설을 근본적으로 무반성적 양식으로 전락시키는 데 있다. 이때 소설은 통속화되어 상투화된 공식에 매몰되며 독자로 하여금 반성적 계기를 상실케 하고 기존의 가치와 이데올로기를 재생산하게 된다.

많은 논자들이 『濁流』의 통속적 요소에 대해 언급하였는데, 너무나 다양한 평가가 이루어지고 있어 쉽게 정리하기 어렵다. 申東旭처럼 『濁流』의 통속적 요소가 그것 자체로 리얼리즘 소설의 긍정적 속성이라고 생각하는 논자가 있는가 하면, 金宇種처럼 『濁流』를 아예 통속소설로 폄하하며 蔡萬植 소설 전부를 부정하는 논자도 있으며, 『濁流』의 문학적 성과는 일단 인정하되 그 통속적 요소는 부정적으로 평가하는 논자도 있기 때문이다. 하지만 이러한 평가는 『濁流』의 통속적 요소가 작품의 내부에서 어떻게 작용하느냐를 살펴보지 않고서는 단정할 수 없다. 그래서 필자는 『濁流』의 가장 중요한 통속적 모티브라고 말할 수 있는 초봉의 인생역정을 중심으로 그 통속성 문제를 살펴보았다. 초봉의 일생은 통속소설에서 가장 많이 사용되는 상투화된 비극적 여인의 일생 모티브를 반복하는 것처럼 보이기 때문이다.

『濁流』는 후반부로 갈수록 분명 통속화되는 경향을 보인다. 초봉의 비극의 근거가 원래 그녀의 성격 뿐 아니라 자본의 메커니즘 즉 돈의 움직임에서 기인하는 것이었는데, 후반부로 갈수록 그녀의 비극은 돈의 움직임이라는 물적 토대를 잃고 단순히 한 여인의 운명극으로 전락하고 있기 때문이다. 이 소설은 크게 두 줄기로 이루어져 있다. 그 하나는 물론 초봉의 인생역정이고, 다른 하나는 남승재의 정신적 성장 과정이다. 초반에는 여러 인물들이 다양한 삶의 모습을 보여주지만, 후반부로 갈수록 초봉의 비극적 삶과 남승재의 각성은 소설의 중심이 되는 두 축을 이루며 상승과 하강이라는 대조적 방향으로 나간다. 여기에서 만약 초봉의 비극이 의미를 가지려면, 초봉의 삶이 남승재의 근본적인 질문 속에 포섭됨으로써 그 불행의 근거가 어디 있는가가 온전하게 탐구되어야 한다. 하지만 초봉의 비극과 남승재의 성장은 끝내 아무런 관련을 맺지 못한다.

하지만 『濁流』를 통속소설로 규정하는 것은 온당하지 못하다. 남승재의 정신적 성장이 당대 사회에 대한 질문과 탐색의 과정이라는 점에서, 이 소설은 근본적으로 식민지 현실의 모순이 무엇인가를 질문하는 소설이라고 할 수 있기 때문이다. 작가는 당시의 어려운 여건에서 많은 독자를 확보하면서도 문학적 생명을 잃지 않는 소설을 써보려고 한 듯한데, 많은 독자를 확보하는 데는 성공했으나 문학적 생명을 잃지 않는 다는 의도는 다소 희생된 듯하다.

참고문헌

1. 기초자료

蔡萬植. 『濁流-現代朝鮮文學全集』 3. 民衆書館, 1949.
______. 「自作案內」. 『청색지』 5. 1939. 5.
______. 「出判文化의 危機」. 『朝鮮日報』. 1937. 10. 24～26.

2. 단행본

金宇種. 『韓國現代小說史』. 宣明文化社, 1968.
______. 『韓國現代小說史』. 成文閣, 1982.
金允植・김현. 『한국문학사』. 민음사, 1973.
金柱演 編. 『대중문학과 민중문학』. 민음사, 1981.
박성봉. 『대중예술의 미학-대중예술의 통속성에 대한 미학적 접근』. 동연, 1992.
白 鐵. 『朝鮮新文學思潮史』. 白楊堂, 1947.
宋河春. 『蔡萬植-역사적 성찰과 현실풍자』. 건국대학교출판부, 1994.

오탁번 · 이남호. 『서사문학의 이해』. 고려대학교 출판부, 1999.
李明燮. 『세계문학비평용어사전』. 을유문화사, 1985.
이상섭. 『문학비평용어사전』, 민음사, 1976.
李在銑, 『한국현대소설사』. 홍성사, 1982.
이희승. 『국어대사전』. 民衆書館, 1982.
林 和. 『文學의 論理』. 경신사, 1940.
한스 노베르트 야우스. 『도전으로서의 문학사』. 장영태 역. 문학과지성사, 1983.
아놀드 하우저. 『예술의 사회학』. 최성만 · 이병진 역. 한길사, 1983.
_____, 『예술사의 철학』. 황지우 역. 돌베개, 1983.
한용환. 『소설학 사전』. 고려원, 1992.
호르크하이머 · 아도르노. 『계몽의 변증법』. 文藝出版社, 1995.

3. 논문 및 평론

丘仁煥. 「蔡萬植論」. 『現代作家論』. 螢雪出版社, 1979.
권영민. 「대중문화의 확대와 소설의 통속화 문제」. 『한국민족문학론연구』. 民音社, 1988.
金南天. 「世態風俗描寫其他」. 『批判』. 1938. 6.
_____. 「長篇小說界」. 『朝鮮文藝年鑑』. 人文社, 1939.
_____. 「蔡萬植著 濁流의 魅力-連載小說의 새 境地」. 『朝鮮日報』. 1940. 1. 4.
金允植. 「서사양식과 극양식-蔡萬植의 경우」. 『한국학보』. 1979. 가을.
金治洙. 「신문소설과 예술성」, 『문학사회학을 위하여』. 문학과지성사, 1979.
白 鐵. 「蔡萬植氏의 <濁流>를 읽고」. 『每日新報』. 1939. 12. 28.
申東旭. 『우리시대 作家와 모순의 美學』. 開文社, 1982.
安懷南. 「通俗小說의 理論的 檢討」. 『文章』. 1940. 11.
우한용. 「蔡萬植 小說의 談論 特性에 관한 硏究」. 서울대학교 박사학위논문, 1991.
_____. 「<濁流>의 문학교육적 해석」. 『선청어문』. 서울대 국어교육학과, 1991. 12.
_____. 「시대의 犧牲提議를 읽어 내는 방법-<濁流>를 이해하는 한 시각」. 『탁류』. 서울대학교 출판부, 1997.

柳宗鎬. 「거짓화해의 세계-대중문화론」. 『사회역사적 상상력-유종호전집』, 3. 민음사, 1995.

이남호. 「소중(小重)에서 대중(大衆)에로의 길」. 『녹색을 위한 문학』. 민음사, 1998.

李泰俊. 「통속성 其他」. 『文章』. 1940. 10.

鄭漢淑. 「崩壞와 生成의 美學-<太平天下>와 <濁流>의 효과에 관하여」. 1872. 11.

______. 「狀況과 藝術의 一體性-蔡萬植의 文學史的 位置」. 『文學思想』. 1973. 12.

______. 「大衆小說論」. 『人文론집』, 21. 高麗大學校 文理大學, 1976.

千二斗. 「프로메테우스의 言語들」. 『문학사상』. 1973. 12.

최혜실. 「<탁류>에 나타나는 통속성」. 『한국현대소설의 이론』. 국학자료원, 1994.

한 기. 「식민지 시대의 몰락계층과 비극적 세계관-채만식의 탁류>론」. 『장편소설로 보는 새로운 민족문학사』. 열음사, 1993.

한지현. 「리얼리즘관점에서 본 <탁류> 연구」. 연세대학교 박사학위논문, 1987.

洪以燮. 「蔡萬植의 濁流-近代史의 한 課題로써의 植民地의 窮乏化」. 『창작과 비평』. 1973. 봄.

제2부

초기 산업사회의 명암과 그 지양

- 김승옥의 「역사」에 대한 구조적 분석 -

1. 서론

김승옥은 대체로 60년대의 시대적 분위기를 가장 잘 표현한 작가로 평가되어 왔다. 50년대 소설이, '민족과 문학'[1])을 강조했던 김동리, 황순원과 같은 기성 작가들의 작품이나 '지성과 휴머니즘'[2])을 내세우며 기성에 반기를 들었던 신세대 작가들의 작품이나 모두 전후(戰後)의 정신적 폐허를 적나라하게 보여주는데 주력하고 있다면, 60년대 소설은 전쟁의 상처를 내면화하고 산업화와 더불어 발생하는 개인의 문제를 집약적으로 다루기 시작했다고 할 수 있다. 김승옥이 60년대의 시대적 분위기를 가장 잘 표현한 작가로 평가되는 것은 바로 이러한 60년대 우리 소설의 문제를 어느 작가보다 먼저 감성적 언어로 섬세하게 형상화했기 때문이다.[3])

---

1) 송하춘, 「1950년대 한국 소설의 형성」, 『1950년대의 소설가들』, 나남, 1994, 16쪽.
2) 위의 글, 19쪽.
3) 이에 대해서는 다음과 같은 글에서 잘 나타난다.

김승옥은 초기에 전쟁의 상처를 내면화한 작품을 발표했으며, 점차로 산업화와 더불어 발생하는 개인의 문제를 제기한다. 「생명연습」, 「乾」 등이 전자에 해당한다면, 「무진기행」, 「서울 1964년 겨울」, 「야행」, 「다산성」, 「60년대식」 등은 후자에 속한다고 할 수 있다. 대체로 후자가 김승옥 소설의 특징적 면모를 잘 드러낸다고 할 수 있지만 양자를 엄격히 구분하기는 어렵다. 전자의 작품들이 전후의 암울한 분위기를 섬세하게 드러내고 있지만, 거기에도 이미 김승옥 소설이 새롭게 제기하고 있는 현대사회의 개인 문제가 중첩되어 드러나고 있기 때문이다.

김승옥 소설은 여러 가지 문학적 요소들이 긴밀하게 짜여 있어서, 개별 작품 하나 하나에 대한 면밀한 분석은 그의 소설 연구에 있어 필수적으로 요구되는 사항이다. 김승옥 소설에 대해서는 이미 다양한 측면에서 상당한 연구가 진행되어 왔지만, 그것들은 대체로 「무진기행」이나 「서울 1964년 겨울」에 편중된 경향을 보이고 있으며, 여타의 개별 작품에 대한 면밀한 분석은 여전히 부족하다고 판단된다. 「역사」 역시 「무진기행」이나 「서울 1964년 겨울」만큼이나 잘 짜인 소설이어서 자세히 읽기가 요구되는 작품이지만 지금까지 이 작품에 대한 연구는 대체로 김승옥 소설 연구의 일부로서 부분적으로 이루어져 왔기 때문에, 그 의미가 온전히 밝혀지지는 못한 듯하다. 대개의 연구들이 창신동과 양옥의 대립적 의미만을 강조한 나머지 정작 중요하다고 여겨지는 역사 서씨의 의미나 겉보기에 미미한 것처럼 보이지만 역시 중요한 의미를 지니는 이 소설의 액자구성에 대해서는 깊이 고찰되지 않았다.[4)]

김주연, 「새세대 문학의 성립」, 『아세아』, 창간호, 1968.
백낙청, 「시민문학론」, 『창작과 비평』, 창작과비평사, 1969 여름.
유종호, 「김승옥론-무진기행을 중심으로」, 『신문학60년대표작전집』 5, 정음사, 1968.
김치수, 「반속주의 문학과 그 전통」, 『한국문학의 공간』, 열화당, 1976.
이태동, 「자아의 시선과 미망의 여로」, 『부조리와 인간의식』, 문예출판사, 1981.

4) 「역사」에 대한 독자적인 연구는 천이두의 글(「아웃사이더 독백의 미학-김승옥

본고는 김승옥의 「역사」를 면밀히 분석함으로써, 이 작품에 내재한 제반 요소들이 구축하고 있는 의미망을 밝히고자 한다. 우선 이미 여러 연구자들이 주목한 바와 같이 이 소설에서 드러나는 두 개의 대립적 공간과 그에 종속된 인물에 대해 재고하겠다. 그리고 이를 바탕으로 역사 서씨의 의미에 대해 면밀히 분석할 것이며 또한 이 소설의 형식적 특징이라고 할 수 있는 액자구성이 어떻게 이 소설의 의미망과 관련을 맺고 있는가에 대해서도 논의하기로 한다. 끝으로 이러한 논의를 바탕으로 김승옥의 소설 전반에서 이 소설이 점유하는 위치를 가늠해 보겠다.

2. 공간의 대립적 구조

「역사」는 외화(外話)에 비해 내화(內話)가 중심을 이루는 전형적인 액자구성으로 이루어진 소설이다. 내화는 그것 자체로 하나의 완성된 소설의 양식을 갖추고 있는데, 그것은 창신동 빈민가와 할아버지의 양옥이라는 두 공간의 대립적 구조를 기반으로 짜여 있다.

이 소설은 서술자 '나'가 자기의 방에 대해 느끼는 낯설음에서 시작되는데, 이러한 낯설음은 창신동과 할아버지의 양옥에 있는 각각의 '나의 방'의 차이에서 비롯되는 것이다. 이 두 개의 방은 단순한 거주지의 의미만을 지니는 것이 아니라 두 개의 판이한 세계에 대한 인식을 인상적으로 드러낸다. 창신동의 '나의 방'은 "일어서면 머리가 닿을 정도로 낮은

의 「역사」」, 『한국현대소설』, 형설출판사, 1969)이 있을 뿐이며. 「역사」를 비교적 치밀하게 분석한 글로는 이호규의 글(「소통 회복 지향의 일상적 주체」, 『작가연구』 6, 새미, 1998)을 꼽을 수 있다. 하지만 이들도 역사 서씨의 의미에 대해서는 많은 논의의 여지를 남기고 있다. 또한 이 소설의 액자구성에 대해서는 김명석(「일상성의 경험과 탈출의 미학」, 『1960년대 문학연구』, 깊은샘, 1998)이 간략하게 검토하고 있지만 역시 보다 면밀한 검토가 요구된다.

천장"이나 "빗줄기의 얼룩이 있는 누렇게 변색된" 도배지 그리고 "여기저기 붙어 있어야 할 여자 나체 사진" 등에서 알 수 있듯이 더럽고 누추한 싸구려 하숙방인데 반하여, 할아버지의 양옥의 나의 방은 "갈색 베니어"로 된 높은 천장, "하얀 회가 발라진" 깨끗한 벽에서 알 수 있듯이 나에게는 전혀 낯선 "병원처럼 깨끗한" 고급 하숙방이다.

특히 벽에 쓰여진 "창신동에 사는 사람들은 모두 개새끼들이외다"라는 낙서는 전자의 세계에 대한 징표가 된다. 다분히 자조적인 이 낙서는 절망적인 창신동 사람들의 삶의 모습을 역력히 보여주고 있다. "그 어떤 사람이 그 낙서를 하지 않았더라면 아마 내가 했을지도 모른다"는 '나'의 생각에서 알 수 있듯이, 그것이 창신동에 사는 모든 사람들의 삶을 대변하고 있기 때문이다. 여기서 사는 사람들은 막노동자나 창녀와 같이 "교과서의 직업목록 속에서는 찾아볼 수 없는" 직업의 소유자들이다. 그들은 모두가 "이 넓은 세계 속에서 더럽기 짝이 없는 이 방만을 차지할 수밖에 없"다는 자기혐오와 절망감에 시달리고 있는 것이다.

반면 할아버지의 양옥에 사는 사람들은 조금의 틈도 없이 짜인 생활의 틀 속에서 산다. 이들에게는 기상 시간과 식사 시간, 취침 시간은 물론이고 라디오 청취 시간과 피아노 치는 시간, 공부하는 시간까지 정해져 있으며, 심지어 식구들끼리 잡담하는 시간과 보리차 마시는 시간까지 정해져 있다. 여기서 며느리의 '엘리제를 위하여'는, '나'로 하여금 창신동이 아니라 양옥에 있다는 사실을 각성시켜 준다는 점에서 할아버지의 양옥의 징표가 된다. 할아버지는 피아노 소리를 무척 싫어했지만, 며느리로 하여금 네 시가 되면 피아노를 치도록 배려하였다. 여학교 시절에 피아노를 배웠다는 며느리의 손가락을 굳게 하는 것은 그의 '교양'이 도저히 허락하지 않았던 것이다.

창신동과 양옥의 대립적 이미지는 각각 더러움/깨끗함, 가난함/부유함, 무교양/교양 등을 의미하는데, 이러한 분절적 경계는 할아버지의 이념적 틀에 의해 더욱 분명하게 규정된다. 할아버지의 이념적 틀은 한마디로 '규칙적인 생활 제일주의'로 요약될 수 있다. 그는 6·25 이후 가정이 파괴되었기 때문에 질서정신에 입각해서 각 가정은 새로운 가풍을 만들어야 된다고 한다. 결국 창신동과 양옥의 대립적 이미지는 할아버지의 이념에 의해 무질서/질서의 의미를 지니게 되는데, 그 저변에는 전쟁의 상처라는 역사적 의미가 갈려 있다. 여기서 전쟁의 상처가 직접적으로 작용하는 것은 아니다. 창신동이든 양옥이든 전쟁의 상처는 이미 내면화되고, 문제는 그 극복에 대한 인식을 가지느냐 안 가지느냐에 있기 때문이다.

창신동과 양옥의 두 방은 당대 우리 사회의 명암을 그대로 보여준다. 창신동의 풍경이 그 음화(陰畵)에 해당한다면 양옥의 모습은 그 양화(陽畵)에 해당하는 것이다. 전자에 속한 사람들이 전후의 정신적 무질서의 연장선상에서 좌절하고 있다면, 후자에 속한 사람들은 이제 전쟁의 상처를 온전히 딛고 생활의 수준에서 극복하고자 하는 열망을 지니고 있다. 후자가 일반적인 의미에서 건전하고 긍정적인 것임에도 불구하고 그것은 서술자 '나'에 의해 부인되기에 이른다. 이때 이러한 명암이 역전될 수 있다는 점에서 이 소설은 역설적이다.

> 그러나 그 어느 지점이 무한하게 먼 곳에 있을 때도 우리는 그들이 거리를 단축시키고 있다고 생각할 수 있을까? 더구나 나로 하여금 기타 켜는 시간의 제약까지를 주어가면서 말이다. 차라리 이 사람들의 태도야말로 자신들은 걷고 있다고 믿으면서 사실은 매일매일 제자리걸음을 하고 있는 바로 그것이 아닐까. 빈민가에 살던 사람들의 그 끝없는 공전(空轉) 같아 뵈던 생활이 이곳보다는 더 알찬 것이 아니었을까. 이것이 나의 감정이었다. 그래서 마침내 어느 쪽인가 한편이 틀려 있다는 생각이 나를 몹시 짓누르기 시작했다. 본질적으로는 두 쪽이 같지 않느냐는 의문

> 이 나의 내부에 솟아나오기도 했지만 그보다 더 강한 힘으로 나를 끌고 가는 <어느 쪽인가 한편이 틀려 있다>라는 집념은 어디서 나온 것인지 나로서는 알 수 없었다. 그리고 마침내 그것은 발전하여, 미리 그러기로 되어 있었다는 듯이 나는 이 양옥의 식구들 생활을 빈껍데기에 비유하고 있었다. 빈껍데기의 생활, 아니라면 적어도 방향이 틀린 생활, 습관적인 생활에 불과하다는 생각이 나를 끌고 갔다. 이 순간에 나는 꼭 무슨 행동을 해야 만 할 것 같았다. 그리고 내가 한 행동이 누군가 좀 현명하고 인간을 잘 아는 사람에 의해서 심판 받았으면 좋겠다고 생각했다.5)

할아버지의 이념은 표면적으로만 가치를 지닐 뿐 진정한 삶의 의미를 확보하고 있지 못하다. 이것은 '나'의 기타를 통해 여실히 드러난다. '나'의 기타란 "절망감이 마루 끝에도 마당가운데서도 방마다에도 차서 감돌던 창신동의 그 집에서는 식구들에게 그들이 오래 전에 잃어버렸던 형체 없은 감동 같은 것을 조금씩은 깨우치고 영혼의 안정에 얼마간은 공헌할 수 있었던" 것이다. 그것은 말하자면 비록 고급 연주는 아닐지라도 삶의 진정성을 일깨우는 청량제와 같은 것이다. 하지만 그것마저도 양옥집에서는 규칙적인 연주 시간을 부여받음으로써 의무를 다하듯이 울려야만 한다. '나'의 기타 역시 그 빈껍데기의 질서에 편입되고 말 위기에 처하는 것이다. 물론 '나'는 더 이상 기타를 치지 않음으로서 소극적으로나마 이러한 질서를 거부한다.

이와 달리 창신동에 사는 사람들은 비록 가난하고 누추하게 살지만 최소한의 인간적 건강성은 유지하고 있다. 전자에게 허위 욕망만이 주어져 있다면 후자에게는 정직한 욕망이 살아 있다. 양옥에 사는 사람들이 "자신들은 걷고 있다고 믿으면서 사실은 매일매일 제자리걸음을 하고 있"다

5) 김승옥, 「역사」, 『문학춘추』, 1964. 7, 225쪽.

면, 창신동에 사는 사람들의 "그 끝없는 공전(空轉) 같아 뵈던 생활이" 도리어 "더 알찬 것"처럼 느껴지는 이유가 여기에 있다. 이것은, 비록 자신이 창녀 노릇을 하는 것에 대해서 부끄럽게 여기지만 발랄한 웃음을 잃지 않고 사는 영자의 모습이나 혹독하도록 엄격하지만 깊은 애정을 지니고 있다고 여겨지는 절름발이의 자식 교육에서 잘 드러난다.

이 소설에서 비판적으로 묘사되고 있는 양옥의 질서는 기술적 합리성이 지배하는 현대 산업사회의 부정적 단면을 잘 드러낸다. 이러한 사회에서 개인은 자신을 둘러싼 세계에 대하여 무반성적이며 무비판적으로 반응하며 모든 것을 그대로 수락함으로써 체제 내로 편입되는 인간으로 변형된다. 개인은 기계적이고 몰개성적 인간이 된다. 천편일률적으로 강요된 양옥의 질서는 근본적으로 무반성적이며 무비판적인 인간들의 거주지에 불과하다. 이렇게 볼 때 창신동과 양옥의 무질서/질서의 부정적/긍정적 의미는 역전을 면할 수 없게 되는데, 그것은 결국 인간적 삶/비인간적 삶의 대립이 된다. 양옥의 질서는 초기 산업사회의 부정적 모습에 대한 은유적 음화(陰畵)가 된다.

그런데 후자에 비하면 전자가 긍정적이라고 할 수 있지만, 전자 역시 극복되어야 할 상황이라는 점에서 궁극적으로 양자 모두 부정적일 수밖에 없다. 창신동과 양옥의 의미가 천양지차임에도 불구하고 "본질적으로는 두 쪽이 같지 않느냐는 의문"은, 양자가 하나의 원인에서 발생한 상이한 결과이기 때문에 제기될 수 있는 것이다. 하지만 '나'는 "어느 쪽인가 한편이 틀려 있다"는 생각을 놓지 않는다. 문제는 어느 쪽이 바람직한가가 아니라 어느 쪽이 틀려 있는가 하는 점이다. 이 소설은 전자를 긍정하는 것이 아니라 후자에 대한 비판의 날을 세우고 있는 것이다. 이런 점에서 이 소설은 아직 본격적으로 산업사회에 진입하지는 않았지만 그 징후를 드러내고 있는 당대 우리 사회에 대한 비판적 인식을 선취하고 있다. 이러한 인식은 역사 서씨를 통해서 더욱 적절하게 이루어진다.

3. '역사'-대립 구조의 止揚

앞서 살펴보았듯이 「역사」는 일차적으로 창신동과 양옥의 다양한 대립적 이미지들에 의해 직조되어 있다. 하지만 이 소설에서 더욱 중요한 의미를 지니는 것은 역사 서씨라는 인물이다. 문제는 서씨가 이 두 개의 대립적 세계 사이에서 어떤 위치를 점유하고 있는가 하는 점에 있다.

중국인 남자와 한국인 여자 사이에 난 혼혈아인 서씨는 625 때 단신 월남하여 막노동을 하며 창신동에서 홀로 살아가는 사내다. 그의 선조들은 대대로 중국에서 이름 있는 역사들로, 그 중에는 헤아릴 수 없이 많은 장수가 있다고 한다. 그들이 가졌던 힘으로 그들은 세상을 평안하게 할 수 있었고 자신들의 영광도 차지할 수 있었다. 그 힘은 가보로서 후손에게 전해졌으며, 그것은 그들의 존재이유였고 유일한 유물이었다. 그러나 서씨에 와서 그 힘은 공사장에서 남보다 약간 더 많은 보수를 받게 하는 기능밖에 가질 수가 없게 된다. 서씨는 자신의 힘을 감춘 채 아무도 나타나지 않는 한밤중을 택해 동대문 성벽의 돌을 옮기며 그 힘이 유지되고 있음을 홀로 증명해 보일 뿐이다.

서씨는 외모나 성품부터 예사롭지 않은 모습으로 드러난다. 그의 눈은 "가난한 사람답지 않게 빛나고 있어서 차라리 보는 사람에게 열등감을 줄 정도지만 그는 그 눈으로써 상대방에게 친밀감을 나타낼 줄도 아는 사람"이다. 비범한 외모와 성품 그리고 무엇보다 상상을 초월하는 힘을 지닌 서씨는 창신동이나 양옥의 세계 어느 쪽에도 속하지 않는 인물이다. 그는 물론 '양옥'의 질서와는 전혀 다른 세계에 속하지만 그렇다고 창신동의 자기혐오나 절망감과도 거리가 멀기 때문이다. 그는 비록 가난하지만 의연하고 굳건하게 살아가고 있다.

> 그 성벽을 서씨는 마치 곡예단의 원숭이가 장대를 타고 올라가듯이

익숙하고 민첩한 솜씨로 올라갔다. 푸른 조명을 받으며 서시가 성벽을 올라가는 그 광경은 나로 하여금 신비한 나라에 와서 거대한 무대 위의 장엄한 연극을 보는 듯한 감동을 느끼게 하는 것이었다. 단 하나의 넓은 빛살이 펼쳐지고 그 빛에 의해서 풍경이 탄생하여 오만한 마음을 가진 양 흔들리지 않고 정립(定立)해 있는데 그것을 향하여 어쩌면 호소하는 듯한 어쩌면 도전하는 듯한 어쩌면 그것의 손짓에 응하는 듯한 몸짓으로 몸의 온갖 근육을 움직이며 성벽을 기어오르고 있는 그 사람은 문득 나에게 전율조차 느끼게 했다.

이윽고 서씨의 몸은 성벽의 저 너머로 사라져 버렸다. 그리고 잠시 후에 나는 더욱 놀라운 광경을 보게 되었다. 서씨가 성벽 위에 몸을 나타내고 그리고 성벽을 이루고 있는 커다란 금고만한 돌덩이를 그의 한 손에 하나씩 집어서 번쩍 자기의 머리 위로 치켜올린 것이었다. 지렛대나 도르레를 사용하지 않고서는 혹은 여러 사람이 달라붙지 않고서는 들어올릴 수 없는 무게를 가진 돌을 그는 맨손으로 들어올린 것이었다. 그는 나에게 보라는 듯이 자기가 들고 서 있는 돌을 여러 차례 흔들어 보이고 나서 방금 그 돌들이 있던 자리를 서로 바꾸어서 그 돌들을 곱게 내려놓았다.[6)]

위의 인용문에서 보이는 서씨의 행적은 사실상 현실에서 실현되었으리라고는 믿기 어려운 환상적인 것이다. 신비로운 분위기 속에서 연출되는 이러한 서씨의 모습은 기묘한 매력을 불러일으킨다. 그것은 무엇보다 그의 초월적 힘에서 비롯된다. 서씨의 힘은 한마디로 지나간 시대의 산물이다. 그것은 신화나 전설의 세계에 속하는 것이다. 그것은 합리성을 요체로 하는 현대 사회의 저편에 존재하는 주술적 세계의 잔여물이다.

---

6) 위의 글, 222쪽.

베버가 지적하듯이 근대화의 과정은 주술로부터의 탈피의 과정 즉 합리화의 과정이라 할 수 있다.[7] 이것은 진보에 대한 믿음을 바탕으로 이루어진다고 할 수 있는데, "이 사람들의 태도야말로 자신들은 걷고 있다고 믿으면서 사실은 매일매일 제자리걸음을 하고 있는 바로 그것이 아닐까"라는 '나'의 의문은 바로 이러한 진보에 대한 의문이라고 할 수 있는 것이다. '나'처럼 진보에 대해 의문을 제기할 때 서씨의 힘은 무한한 생명력을 지닌 것으로 그 의미가 되살아나는 것이다.

현대 사회는 서씨의 행적에서 볼 수 있는 주술적 세계를 현실에서 몰아내 버렸다. 이미 현실에서는 어디에도 서씨의 힘이 행사할 자리는 없다는 점에서, 그것은 근본적으로 타자의 영역에 속하는 것이다. 그것은 현실 밖의 어떤 시공간 즉 환상의 영역에서만 존재 가능한 것이다. 환상이란 현실에서 이루어질 수 없는 것에 대한 소망적 표현이다.[8] 우리 내부 어딘가에도 서씨의 힘과 같은 그 근원적 생명력이 꿈틀거리고 있으며, 우리가 때로 그것을 깊이 소망하고 있기 때문에, 그의 행적에서 기묘한 매력을 느끼게 된다고 할 수 있다. 그것은 미래적 이상보다는 근원에 대한 동경에 가깝다.

여기서 푸른 불빛에 비친 동대문의 고색창연하면서도 신비한 이미지는 그 환상적인 매력을 한층 더하게 한다. 밤의 동대문은 현실과는 전혀 다른 시공간(chronotope)[9]을 의미한다. 그곳은 현실과는 전혀 다른 차원 즉 환상적 시공간이다. 이 소설에서 동대문은 말하자면 주술적 환상의 세계로 들어가는 진입로가 되는 셈이다.[10] 또한 서씨의 행적이 밤과 술

---

7) 막스 베버, 「직업으로서의 학문」, 『직업으로서의 학문』, 이상률 역, 문예출판사, 1994, 24~29쪽 참조.

8) 프로이트, 「환상의 미래」, 『문명 속의 불만』, 김석희 역, 열린책들, 1997, 206쪽.

9) 미하일 바흐친, 「소설 속의 시간과 크로노토프의 형식」, 『장편소설과 민중 언어』, 전승희・서경희・박유미 역, 창작과비평사, 1988, 260~262쪽 참조.

10) 전래 동화의 경우 그 자체로 마법의 세계지만 환상소설의 경우 사실적인 세계와

을 매개로 그 실체를 드러낸다는 것은 매우 흥미롭다. 밤이란 정신이 의식과 무의식의 경계를 넘나드는 시간이며 술이란 괴로운 현실을 잊게 해주는 마력을 지닌 것이기 때문이다. '나'가 서씨를 만나는 곳은 언제나 밤의 술집이며 또한 그곳은 이 소설 전체에서 가장 긍정적인 공간으로 드러난다. "흙탕물 속의 기포처럼 그 어수선한 마을에서 술집만은 맑고 조용"하며, 사내들이 떠들며 얘기하고 코피를 흘리며 싸움들을 하기도 하지만 그것이 거리에서가 아니라 술집 안에서 일어나는 경우엔 맑은 것으로 보이는 것이다. 그곳은 현실적 삶의 고달픔이나 규범적 체계로부터 현저하게 물러나 있으면서 맑고 깨끗한 인간 본연의 심성을 일깨우는 곳이라고 할 수 있다.

서씨의 힘이 환상적 매력을 지니고 있지만 그것 자체로 현실적 문제에 대한 해결책을 제시하는 것은 아니다. 하지만 그것은 환상적인 것이기 때문에 현실에 대해 전복적 힘을 발휘한다.[11] 즉 직접적으로 현실에 개입하거나 힘을 행사하는 것은 아니지만 현실의 저편에 존재함으로써 현

마법적인 세계의 이중 구조로 되어 있다. 한 세계에서 다른 세계로 들어가는 방식에 대한 서사적 상상력은 다양하다. 조선시대 환몽소설들처럼 꿈이 그 통로가 되는 경우가 가장 많지만, 신비한 주문을 외거나 신령스런 짐승의 인도로 다른 세계로 들어가기도 한다. 또 동굴, 옷장, 나무상자 등이 그 통로가 되기도 하고 구슬과 같은 마법의 물건이 주인공을 다른 세계로 데리고 가기도 한다(오탁번 · 이남호, 「서사의 시공간」, 『서사문학의 이해』, 고려대학교 출판부, 1999, 94~99쪽 참조). 여기서 동대문이 말 그대로 '문'이라는 점은 매우 흥미롭다. 하지만 이 소설에서는 이 문을 통해서 다른 세계로 진입하는 것이 아니라 그 자체가 일종의 환상적 세계처럼 느껴진다는 점에서 그 구조가 환상소설이나 마법담과는 다르다.

11) 문학에서 환상은 다양한 기능을 수행하지만 그것은 근본적으로 부정적 현실에 대한 전복적 힘을 지닌다. 로즈메리 잭슨은 『환상성』의 결론 끝부분에서 다음과 같이 밝히고 있다. "자본주의에 의해 생산된 세속문학 속에서 문학적인 환상형식으로 나타난 현대의 환상물은 전복적인 문학이다. 그것은 '현실세계'의 곁에, 지배적인 문화의 중심축의 또 다른 측면에 말없는 현존으로, 침묵하고 잇는 상상적인 타자로 존재한다. 환상적인 것은 억압적이고 불충분한 것으로 경험된 질서를 구조적이고 의미론적으로 해체시키는 것을 목적으로 삼는다."(로즈메리 잭슨, 『환상성-전복의 문학』, 서강여성문학연구회 역, 문학동네, 2001, 237쪽)

실에 대한 반성적 계기를 마련한다. 그것은 '나'에 의해 실현된다. '나'는 서씨의 행적을 되새기며 "서씨가 내게 보여준 게 있다면 다소 몽상적인 의미에서의 성실이었고 그리고 그것은 이 양옥 속의 생활을 비판하는데도 필수적으로 고려돼야 하는 것이 아닌가"하고 생각한다. 서씨의 힘은 '나'로 하여금 양옥의 질서를 분쇄할 모종의 음모를 꾸미는 추진력을 제공하고 있는 것이다.

'나'는 열시 반이 되면 양옥집 식구들이 모두 모여 마시는 보리차 주전자에 흥분제를 탄다. 그리고 식구들이 불면에 시달리며 괴로워 할 것을 기대하며 대청마루에 있는 피아노를 아무렇게나 두드린다. 하지만 식구들은 전혀 동요하지 않는다. '나'의 피아노 소리를 제지한 것은 오직 할아버지 한 사람 뿐이었다. 결국 '나'의 계획은 수포로 돌아가고 만다. 이 양옥의 질서는 그렇게 쉽게 깨질 만큼 허술한 것은 아니었던 것이다. 하지만 이러한 '나'의 실패가 곧 이 소설의 실패를 의미하는 것은 아니다. 이 소설은 이러한 서씨의 환상적 힘과 '나'의 실패를 통해서 현실의 부정적 질서가 얼마나 견고한가를 잘 보여주고 있기 때문이다.12) 이 소

12) 하정일은 "서씨 이야기가 암시하는 바는 결국 소시민적 삶을 넘어서고자 하는 욕망은 내면 깊숙이 감추어진 채 현실화될 수 없다는 것이다. 소시민적 삶을 벗어나고픈 욕망이야 어느 누구에겐들 없겠는가. 문제는 그러한 욕망의 실천 여부이다. …(중략)… 서씨가 실제 현실에서 한번도 자신의 힘을 발휘하지 않는 것은 현실과 갈등 관계에 놓이지 않기 위해서이고 그런 서씨에게 소시민성을 넘어설 수 있는 어떤 가능성을 발견하기란 주인공의 기대와는 달리 무망한 노릇"(하정일, 「주체성의 복원과 성찰의 서사」, 『1960년대 문학 연구』, 깊은 샘, 1998, 29~30쪽)이라고 한다.

하지만 필자의 견해로는 이 소설에서 서씨가 현실 속에서 그 초월적 힘을 발휘한다면 그 의미는 반감되거나 무화될 것이라고 생각된다. 서씨가 현실에서 힘을 발휘해 봤자, 그것은 현실 변혁의 힘으로 드러나기보다는 도리어 기괴한 관심거리로 전락할 것이 뻔하기 때문이다. 서씨가 실제 현실에서 한번도 자신의 힘을 발휘하지 않는 것은 현실과 갈등 관계에 놓이지 않기 위해서이기도 하지만 보다 근본적으로 그의 힘이 현실 속에서는 이미 대단한 의미를 지닐 수 없기 때문이다. 그것은 도리어 현실 밖에 존재함으로써 간접적으로 현실에 힘을 행사하는 것이다.

설은, 서씨라는 환상적 인물을 통해 두 개의 대립적 세계를 지양하며 본원적 삶을 일깨우고, 무엇보다 양옥의 빈껍데기의 삶에 대한 비판적 인식을 드러내고 있는 것이다.

4. 액자구성의 의미

앞서 제기했듯이 「역사」는 전형적인 액자구성에 의해 쓰인 소설이다. 안쪽 층위에 하나의 완성된 이야기가 구성되어 있고 이를 감싸는 바깥 층위가 따로 존재한다. 내화의 서술자인 '나'는 외화에서는 또 다른 서술자 '나'에게 자신의 경험을 들려주는 젊은이가 된다. 대체로 액자소설에서 내화와 외화의 서술자가 일치하는 게 일반적인데 비해, 이 소설은 안과 밖에 각기 서로 다른 '나'라는 이중의 서술자를 설정하고 있다는 특징을 보인다. 이러한 액자구성은 다분히 작가가 의도한 문학적 장치라고 할 수 있는 것으로 특별한 효과를 겨냥한 것이라고 할 수 있다.

> 서울에서 하숙을 하고 있는 사람들은 그 수도 꽤 많지만 경우도 가지가지인 모양이다. 그 사람들이 자기가 들어 있는 하숙집에서 보고 듣고 느낀 것을 모두 얘기한다면 신기하고 놀랍고 재미있는 얘기가 헤아릴 수 없이 많겠는데, 여기 옮겨 놓은 얘기도 아마 그런 것들 중의 하나라고나 할까. 내가 언젠가 어느 공원의 벤치에 앉았다가 우연히 말을 주고받게 된, 머리털이 덥수룩한 한 젊은이에게서 들은 것으로서, 허풍도 좀 섞인 듯하고 그리고 얘기의 본질과 결론이 어긋나 있는 듯도 하지만 그런 대로 뭐랄까 상징적인 데도 있는 것 같아서 여기에 들은 그대로 옮겨 보는 것이다.[13)]

13) 김승옥, 앞의 글, 211쪽.

이 소설의 서두에 해당하는 위의 인용문에서 알 수 있듯이, 이 소설의 주요 내용을 이루고 있는 내화는, 내화의 서술자인 젊은이의 이야기를 듣고 외화의 서술자 '나'가 쓴 소설이다. 그러므로 내화가 주로 젊은이 '나'가 서술자로 등장하면서 자신의 심리적 추이를 그리고 있지만, 그것은 결국 외화의 '나'에 의해 걸러진 의식의 표백이 되는 셈이다. "여기에 들은 그대로 옮겨 보는 것"이라는 말처럼 젊은이의 이야기를 아무리 충실히 옮기고 있다고 하더라도, 그것은 결국 외화의 서술자 '나'에 의해 쓰여진 소설이기 때문이다. 물론 여기서 외화의 '나'는 작가 김승옥과는 별개인 가공의 서술자라고 할 수 있으므로 이 소설의 주요 내용을 이루고 있는 내화는 작가 김승옥으로부터 이중의 거리를 두고 전개되는 셈이다.14)

이러한 작가와 내화 사이의 거리는 몇 가지 특별한 기능을 수행하는데, 우선 주목할 문제는 외화의 서술자 '나'가 젊은이의 이야기에 대해서 다소 냉소적인 태도를 취하고 있다는 점이다. '나'는 젊은이의 이야기를 "허풍도 좀 섞인 듯하고 그리고 얘기의 본론과 결론이 어긋나 있는 듯도 하지만 그런 대로 뭐랄까 상징적인 데도 있는 것 같"다고 함으로써, 젊은이의 이야기에 대해 별로 신뢰하지 않는 태도를 보인다. 이것은 결국 젊은이의 이야기 자체에 대한 신뢰성의 문제와 관련이 있다. '나'의 이러한 태도를 통해, 작가는 서씨의 환상적인 행적의 사실성에 대해 은근히 발뺌을 하고 있는 셈이다. 서씨의 행적이 과장이라면 그것은 작가에 의한 것이 아니라 젊은이에 의한 것이 된다. 그럼으로써 독자의 불신을 사전에 차단하고 이야기 자체의 사실성 여부 자체는 아무런 의미를 가질 수

14) 김명석은 「역사」의 액자구성에 대해서 짧지만 비교적 중요한 의미를 두루 언급하고 있다. 하지만 그는 외화의 서술자를 작가 김승옥과 일치시키고 있는데, 필자의 견해로는 이것은 오류다. 소설 전체에서 파악할 때 외화의 서술자는 내화를 쓴 작가로 이해할 수 있지만, 작가 김승옥과는 또 다른 거리를 유지하는 존재이기 때문이다(김명석, 앞의 글, 352~353쪽).

없게 만든다. 따라서 서씨의 행적은 현실과 비현실 사이에서 교묘한 위치를 점유하며 환상적 의미를 유지하게 된다.[15)]

「어느 쪽이 틀려 있을까요?」

「글쎄요.」

라고 나는 대답하며 생각했다. 나로서는 얼른 믿어지지 않는 얘기다. 첫째, 그런 생활이 있을 것 같지 않고, 있다고 해도 어느 쪽이 반드시 틀렸다고 말 할 수 없고 오히려 두 쪽 다 잔혹할 뿐이라는 점에서 똑같고, 어느 쪽이 틀렸다고 해도 그것은 그 젊은이가 이질적(異質的)인 사실을 한 눈에 동시에 보아 버리려는 데서 생긴 무리(無理)겠지, 라고.

「내가 틀려 있었을까요?」

라고 그 젊은이는 다시 내게 물었다.

「글쎄요.」

라고 대답하며 다시 나는 생각했다.

그러고 보니 아무도 틀려 있는 사람은 없는 듯하다. 그렇지만 이것도 자신 있는 생각은 아니고 솔직히 말하면 나도 모르겠다. 알 수 없는 것은 다만, 젊은이가 보았다는 두 가지 생활이, 사실 내 바로 곁에서 함께 있다고 하면 나도 좀 멍청해져 버리지 않을 수 없으리라는 느낌뿐이었다.[16)]

여기서 주목할 다른 문제는, 외화가 내화와 독자 사이에서 사고의 완

---

15) 토도로프는 환상을 경이와 기괴 사이의 망설임이라고 정의한다. 경이는 초자연적인 사건을 초자연적인 것으로 납득하는 선택이며 기괴는 초자연적인 것을 자연적인 것으로 설명하는 선택이다(토도로프, 『덧없는 행복-루소론, 환상문학 서설』, 이기우 역, 한국문화사, 1996, 121~162쪽 참조). 이 소설은 서씨의 행적을 현실과 비현실 사이에 존재하게 함으로써 그 환상적 의미를 교묘하게 유지하고 있다.
16) 김승옥, 앞의 글, 227쪽.

충지대를 형성하면서 독자로 하여금 이 소설의 주요 내용을 형성하는 내화에 대해 거리를 두고 사고할 수 있게 한다는 점이다. 이 소설은 위의 장면에서 새로운 국면으로 접어든다. 소설의 내화에서, 대체로 관찰자의 위치에서 창신동과 양옥의 생활을 비판적으로 바라보던 젊은이가 외화에서는 그 모든 문제를 심각하게 자신의 것으로 받아들인다. 내화에서 양옥의 질서를 붕괴시키겠다는 젊은이의 음모가 실패로 끝나면서 이 소설의 모든 문제는 젊은이에게로 집약되고, 그것은 외화에서 새로운 차원으로 제기되는 것이다. 젊은이에게 문제는 양옥이나 창신동의 생활 중 어느 쪽이 틀렸는가 하는 점과 주전자 물에 흥분제를 탄 자신의 행동이 정당했는가에 있다. 하지만 그의 의문은 우문에 불과하다. 사실상 '나'가 말하듯 "어느 쪽이 반드시 틀렸다고 말할 수 없고 오히려 두 쪽 다 잔혹할 뿐"이기 때문이다. 문제는 그들의 삶을 규제하는 현실에 있다. 그들은 모두 현실에 대한 피해자인 셈이다. 그럼에도 불구하고 이 젊은이에게 이러한 문제들이 심각하게 인식될 수밖에 없는 이유는 그의 애매한 위치에 있다.

내화에서 젊은이는 양옥과 창신동 사이에서 애매한 위치를 점하고 있다. "이제는 돌아갈 고향도 없이 죽는 날까지 이 서울에서 내 힘으로 살아가야 한다는 절망감"을 느끼고 있는 것처럼, 그의 경제적 조건은 창신동에 속하지만 희곡 작가로서 가지는 지적 능력은 근본적으로 창신동에 속하는 것은 아니다. 그는 서씨의 힘의 의미를 제대로 파악할 줄 알고, 창신동의 삶에 연민을 느끼며, 양옥의 질서의 문제점에 대해 비판적 인식을 지닐 줄도 알지만, 어느 한편으로 끊임없이 양옥의 질서에 편입하고자 하는 "안주(安住)에의 동경"을 의식한다. 그는 두 세계 사이에서 갈등하며 고민하는 존재이다. 이러한 그의 갈등에는 정당한 부정적 태도 혹은 반성적 시각이 내재해 있다고 할 수 있다. 그가 '나'에게 들려 준 이야기 속에는 이미 자신과 현실에 대한 성찰이 담겨 있기 때문이다.

마지막으로 제기할 문제는, 외화의 서술자 '나'가 젊은이의 질문에 대해서 모호한 태도를 취한다는 점이다. 젊은이는 자신이 겪은 사건에 대해 심각하게 생각하고 있으며 특히 자신의 행동의 정당성에 대해서 의문을 제기하면서 '나'에게 그 답을 구하고자 하지만, '나'는 이에 대해 "글쎄요"라는 애매한 대답을 말할 뿐이다. '나'는 마치 젊은이의 이야기를 들어주는 것으로 모든 임무가 끝났다는 듯이 무관심한 태도를 보인다. 여기에는 궁극적으로 문제에 대한 해답을 독자의 몫으로 남겨두겠다는 작가의 의도가 담겨 있다고 말할 수 있다. 독자는 '나'의 내면적 독백에서 '나'의 생각을 약간 짐작할 수는 있지만 그것 역시 애매하기는 마찬가지이다. 굳이 해답을 구하자면 양옥과 창신동의 삶이 그렇듯이 젊은이의 삶도 역시 잔혹할 뿐이라고 말할 수 있을 것이다.

결국 이 소설은 많은 문제들을 독자에게 제시하면서 그 답 또한 독자에게 남겨두고 있다. 하지만 이것은 비단 「역사」만의 문제는 아니다. 김승옥 스스로가 '소설은 질문의 형식'[17]이라고 말하듯이 그의 소설은 대체로 그러하며 문학의 역할 자체가 그러한 것이라고 할 수도 있을 것이다. 성급한 해답이 거짓일 가능성이 높은 반면 현실에 대한 성실한 질문은 곧 현실에 대한 반성과 비판의 시각을 제시하고 그것은 결국 일종의 해답을 내포한다고 할 수 있기 때문이다.

5. 결론

이상에서 살펴 본 바와 같이 「역사」는 창신동의 빈민가와 할아버지의 양옥이라는 공간의 대립적 구조를 바탕으로 직조되어 있는 소설이다. 양

17) 김승옥 · 주인석, 「그를 만나게 되다니-김승옥과의 만남」, 『김승옥소설전집』 4, 문학동네, 1995, 314쪽.

자의 대립은 무질서/질서를 의미하는데, 여기에는 전쟁의 상처라는 역사적 의미가 간접적으로 투영되어 있다. 특히 문제가 되는 것은 후자인데, 양옥의 질서란 전쟁의 상처를 온전히 딛고 생활의 수준에서 극복하고자 하는 열망의 표현으로서, 그것은 결국 천편일률적으로 강요된 초기 산업사회의 부정적 질서를 의미하는 것이기 때문이다. 그것은 근본적으로 무반성적이며 무비판적인 인간들의 거주지에 불과하다. 하지만 전자 역시 극복되어야 할 것이라는 점에서 온전히 긍정적인 것은 아니다.

이러한 대립 관계에서 서씨라는 인물은 매우 중요한 의미를 지닌다. 그의 중요성은 그의 힘에 있는데, 그것은 합리성을 요체로 하는 현대사회의 저편에 존재하는 주술적 세계의 잔여물이다. 진보를 바탕으로 하는 합리성에 대해 의문을 제기할 때, 그것은 무한한 생명력을 지니는 것이 된다. 그런데 그의 힘이 현실 밖의 어떤 시공간 즉 환상의 영역에서만 존재 가능한 것이라는 점에서, 이 소설은 환상적 요소가 상당히 중요한 역할을 담당하는 작품이다. 이런 점에서 본다면 이 소설의 시공간은 '현실(양옥/창신동)//환상(동대문)'이라는 겹 이중 구조를 지닌다고 할 수 있다. 결국 서씨의 힘은 동대문으로 표상되는 환상의 영역에 속하는 것으로, 그것은 양옥과 창신동으로 표상되는 현실의 대립적 세계를 지양하며 본원적 삶을 일깨운다. 특히 그것은 양옥의 빈껍데기의 삶에 대한 비판의 계기를 마련한다는 중요한 의미를 지닌다.

또한 이 소설은 전형적인 액자구성으로 이루어진 소설이라고 할 수 있는데, 그것은 세 가지 중요한 기능을 한다. 첫째, 이 소설의 주요 내용을 이루고 있는 내화와 작가 사이에 이중의 거리를 형성함으로써, 서씨의 행적의 환상적 의미를 유지한다. 둘째 외화가 내화와 독자 사이에서 사고의 완충지대를 형성하면서, 독자로 하여금 이 소설의 주요 내용을 형성하는 내화에 대해 거리를 두고 사고할 수 있게 한다. 셋째, 외화의 서술자 '나'가 젊은이의 질문에 대해 모호한 태도를 취함으로써 궁극적으로 문제에 대한 해답을 독자의 몫으로 남겨두고 있다.

「역사」는 궁극적으로 아직 본격적으로 산업사회에 진입하지는 않았지만 그 징후를 드러내고 있는 당대 우리 사회에 대한 비판적 인식을 선취하고 있다. 그런데 그 바탕에 여전히 전쟁의 상흔이 깔려 있다는 점에서 이 소설은 김승옥 소설에서 독특한 지위를 차지한다. 이 소설 이전에 김승옥은, 「생명연습」에서 전후 암울한 분위기와 그 속에서 싹트는 자기세계를 집요하게 다루고 있으며, 「乾」에서 빨치산의 죽음을 둘러싸고 벌어지는 사건을 겪는 성장기 소년을 통해 개인 윤리의 문제를 예리하게 포착하고 있다. 이후 「무진기행」, 「서울 1964년 겨울」 등에 이르러서는 전쟁의 그림자가 완전히 걷히고 김승옥 소설은 본격적으로 현대인의 정신적 위기를 첨예하게 드러내게 되는 것이다.

김승옥 소설에 있어서 「역사」는 일종의 매듭과 같은 작품이다. 그의 소설을 '소시민 의식이 팽배해 있는 60년대 한국에서 하나의 정직한 문학적 기록으로, 소시민 의식의 한계를 한계로 제시하는 데 어느 정도 성공한 문학'[18]이라거나 "이제 한국 사회가 전쟁의 후유증에서 벗어나 자본주의라는 새로운 단계로 진입했음을 말해주는 동시에 자본주의화가 초래할 역기능에 대한 날카로운 비판적 감각을 보여준다"[19]고 평가할 수 있다면, 그러한 평가의 근거는 사실상 「역사」 이후에 뚜렷이 드러나는 것이다. 김승옥은 이 작품을 통해서 전쟁의 분위기에서 완전히 탈피해 오늘날까지 이어지는 현대사회의 문제를 그의 소설 한 복판에서 본격적으로 문제화하기에 이르는 것이다.

---

18) 백낙청, 앞의 글, 501쪽.
19) 하정일, 앞의 글, 29쪽.

참고문헌

1. 1차 자료

김승옥. 「역사」. 『문학춘추』. 1964. 7.
______. 「생명연습」. 『서울1964년 겨울』. 창우사, 1966.
______. 「乾」. 『청맥』. 1965. 3.
______. 「역사」. 『문학춘추』. 1964. 7.
______. 「무진기행」. 『사상계』. 1964. 10.
______. 「서울 1964년 겨울」. 『사상계』. 1965. 6.
______. 「다산성」. 『김승옥』. 양우당, 1987.
______. 「60년대식」. 『내가 훔친 여름 · 육십년대식』. 삼성출판사, 1972.
______. 「야행」. 『월간중앙』. 1969. 1.

2. 2차 자료

1) 평론 및 논문

김명석. 「일상성의 경험과 탈출의 미학」. 『1960년대 문학연구』. 깊은샘, 1998.
김주연. 「새세대 문학의 성립」. 『아세아』 창간호. 1968.
김치수. 「반속주의 문학과 그 전통」. 『한국문학의 공간』. 열화당, 1976.
백낙청. 「시민문학론」. 『창작과비평』. 창작과비평사, 1969. 여름.
송하춘. 「1950년대 한국 소설의 형성」. 『1950년대의 소설가들』. 나남, 1994.
유종호. 「김승옥론-무진기행을 중심으로」. 『신문학60년대표작전집』 5. 정음사, 1968.
이태동. 「자아의 시선과 미망의 여로」. 『부조리와 인간의식』. 문예출판사, 1981.
이호규. 「소통 회복 지향의 일상적 주체」. 『작가연구』 6. 새미, 1998.
천이두. 「아웃사이더 독백의 미학-김승옥의 <역사>」. 『한국현대소설』. 형설출판사, 1969.
하정일. 「주체성의 복원과 성찰의 서사」. 『1960년대 문학 연구』. 깊은 샘, 1998.

지그문트 프로이트.「환상의 미래」.『문명 속의 불만』. 김석희 역. 열린책들, 1997.
막스 베버.「직업으로서의 학문」.『직업으로서의 학문』. 이상률 역, 문예출판사, 1994.

2) 단행본

오탁번・이남호.『서사문학의 이해』. 고려대학교 출판부, 1999.
미하일 바흐친.『장편소설과 민중 언어』. 전승희・서경희・박유미 역. 창작과비평사, 1988.
로즈메리 잭슨.『환상성-전복의 문학』. 서강여성문학연구회 역. 문학동네, 2001.
토도로프.『덧없는 행복-루소론, 환상문학 서설』. 이기우 역. 한국문화사, 1996.

3) 기타

김승옥・주인석.「그를 만나게 되다니-김승옥과의 만남」.『김승옥소설전집』, 4. 문학동네, 1995.

김승옥 소설의 죽음 연구

- 프로이트의 정신분석적 관점에서 -

1. 서론

전통적으로 죽음은 호흡과 심장 박동의 정지를 의미한다. 하지만 최근 의학계에서는 뇌의 작용이 멈추는 것, 즉 뇌사를 죽음으로 봐야한다는 견해를 표명하기도 한다.[1] 어떠한 기준을 적용하는가에 따라 죽음에 대한 판별은 달라질 수 있으며, 이에 따라 그 의미도 달라진다. 문학을 포함하는 인문학에서 죽음은 그 자체로 다루어질 수 없다. 레비나스가 말하듯, 그것은 언제나 미래적인 것이며 절대적 타자성을 지닌 미지의 것이기 때문이다.[2] 그 자체로 죽음은 우리의 인지의 한계를 넘어서는 '저편'에 속하는 것이다. 따라서 문학에서 죽음은 인식의 차원에서 다루어야 할 문제이다.

무의식의 작용에 근거한다는 점에서 정신분석학에서의 죽음은 인식의

1) 구인회, 「죽음의 정의와 기준에 대한 고찰」, 『삶과 죽음의 철학』, 민음사, 2003 참조.

2) 레비나스, 『시간과 타자』, 강영안 역, 문예출판사, 1996, 73~102쪽 참조.

차원을 넘나든다. 정신분석학은, 죽음을 대하는 태도는 원시인이나 문명인이나 큰 차이가 없다고 한다. 원시인은 아무도 자신의 죽음을 믿지 않아 자신의 불멸을 확신한다. 원시인 사고의 후예인 무의식의 차원에서 볼 때, 오늘날도 인간은 여전히 누구나 자신의 불멸을 확신한다. 오직 타인의 죽음을 경험하고 인정할 뿐이며 심지어 타인이 죽기를 바란다. 가까운 사람의 죽음에 대해서는 양가감정이 나타난다. 비록 사랑하는 사람일지라도 그는 어쨌든 타인이기 때문이다. 이러한 양가감정은 적에게까지 확대되어 타인의 죽음에 대한 보편적인 무의식적 심리 구조를 드러낸다.[3]

정신분석학에서 죽음은 두 가지 차원에서 생각할 수 있다. 그 하나는 거세이며 다른 하나는 죽음의 본능이다. 프로이트에 의하면 죽음에 대응되는 무의식적 상관물은 발견할 수 없다. 죽음은 부정적 내용을 가진 추상적 개념인데, 무의식에는 부정 개념이 없기 때문이다. 인간이 느끼는 죽음에 대한 공포는 죽음 자체에 대한 것이 아니다. 그것은 자아와 초자아 사이에 일어나는 것이다. 죽음에 대한 공포는 거세 위협의 산물이다.[4] 1920년 이후 프로이트는 삶의 본능과 죽음의 본능 개념을 수립한다. 모든 생명체는 근원적인 두 가지 본능의 지배를 받는다는 것이다. 살아 있는 유기체를 더 큰 단위로 뭉치게 하려는 삶의 본능과 살아 있는 것을 비유기적 상태로 돌리려는 죽음의 본능이 그것이다. 이 두 본능의 통합 작용과 대립 작용에 의해 다양한 생명 현상이 생겨나고, 모든 생명체는 종국에는 죽음에 이르게 된다.[5][6]

---

3) 프로이트, 「전쟁과 죽음에 관한 고찰」, 『문명 속의 불만』, 김석희 역, 열린책들, 1997 참조.

4) 프로이트, 「자아와 이드」, 『쾌락원칙을 넘어서』, 박찬부 역, 열린책들, 1997, 155~157쪽 참조.

5) 프로이트, 「불안과 본능적 삶」, 『새로운 정신분석 강의』, 임홍빈·정혜경 역, 열린책들, 1996 참조.

본고의 목적은 정신분석학적 차원에서 김승옥 소설이 지니는 죽음의 의미를 탐구하는데 있다. 따라서 여기서 다루는 죽음이란 생물학적 혹은 의학적 의미에서의 죽음을 지칭하는 것이 아니다. 위에서 언급한 두 가지 차원 즉 거세 위협과 죽음의 본능의 차원에서 각각 「생명연습」과 「무진기행」을 다룰 것이다. 그리고 거세 위협의 연장선상에서 「서울의 달빛 0장」을 살펴보기로 한다. 여기에서는 특히 '두려운 낯설음'(Das Unheimliche)의 개념이 중요한 의미를 지니게 될 것이다.

2. 「생명연습」-거세 콤플렉스

앞서 제기 했듯이 프로이트에 의하면 죽음에 대응되는 무의식적 상관물은 발견할 수 없다. 죽음의 공포는 자아와 초자아 사이에 일어나는 것이며, 그것은 거세 위협의 산물이다. 정신분석에서 거세의 개념은 남자의 성기를 잘라낸다는 일반적인 의미가 아니라, 다섯 살 정도의 남자 아이가 미래의 성적 정체성을 세워가는 데 있어 무의식적으로 겪는 복잡한 심리 경험을 지칭한다. 유아적 자아는 어머니에게 스스로 남근이기 때문에, 거세는 그에게 존재론적 위기 즉 죽음을 의미한다. 유아적 자아는 어

6) 프로이트는 동물들의 타고난 본능을 가리킬 때 Instinkt라는 용어를 사용하고 인간에 대해서는 Trieb을 사용했다. 영어권에 압도적인 영향을 미친 제임스 스트라치가 번역한 영문 표준판 전집에서는 영어에 Trieb에 해당하는 용어가 없어서 이를 Instinct로 번역했으나, 이에 대한 문제가 끊임없이 제기되어 왔다. 그래서 이를 Drive로 바꾸어 사용하기도 한다. 이에 따라 최근 우리나라에서도 Trieb을 '욕동'으로 번역하기도 한다(브루노 베텔하임, 「본능이 아닌 욕동」, 『프로이드와 인간의 영혼』, 김종주 김아영 역, 하나의학사, 2001, 163～174쪽 참조). 용어에 대한 논란의 여지가 있으나, 위의 전제를 감안하여 이 논문에서는 Trieb에 대해서 상황에 따라 본능 혹은 충동이라는 용어를 사용하기로 한다. 추상적이고 일반적인 의미로 쓰일 때 '본능'을, 개별적인 의미로 쓰일 때 '충동'을 쓰게 될 것이다.

머니에 대한 애정과 자신의 유아적 남근 사이에서 갈등한다. 일반적인 경우 아버지의 법을 수락함으로써 어머니에 대한 애정을 포기하고 자신의 남근을 선택한다. 그러나 거세 콤플렉스는 단순히 생애 어느 한 시점에 국한된 경험만은 아니다. 오히려 무의식적인 거세 경험은 살아가는 동안 끊임없이 회귀되며 성인 환자의 정신분석적 치유의 과정에서 재연된다는 특징을 지닌다.[7)]

「생명연습」은 이러한 거세 콤플렉스가 소설 전체의 배면에 깔려 있는 소설이다. 우선 이 소설의 주인공 '나'의 어린 시절의 기억, 그 중 특히 부흥회를 주관하러 온 전도사에 대한 삽화가 주목된다. 부흥회를 주관하러 온 전도사는 나이 스물인가 되던 어느 해에 손수 자신의 생식기를 잘라버리신 분이라고 한다. 이것은 그야말로 실제적인 거세이다. 그가 자신의 생식기를 자른 이유가 "오직 하나님이 그렇게 하라고 시켜서"라는 점은 흥미롭다. 하나님이란 다름 아니라 아버지에 대응되는 무의식적 대리표상이기 때문이다. 하지만 이러한 일이 물리적 실재로 드러날 때, 그것은 매우 기괴하거나 흥미로운 사건이 될 뿐이다. 누나는 망측한 전도사라고 욕을 퍼붓고 깔깔거리며 웃어댄다. 늘 심각하던 형이나 어머니에게조차도 이 사건은 단지 단순한 흥미 거리가 될 뿐이다. 나 역시 이를 그리 심각하게 받아들이지는 않는다.

그런데 여기서 더욱 흥미로운 점은 부흥회 밤에 이 전도사를 대하는 '나'의 태도이다. 다음은 '나'가 어린 시절 부흥회에 갔던 기억을 회상하는 대목이다.

> 저 사람이, 도대체 저 사람이 손수 칼로 자기의 생식기를 잘라내 버렸을까하고 나뿐만 아니라 어른들도 못 믿겠다는 눈치였다. …(중략)… 하나님을 위해서 아니 성령(聖靈)을 받고 그랬다는 것이 아닌가. 내게도 성

7) 다비드 나지오, 「거세」, 『정신분석학의 7가지 개념』, 표원경 역, 백의, 1999 참조.

> 령이 찾아오는 순간이 있어 나 스스로의 목이라도 잘라버려야 할 경우가 있을 지도 모를 일이라는 생각이 문득 들었다. 그러자 소름이 돋기 시작했다. 땀과 노래와 노래박자에 맞추어 치는 손뼉소리가 미친 듯이 날뛰다가 가끔 딱 그치고 갑자기 고요한 침묵의 시간이 생기곤 했는데 그런 때엔 나는 나지막이 들려오는 파도의 찰싹거리는 소리가 못 견디게 그리웠고 오늘밤 여기 온 것이 그리고 앞자리를 차지한 것이 어찌나 후회되던지 자꾸 혀만 깨물었다.
>
> 그 악몽과 같은 부흥회의 밤이 지나자 나는 살아나는 듯했다. 그날 밤처럼 땀을 흠씬 흘려 본 때가 그 전엔 없었을 것이다. 그 후로도, 사랑하는 형제여, 라고 부르짖던 전도사의 쉰 목소리가 귓가에 되살아올 때면 나는 등에 땀이 주르륵 흘러내림을 느꼈던 것이다.[8)]

'나'는 부흥회 밤이 되자, 이 전도사를 보고 낮과는 다르게 매우 신경증적인 반응을 보인다. 소름이 돋는다든지, 부흥회 앞자리에 앉은 것을 후회해 자꾸 혀만 깨물었다든지, 그날 밤처럼 땀을 흠씬 흘려 본 때가 그 전엔 없었을 것이라는 표현은 그의 심리적 불안을 그대로 드러낸다. 그리고 "그 후로도, 사랑하는 형제여, 라고 부르짖던 전도사의 쉰 목소리가 귓가에 되살아올 때면 등에 땀이 주르륵 흘러내림을 느꼈"다는 표현은, 이 상황이 '나'에게 정신적으로 얼마나 충격적이었는지를 잘 말해 준다. 일반적 상황으로 이는 납득하기 어렵다. 이는 부흥회에 오기 전에 보였던 그의 태도와 비교하면 너무나 모순적이기 때문이다.

'나'는 이 전도사를 보고 "내게도 성령이 찾아오는 순간이 있어 나 스스로의 목이라도 잘라버려야 할 경우가 있을 지도 모를 일이라는 생각이 문득 들었다"고 한다. 목을 자른다는 것은 죽음을 의미하는 것이기도 하

---

8) 김승옥, 「생명연습」, 『김승옥 소설 전집』 1, 문학동네, 1995, 22~23쪽.

지만, 거세에 대한 상징이기도 하다.[9] 더욱이 이러한 생각이 '문득'들었던 것은 무의식적 사고가 의식으로 잠깐 떠오르는 순간을 의미한다고 생각할 수 있다. 여기서 밤 자체도 그렇지만 특히 이 부흥회의 분위기는 그가 이러한 신경증적 태도를 보이는데 일조했다고 추측된다. 그것은 그가 말하듯이 "땀과 노래와 노래박자에 맞추어 치는 손뼉소리가 미친 듯이 날뛰다가 가끔 딱 그치고 갑자기 고요한 침묵의 시간이 생기곤"하는 상황이었던 것이다. 이는 말하자면 정신적 황홀경 혹은 광란의 상황이라고 말할 수 있다. 결국 여기서 '나'가 느끼는 신경증적 반응은 거세에 대한 무의식적 공포를 의미한다. '나'는 전도사를 바라보고 그를 자신과 동일시하며, 거세 위협이라는 유아적 경험을 되새기게 된 것이다. 여기서 "그 악몽과 같은 부흥회의 밤이 지나자 살아나는 듯했다"는 말은, 거세라는 죽음의 공포로부터 되살아왔다는 것을 뜻한다.

이 소설에서 '나'의 기억에서 지배적인 사건은 대체로 어머니와 형 사이의 갈등을 둘러싸고 벌어진다. 어머니의 외도와 형의 패륜(어머니를 때린다) 사이에서 나는 갈등한다. 어머니를 죽이자는 형의 제안에 대해서, 형을 죽이기로 결정함으로써 '나'는 결국 어머니의 편에 선다. 이러한 사건 뒤에는 복합적인 오이디푸스적 삼각구도가 깔려 있는 것으로 보인다. 아버지-어머니-유아적 자아라는 기본적 삼각구도는 아버지의 부재로 말미암아 외간남자-어머니-형이라는 표면적 삼각구도를 이루지만, 그 이면에는 형-어머니-'나'라는 삼각구도의 그림자가 깔려 있다. 나의 입장에서 볼 때, 형은 아버지의 자리에 놓인다.

> 누나와 나는 그 다음날 저녁, 등대가 있는 낭떠러지에서 밤 파도가 으르렁대는 파도에서 형을 떠밀었다. 우리는 결국 형 쪽을 택한 것이었다.

---

9) 대머리, 머리 자르는 것, 이가 빠지는 것, 목을 베는 것은 거세의 상징적 묘사가 된다(프로이트, 「꿈 작업」, 『꿈의 해석』, 김인순 역, 열린책들, 1997, 457쪽).

> 미친 듯이 뛰어서 돌아오는 우리의 귓전에서 갯바람이 윙윙댔다. 얼마든지 형을, 어머니를 그리고 우리들을 저주해도 모자랐다. 집으로 돌아와서 불을 켜자 비로소 야릇한 평안을 맛볼 수 있었다.
>
> 그리고 얼마 있지 않아서였다. 판자문을 삐걱거리며 열고 물에 흠씬 젖은 형이 살아서 돌아온 것이다. 우리의 눈동자는 확대된 채 얼어붙어 버렸다. 형은 단 한 마디 흐흥 귀여운 것들, 해놓고 삐걱거리면 다락방으로 올라갔다. 그리고 사흘 있다가, 등대가 있는 낭떠러지에서 스스로 몸을 던져 죽은 것이었다. 나와 누나의 눈에는 감사의 눈물이 번쩍이고 있었다.10)

위의 인용문에서 보듯이 형을 바다로 떠밀어 죽이려고 하지만 형은 살아 돌아온다. 그리고 스스로 목숨을 던진다. 여기서 '나'가 형의 죽음을 바라고 있었다는 사실이 은근히 드러난다. 형을 물에 빠뜨리고 집으로 돌아와서 "야릇한 평안을 맛볼 수 있었"던 이유가 여기에 있다. 그리고 형의 죽음에 대해 흘리는 '감사의 눈물'은 이러한 의미를 더욱 잘 보여준다. 물론 어머니의 죽음을 대신한 형의 죽음은 '나'에게 다행한 일일 수도 있다. 형이 죽음으로 해서 어쨌든 가정의 갈등은 해소될 수 있기 때문이다. 하지만 그것이 감사의 눈물을 흘릴 정도의 일일 수는 없는 일이다. 형이 어디론가 사라져 주기를 바랄 수는 있어도, 그가 정말 죽었다는 사실에 감사한다는 것은 상식적으로 납득하기 어렵다. 결국 형의 죽음은 부친 살해 충동의 표현이라고 할 수 있다. 전도사를 바라보고 죽음의 두려움에 휩싸이는 것은 바로 이러한 형과 어머니와의 관계에서 기인하는 것이다. '야릇한 평안'이란 단순히 가정사의 갈등의 해소에 대한 안심이라기보다 어머니와 누이에 대한 경쟁자를 몰아낸 데 대한 유아적 자아의

---

10) 앞의 글, 43쪽.

승리감인 셈이다.

나는 자신이 이러한 무의식적 충동에 대해서 스스로 깊은 죄책감을 가지고 있다. 부친 살해 충동이야말로 죄책감 혹은 윤리의식의 근원이 된다는 점을 고려할 때, 이 소설의 핵심적 주제라고 할 수 있는 '자기 세계'의 의미는 새로운 해석의 가능성이 열린다. 그것은 오이디푸스적 갈등을 겪고 잠재기를 거쳐 온전히 사회로 진입하는 주체 형성의 과정을 의미한다고 할 수 있다. 그렇다면 이 소설에서 중요하게 다루어지고 있는 '극기(克己)'란, 자신을 죽이고서 또 다른 자기로 탄생하는 과정이라 할 수 있다. 거세 위협을 통해 자신의 일부분을 사상(捨象)시켜야만 온전히 주체는 성립된다. 이는 죽음과 재생에 비유될 수 있다. 그 사상된 부분은 초자아의 근원이 된다.

자를 대고 그은 직선을 바라보며 '윤리의 위기'나 '죄의식'을 느끼는 만화로 일가를 이룬 오선생의 감정의 배면에는 이러한 초자아의 작용이 깔려있다. 말하자면 그 심층을 따라가면 목숨을 건 투쟁 혹은 목숨에 대한 위협이 드리워져 있다고 할 수 있다. 그것은 위반하고 싶은 충동과 위반해서는 안 되는 규범 사이의 위기이다. 이 소설의 처음 등장하는 눈썹을 밀어버린 학생이나 사랑하는 사람을 범하고 유학을 떠난 한 교수의 고뇌 역시 이러한 차원에서 이해할 수 있다. 이런 점에서 이 소설의 기이한 제목 「생명연습」의 의미에 대해서도 해명이 된다. 그것은 유아기 자아가 거세 위협을 극복하고 하나의 주체로 자라나는 과정을 의미한다고 할 수 있다.

3. 「무진기행」-모태 회귀 혹은 죽음의 본능

죽음의 본능은 과거의 것을 영원히 되풀이하려는 본능의 보수적 성격을 드러낸다. 그것은 이전의 상태를 복원하려는 퇴행적 성격을 지닌다. 본능충동이 외부의 거센 장애물에 직면했을 때 발달의 전 단계로 돌아가는 것을 퇴행이라고 한다.[11] 자아는 과거로의 회귀를 통해 외부의 자극을 회피함으로써 긴장의 소멸을 꾀하는 것이다. 퇴행의 끝에는 무기물이 있다. 모든 생명체는 원래 무기물이었으므로 다시 무기물로 돌아가고자 하는 것이다. 무기물은 자극의 제로 상태이다. 따라서 모든 생명체의 목적은 자극의 적멸(寂滅) 상태 즉 죽음에 있다고 할 수 있다.[12]

프로이트가 여러 편의 글에서 제기한 모태 회귀에 대한 열망 역시 이러한 죽음의 충동의 차원에서 이해할 수 있다. 프로이트는 다리의 상징에 대해 설명하는 글에서 "다리는 이쪽(아직 세상에 태어나기 전의 상태, 어머니의 모태)에서 저쪽(생명)으로의 통과이며, 또 사람들이 죽음을 어머니의 모태(물)속으로의 회귀로 상상할 때, 다리는 죽음으로의 이전이라는 의미까지도 갖게 되는 것"[13]이라고 말한다. 따라서 모태 회귀는, 무기물이 됨으로써 자극의 적멸 상태에까지 도달하는 것은 아니지만, 그에 상응하는 평안의 상태를 의미한다고 볼 수 있다. 물론 이것은 실재적인 의미를 지닌다기보다는 긴장의 소멸을 통하여 처할 수 있는 절대적 안정 상태에 대한 무의식적 소망을 의미한다.[14]

「무진기행」은 이러한 퇴행의 심리적 메커니즘이 잘 드러나는 소설이다. 희중이 "서울에서의 실패로부터 도망을 할 때거나 하여튼 새 출발이 필요할 때" 돌아가는 곳이라는 점에서, 서울이 현실적 공간이라면 무진

11) 프로이트, 「발달과 퇴행의 관점들: 병인론」, 『정신분석 강의』, 임홍빈 · 홍혜경 역, 열린책들, 1997, 485쪽.

12) 프로이트, 「쾌락원칙을 넘어서」, 『쾌락원칙을 넘어서』, 47~89쪽 참조.

13) 프로이트, 「꿈 이론의 수정」, 『새로운 정신분석 강의』, 임홍빈 · 홍혜경 역, 열린책들, 1996, 37쪽.

14) 프로이트는 어머니의 모태로의 회귀를 열망하는 빈번한 환상은 어머니와의 재결합에 대한 소원의 대용물이라고 말하기도 한다(프로이트, 「불안과 본능적 삶, 위의 책, 126~127쪽 참조).

은 퇴행적 공간을 의미한다. 이러한 퇴행적 공간으로서의 의미를 잘 드러내 주는 것이 바로 무진의 골방이다.

> 그때는 어머니가 살아 계실 때였다. 6·25사변으로 대학 강의가 중단되었기 때문에 서울을 떠나는 마지막 기차를 놓친 나는 서울에서 무진까지 천여 리 길을 발가락이 몇 번이나 부르터지도록 걸어서 내려 왔고 어머니에 의해서 골방에 처박혀졌고 의용군의 징발도 그 후의 국군의 징병도 모두 기피해버리고 있었다. 내가 졸업한 무진중학교 상급반 학생들이 무명지에 붕대를 감고 '이 몸이 죽어서 나라가 산다면……을 부르며 읍 광장에 서 있는 트럭들로 행진해 가서 그 트럭을 올라타고 일선으로 떠날 때도 나는 골방 속에 쭈그리고 앉아서 그들의 행진이 집 앞을 지나가는 소리만 듣고 있었다. 전선이 북쪽으로 올라가고 대학이 강의를 시작했다는 소식이 들려왔을 때도 나는 무진의 골방에 숨어 있었다. 보두가 나의 홀어머님 때문이었다. 모두가 전쟁터에 몰려 갈 때 나는 내 어머니에게 몰려 골방 속에 숨어서 수음을 하고 있었다. 이웃집 젊은이의 전사통지서가 오면 어머니는 재가 무사한 것을 기뻐했고, 이따금 일선의 친구에게서 군사우편이 오기라도 하면 나 몰래 그것을 찢어버리곤 하였었다. 내가 골방보다는 전선을 택하고 싶어해가는 것을 알고 있었기 때문이다.[15)]

위의 인용문에서 보듯 골방은 사회 혹은 현실과는 격리된 완전한 보호막이 쳐진 안전한 곳이다. 그 보호막을 치고 있는 사람은 바로 어머니이다. 여기서 골방은 어머니의 모태에 대한 은유로 이해할 수 있다. 방이란 그것 자체로 어머니의 모태의 상징이기도 하다.[16)] 현실에서 일체 격리된

---

15) 김승옥, 「무진기행」, 앞의 책, 130쪽.
16) 갱도, 구덩이, 구멍들, 욕기나 병들, 서랍, 캔, 가방, 상자 등 공동(空洞)이 있어 그

이 골방에서 오직 수음이나 할 수밖에 없는 이유가 순전히 자식에 대한 어머니의 지나친 보호 때문이라는 점은, 이 골방의 상징적 의미를 잘 보여준다. 여기서 희중은 어른의 자아라기보다는 유아적 자아로의 퇴행적인 심리 상태를 드러낸다. 그는 자신이 과감하게 군대에 참여하지 못하는 것을 어머니의 탓으로 돌리고 있다. 하지만 그는 막상 그렇게 행동에 옮길 만한 현실적 실천 능력이 없다. 그는 모든 일을 어머니에게 의존하고 있는 것이다.

그가 "어머니, 혹시 제가 지금 미친다면 대강 다음과 같은 원인들 때문일 테니 그 점에 유의하셔서 저를 치료해 보십시오……."라고 말하는 것처럼, 그는 실제로 신경증적 상황에 있다. 그의 내부에서는, 자신이 전쟁터에 나가야 한다는 현실적 요구와 뒤로 물러나 어머니의 품에 안주하고자 하는 무의식적 충동이 모순 상태로 공존하고 있는 것이다.17) 이런 점에서 이 골방은 어머니의 모태에 대한 은유이면서도, 온전한 평안의 상태를 주지는 못하는 것이다. 이 곳은 신경증적 공간이라고 할 수 있다. 이런 점에서 어머니의 묘소는 적멸(寂滅)의 평안을 제공하는 죽음의 장

안에 무엇인가 받아들일 수 있는 것들이면 무엇이든 여성의 성기의 상징이 될 수 있다고 한다. 하지만 어떤 상징들은 여성의 성기 자체보다는 어머니의 모태와 더욱 긴밀한 관계를 지니고 있다. 무엇보다도 방의 상징이 그러하다(프로이트, 「꿈의 상징적 의미」, 『정신분석 강의』, 221쪽).

17) 신경증의 본질은 유아기의 감성과 기능으로 돌아가는데 있다. 증상은 좌절된 충동들에 대한 만족을 대체하는 것인데, 이는 결국 리비도 초기 발달 단계로 퇴행함으로써 가능하기 때문이다. 억압에 실패한 충동은 과거에 고착했던 지점까지 퇴행함으로써 증상을 통해 현실적 난점을 회피한다. 신경증은 무의식적 충동과 현실 사이의 왜곡된 해결을 의미한다(프로이트, 「증상 형성의 길」, 위의 책, 509~533쪽 참조). 신경증 증상은 '정지된 상태로 머물러 있는 본능적 만족의 징후 혹은 그에 대한 대리표상, 즉 억압 과정의 결과물'로 정의된다. 'symptom is sign of, and substitute for, an instinctual satisfaction which has remained in abeyance; it is a consequence of repression.'(Freud, *Inhibition*, *Symptom And Anxiety*, The Standard Edition of the Complete Psychological Works of Sigmund Freud-Volume, 20(London, Hogarth Press, 1999), p.91).

소이다.

> 그날 아침엔 이슬비가 내리고 있었다. 식전에 나는 우산을 받쳐들고 읍 근처의 산에 있는 어머니의 산소로 갔다. 나는 바지를 무릎 위까지 걷어 올리고 비를 맞으며 묘를 향하여 엎드려 절했다. 비가 나를 굉장한 효자로 만들어주었다. 나는 한 손으로 묘 위의 긴 풀을 뜯었다. 풀을 뜯으면서 나를 전무님으로 만들기 위하여 전무 선출에 관계된 사람들을 찾아다니며 그 호걸웃음을 웃고 있을 장인영감을 상상했다. 그러나 나는 묘 속을 들어가고 싶었다.[18)]

> 나는 그 여자를 향하여 이상스레 정욕이 끓어오름을 느꼈다. 나는 급히 그 자리를 떠났다. "무슨 약을 먹었는지 모르지만 지금이라도 어쩌면……" 순경에게 내가 말했다. "저런 여자들이 먹는 건 청산가립니다. 수면제 몇 알 먹고 떠들썩한 연극은 안 하지요. 그것만은 고마운 일이지만." 나는 무진으로 오는 버스 칸에서 수면제를 만들어 팔겠다는 공상을 한 것이 생각났다. 햇빛의 신선한 밝음과 살갗에 탄력을 주는 정도의 공기의 저온, 그리고 해풍에 섞여 있는 정도의 소금기. 이 세 가지를 합성해서 수면제를 만들 수 있다면…… 그러나 사실 그 수면제는 이미 만들어져 있었던 게 아닐까. …(중략)… 갑자기 이 여자가 나의 일부처럼 느껴졌다. 나는 접어든 우산에 묻은 물을 휙휙 뿌리면서 집으로 돌아왔다.[19)]

위의 첫 번째 인용문은 희중이 무진에 온 이튿날 아침 어머니의 산소를 찾는 장면이고, 두 번째 인용문은 어머니 묘소에서 돌아가는 도중에

18) 김승옥, 앞의 글, 143쪽.
19) 위의 글, 144~145쪽.

자살 시체를 본 장면이다. 여기에는 죽음의 본능이 짙게 배어 있다. 첫 번째 인용문에서 희중은 어머니 묘소의 풀을 뽑으며 자신을 전무로 만들려고 로비를 하는 장인을 떠올린다. 그리고 "묘 속으로 들어가고 싶었다"고 고백한다. 이는 아주 기묘한 표현이다. 하지만 그것이 다름 아닌 어머니의 묘라는 점을 생각하면 이해할 수 있는 것이다. 이는 모태 회귀의 충동을 의미하며, 동시에 적멸의 안정 상태인 죽음에 대한 충동을 의미다고 생각할 수 있다.[20] 서울에서의 사건을 대변하는 장인의 행위는, 그에게 한 편으로 현실적 성공을 의미하지만, 다른 한 편으로는 자신의 본질적 요구와는 배치되는 것이다. 이 장면에서 현실로부터 물러나 퇴행하고 그 끝으로까지 회귀하고자 하는 무의식적 충동이 여실히 드러나고 있는 것이다.[21]

두 번째 인용문에서 희중이 자살 시체를 보고 정욕을 느꼈다는 기이한 생각은 어머니와 의 재결합에 대한 소망으로 이해할 수 있다. 모태 회귀에 대한 열망은 과거로의 회귀를 의미하기도 하지만 어머니와의 재결합

---

20) 프로이트는 다음과 같이 말하기도 한다.

"To some people the idea of being buried alive by mistake is the most uncanny thing of all. And yet psycho-analysis has taught us that this terrifying phantasy is only a transformation of another phantasy which had originally nothing terrifying about it at all, but was qualified by a certain lasciviousness-the phantasy, I mean, of **intra-uterine** existence."(Freud, *Uncanny*, The Standard Edition of the Complete Psychological Works of Sigmund Freud-Volume, 17(London, Hogarth Press, 1999)).

"아마도 실수로 생매장 당하는 것이 많은 사람들에게 가장 두렵고 낯선 일일 것이다. 하지만 정신분석은 이러한 무시무시한 환상이 본래는 전혀 무섭지 않은 환상의 변형이라는 사실을 우리에게 가르쳐준다. 그것은 어떤 관능적인 환상 즉 모태 내에 존재한다는 환상이다."(번역-필자)

장정진은 위의 대목에서 intra-uterine을 '어머니의 품속'으로 번역하고 있는데, 이 경우 미세한 의미를 놓칠 수 있다고 생각된다(프로이트, 「두려운 낯설음」, 『창조적인 작가와 몽상』, 장정진 역. 열린책들, 1996, 136~137쪽).

21) 이런 점에서 우리나라 산소의 모양이 모태의 형상과 유사하다는 사실은 흥미롭다. 또한 영어에서 womb/tomb의 형태나 발음이 유사하다는 점도 재미있다.

에 대한 소망의 표현이기도 하다. 어머니의 묘소-죽음-자살 시체 등의 연상은 자연스럽다. 어머니의 묘소를 참배하고 돌아오면서 자살 시체를 보았기 때문에, 이러한 충동은 무의식적 연상에 의해 가능해 진 것이다. 결국 자살 시체란 어머니에 대한 전치(Verschiebung/displacement)가 된다. 여기서 우산에 묻은 물을 휙휙 부리면서 집으로 돌아온 행위는 성적 충동에 대한 무의식적 표현이라고 할 수 있다.

여기서 특히 흥미로운 점은 여인이 먹은 청산가리와 무진에 오면서 자신이 상상한 수면제를 같은 것으로 생각한다는 점이다. 그가 생각한 수면제란 잠을 들기 위한 것이라기보다는 죽기 위한 것이라고 할 수 있다. 하지만 그는 괴로운 자살을 상상하는 것이 아니다. 그는 자신의 수면제는 어떠한 약보다도 가장 상쾌한 약이 될 것이라고 한다. 그 이유는 '사람들은 누구나 조용히 잠들고 싶어 하고 조용히 잠든다는 것은 상쾌한 일'이라는 것이다. 여기서 잠든 다는 것은 죽음을 의미하며, 그것은 괴로운 자살이 아니라 일체의 자극이 없는 적멸의 평정 상태에 대한 열망 즉 죽음의 본능을 의미한다. 동시에 그것은 모태 회귀에 대한 무의식적 소망을 의미한다고 말할 수 있다.

이렇게 볼 때 무진 역시 모태에 대한 은유로 볼 수 있다. 그것은 골방의 확장된 공간이다. 무진-고향-어머니-모태의 연상은 자연스러운 것이며, 특히 이 소설에서 무진은 현실의 괴로움으로 물러나 안정을 꾀할 수 있는 곳이기 때문이다. 잘 알려진 바와 같이, 무진이란 현실적으로는 실재하지 않는 곳이라는 사실에서도 이러한 점을 확인할 수 있다. 무진이란 일종의 환상의 공간으로서 무의식적 충동이 자연스럽게 일어나는 공간이라고 할 수 있다.[22] 하지만 골방과 같이 무진도 온전한 안정을 주지

22) 아직 현실원칙을 내면화하지 않은 어린아이들은 놀이를 통해서 소망충동을 해소한다. 하지만 어른은 놀이를 하는 대신 환상에 빠진다. 현실적으로 만족한 삶을 누리는 사람은 환상을 좇지 않고, 현실에서 좌절한 사람만이 환상을 좇는다. 좌절

는 못한다.[23] 이 소설의 결말부는 이러한 점을 잘 보여준다. 희중은 아내의 전보를 받고 서울로 올라가 현실적 삶을 택한다. 그는 하인숙에게 편지를 쓰지만 그것마저 찢어버리고 만다. 이는 유아기에 느꼈던 모태의 평안이란 끊임없이 회귀를 소망할 수 있을 뿐 도달할 수 없는 곳이라는 점과 흡사하다.

4. 「서울의 달빛 0장」-여성 성기에 대한 집착/공포

페렌치는 메두사 머리의 신화적 형상이 거세 공포라는 모티프로 환원된다고 간파했고, 프로이트는 이를 탁월한 통찰이라고 인정한 바 있다.[24] 메두사의 머리가 그 형상 자체로 여성의 성기를 닮아있기도 하지만 그것을 보는 순간 돌로 변한다는 점에서도 그렇다. 자신의 갑옷에 메두사의 머리를 달고 온 아테나는 나중에 어느 누구도 접근할 수 없는 여자가 된다. 어느 남자든 그녀를 보기만 해도 모든 성적인 생각이 사라지는 것이다. 그것을 보는 것 자체가 존재의 위협이며 죽음에 대한 공포를 불러일으키는 것이 된다. 그것은 모성의 성기이며, 그래서 그것을 보는 것은 곧 거세를 의미하기 때문이다.

된 소망충동은 환상을 만드는 동인이고, 환상은 좌절된 소망충동의 성취과정이며 만족스럽지 못한 현실에 대한 보상이다. 환상은 인간이 신경증에 걸리지 않고 억압된 본능충동을 해소하는 정신적 장치이다(프로이트, 「창조적 작가와 몽상」, 『창조적 작가와 몽상』, 정장진 역, 열린책들, 1996, 81~90쪽 참조).

23) 골방이 신경증적 공간이라면 무진은 환상적 공간이라고 할 수 있다. 신경증이나 환상은 모두 왜곡된 방식으로 본능충동을 해소하는 심리적 장치이다. 양자는 모두 현실과 배치된다. 하지만 신경증은 고착되어 현실 생활에 장애를 가져오지만, 환상은 심하지만 않다면 꿈과 더불어 인간이 문명사회에서 건강하게 살아갈 수 있게 하는 조건이다(프로이트, 「환상의 미래」, 『문명속의 불만』, 김석희 역, 열린책들, 1997 참조).

24) 프로이트, 「꿈 이론의 수정」, 『새로운 정신분석 강의』, 37쪽.

신경증 환자들은 여자의 성기가 그들에게는 왠지 이상하게 두려운 것으로 느껴진다고 종종 호소하곤 한다. 여성의 성기는 '두려운 낯설음'(Das Unheimliche)[25]의 대상이 되기 때문이다. 두려운 낯설음은 다양한 내포를 지닌 정신분석적 개념인데, 여기에는 사실은 낯익지만 너무나 오래 되어서 혹은 억압되어 있어서 낯설다는 의미가 담겨 있다. 그것이 낯익은 이유는 인간이 태어난 옛 고향, 다시 말해 우리 모두가 태초에 한 번은 머물렀던 장소를 상기시켜 주기 때문이며, 그것이 두려운 이유는 그것이 어머니의 것이어서 그것을 보는 것은 곧 거세를 의미하기 때문이다. 그래서 그것은 실제로는 낯익은 것임에도 불구하고 낯설게 느껴지며 두렵고 섬뜩한 존재가 된다.[26] 김승옥의 「서울의 달빛 0장」은 이러한 여성의 성기에 대한 공포가 주조를 이루고 있는 소설이다.

이 작품은 주인공 '나'와 '나'의 아내 사이의 결혼과 이혼의 전말을 그리고 있다. 소설은 전반을 통해서 '나'가 아내의 외도에 대해 성토를 하는 것으로 이루어져 있다. 상식적인 차원에서 보면, 아내의 부도덕한 행실은 '나'의 비난을 받아 마땅한 것이며 그에 대한 '나'의 분노도 지나치지 않은 것처럼 보인다. 하지만 육체적 관계를 지속할 것을 요구하며 아내에게 통장을 건네는 결말에서, 이 소설은 아내를 사랑의 대상으로 생각하기보다는 오직 육체적 탐닉의 대상으로만 생각하는 '나'야말로 더욱 비난 받아 마땅한 존재라는 점을 드러낸다. 비록 아내가 부도덕했지만 진실했다면, '나'는 도덕을 가장하면서 허위의식에 휩싸여 있었던 것이다.

---

25) Das Unheimliche는 매우 다양하고 복합적인 의미를 내포하는 정신분석학의 용어이다. 이를 이규현은 '불안하게 하는 야릇함'이라고 번역하고(막스 밀레르, 「불안하게 하는 야릇함」, 『프로이트와 문학의 이해』, 이규현 역, 문학과지성사, 1997), 허창운 등은 '섬뜩함'이라고 번역한 바 있다(허창운 외, 「섬뜩함」, 『프로이트의 문학예술이론』, 민음사, 1997). 필자의 생각으로는 어떠한 번역어도 이에 대해 적당하지는 않다고 생각한다. 이 말에는 그만큼 다양하고 미묘한 내포가 담겨 있다. 여기서는 편의상 장정진의 번역어를 사용하기로 한다.

26) 위의 글, 138쪽.

'나'의 이러한 허위의식은 표면적 의미 뒤에서도 그대로 적용된다. 이 소설은 '나'와 '나'의 아내 사이의 결혼의 전말을 그린 소설이지만, 그 상당 부분은 아내의 성기에 대한 '나'의 집착으로 채워져 있다. 아내의 성기에 대한 집착은 일반적인 여성의 성기에 대한 집착이다. '나'는 아내와 헤어진 뒤에 무수히 많은 여자들과 잠자리를 함께 하며, 그야말로 '음모(陰毛)의 숲'으로 '부력(浮力)에 나의 존재를 떠받치도록 맡기'는 것이다. 하지만 '나'의 여성의 성기에 대한 태도는 지극히 이중적이다. 그것은 다른 부분에서 지극한 혐오로 바뀌는 것이다.

> 아내가 잠든 후 나는 이불을 걷고 아내의 음부를 들여다보았다. 난생 처음 보는 음부의 추악한 모습에 나는 구토증을 느꼈다. 그것은 악마에게 강요당하여 아내가 할 수 없이 몸에 차고 다니는 주머니인 것만 같았다.27)

> 첫날 밤 아내가 잠든 후 살그머니 들여다보고 그 부분만은 악마의 솜씨로 만들어졌다고 생각하며 구토증을 느꼈던 그 음부만이 이제는 가장 사랑스럽고 소중한 고향의 모습이었다. 눈만 뜨면 애 사고의 초점은, 강력한 모터로 움직이는 기계처럼 아무리 멋게 하려 해도 억센 힘으로 내 의지를 밀어내 버리며 자동적으로 한 점으로만 집중하며 나를 목마르게 하는 나날이 시작되었다. 여자의 음부로만.28)

위의 두 인용문은 아내와의 첫 잠자리 이후 아내가 잠든 사이에 아내의 음부를 몰래 보았던 기억에 대한 회상이다. '나'는 아내의 음부를 보고 '그 추악한 모습'에 구토증을 느끼며 그것이 '악마에게 강요당하여 아

27) 김승옥, 「서울의 달빛 0장」, 앞의 책, 309쪽.
28) 위의 글, 314쪽.

내가 할 수 없이 몸에 차고 다니는 주머니인 것만 같'다고 한다. '나'의 아내의 음부에 대한 혐오는 극단적이다. 그러면서도 나중에는 그것이 '가장 사랑스럽고 소중한 고향의 모습'이라고 한다. 그것은 '악마'와 '고향'이라는 극단적인 두 가지 표현으로 그러난다. 여기에는 지극히 양가적인 감정이 담겨 있다는 것을 알 수 있다. 악마란 지극한 두려움이나 혐오의 대상이며 고향이란 궁극적으로 돌아가야 할 곳이다.

여기에는 집착과 혐오, 낯익음과 낯설음, 억압된 것과 억압된 것의 회귀 등의 복합적인 의미들이 함축되어 있다. 이것은 모성의 성기에 대한 낯익음/낯설음의 표현이며 집착/두려움의 표현이라고 할 수 있다. 여기서 구토가 나올 정도로 추악한 것은 그것을 바라보는 자신일 것이다. 이는 '나'의 허위의식의 내면 구조이며 신경증적 정신 구조를 이룬다. 신경증 환자에게는 거세 위협이 유아적인 채로 남아 있다. 이 소설에 여러 번 등장하는 성병에 관한 에피소우드는 여성의 성기에 대한 두려움에 대한 대리표상이며 거세 위협에 대한 대리표상이다. 이것은 거세 위협을 바탕으로 한 매독공포증의 일종이라 할 수 있다.29)

이 소설에 등장하는 '나'는 형이나 어머니에 대해 유아적 태도를 보인다. 이 소설 여러 부분에서 '나'는 "내 맘대로 할테다"라고 다짐한다. 마치 이는 어린 아이가 제멋대로 굴고 싶지만 현실의 규범이 이를 허용하지 않는데 대한 복수심을 드러내는 것이라고 할 수 있다. 그것을 저지하는 것은 부모이다. 여기서 형과 어머니는 이러한 역할을 수행하는 현실원칙의 대리자이다. '나'는 "내 맘대로 할테다"하고 다짐하지만, 정작 어머니나 형의 제재에 대해서는 어린 아이와 같이 순응하고 만다. 아내에 대해서도 마찬가지이다. 혼자 있을 때는 온갖 불만을 토로하지만 막상 아내 앞에서는 어린아이와 같이 고분고분해 지는 것이다.

---

29) 프로이트, 「불안과 본능적 삶」, 『새로운 정신분석 강의』, 128쪽.

이 소설에 등장하는 '나'는 형이나 어머니에 대해 유아적 태도를 보인다는 점은 흥미롭다. 이 소설 여러 부분에서 '나'는 "내 맘대로 할테다"라고 다짐한다. 마치 이는 어린 아이가 제멋대로 굴고 싶지만 현실의 규범이 이를 허용하지 않는데 대한 복수심을 드러내는 것이라고 할 수 있다. 그것을 저지하는 것은 부모이다. 여기서 형과 어머니는 이러한 역할을 수행하는 현실원칙의 대리자이다. 그는 여러 번에 걸쳐 "내 맘대로 할 테다"라고 말하며 스스로 다짐한다. 하지만 정작 어머니나 형의 제재에 대해서는 어린 아이와 같이 순응하고 만다. 아내에 대해서도 마찬가지이다. 혼자 있을 때는 온갖 불만을 토로하지만 막상 아내 앞에서는 어린아이와 같이 고분고분해 지는 것이다.

이 소설에서 여성의 성기에 대한 '나'의 집착이 지나치리만큼 강하다는 것과 관련하여, 아내의 '눈'이 매우 중요한 의미를 지닌다는 점은 주목을 요한다. 앞서 제기한 '두려운 낯설음'에 대한 논의는, 프로이트가 호프만의 「모래인간」를 해석하면서 제기되었는데, 이 소설은 아이들의 눈을 빼가는 모티프를 중심으로 쓰여 졌다. 오이디푸스가 스스로 눈을 멀게 하는 것과 같이, 눈은 거세의 상징이 된다.[30] 그것은 때에 따라서 여성의 성기를 상징하기도 한다.[31] 여성의 성기가 유아적 자아에게 거세된 남성 성기로 인식될 수 있다는 점에서 볼 때 이 둘은 모순되는 것이 아니다. '두려운 낯설음'의 차원에서 이해할 때, 그것은 모성의 성기이며, 그럼으로써 거세를 연상케 하는 두려움이 담긴 것이라고 생각할 수 있다.

> 그 여자는 눈이 부신 듯 깜박이며 나를 응시했다. 이해할 수 없는 사태나 사람과 갑자기 부딪혔을 때 그 여자의 눈은 그렇게 떨리고 그렇게 맑아지는가 보았다. 어쨌든 속눈썹을 떨며 내 눈을 응시하던 그 여자의

30) 프로이트, 「두려운 낯설음」, 117~120쪽 참조.
31) 프로이트, 『꿈의 해석』, 460쪽.

> 눈길은 내 운명을 결정했다.[32]

> 그러나 아무것도, 화면 속의 그 여자도 여배우들에 대한 해괴한 소문도 내 속에 들어박혀 있는 그 여자의 눈을 빼내지는 못했다. 숨결이 내 뺨에 와 닿을 만큼 가까운 거리에서 어리둥절해서 깜박이며 내 눈을 빤히 바라보던 그 눈. 그 눈이 어딜 가나 나를 따라다녔다.[33]

> 처녀가 아니기 때문에 당황했을 뿐이지 아직 실망하거나 화가 나지는 않았다. 호들갑을 떨고 있는 나를 그 여자가 내가 잊을 수 없는 그 눈으로 꽤 오랫동안 보고 있었다. 어리둥절하여 깜박이며 내 눈을 빤히 바라보는 그 눈. 나중에야 나는 그 여자에게 고백시켜 그 여자를 정화(淨化)시킬 수 있었던 기회는 바로 그때였다고 깨닫게 되었지만 어떻든 그 눈 표정이 바뀌었을 때 그 여자의 자궁 속에서 나갈까 말까 망설이던 도깨비는 도로 자궁 속 깊이 들어가 버렸던 것이었다.[34]

> 어리둥절한 표정으로 그 여자의 눈이 깜박거리며 내 눈을 빤히 응시했다. 비행기 안에서처럼, 비처녀(非處女)를 감추려고 호들갑을 떨고 있는 나를 바라보던 첫날밤처럼. 그렇다, 이 여자가 저런 눈이 될 때마다 우리의 관계는 새로운 국면을 맞이하곤 했던 것이다.[35]

이 소설에는 네 번에 걸쳐 아내의 눈에 대한 '나'의 서술이 나온다. 위의 인용문은 이것을 순서대로 나열한 것이다. 첫 번째 인용문에서 보듯이, '나'가 아내를 사랑하게 되는 결정적인 계기는 그녀의 눈에 의해 만들어진다. 그것은 아내에 대한 '나'의 사랑을 운명적인 것으로 만든다. 두

32) 김승옥, 「서울의 달빛 0장」, 304쪽.
33) 위의 글, 306쪽.
34) 위의 글, 308쪽.
35) 위의 글, 319쪽.

번째 인용문에서 아내의 눈은 나로 하여금 그녀와의 만남을 거역할 없는 것으로 받아들이도록 만든다. 세 번째 인용문에서, 그것은 아내가 자신이 처녀가 아님을 고백하고 그녀의 복잡한 남자관계를 청산할 기회를 제공해 주는 것이다.[36] 그리고 네 번째 인용문에서 "어리둥절한 표정으로 그 여자의 눈이 깜박거리며 내 눈을 빤히 응시"할 때 '나'와 아내의 관계는 새로운 국면을 맞이한다고 정리하고 있다.

여기에서 두 번째 인용문은 특히 주목을 요한다. 두 번째 인용문에서 '나'는 마치 마법에라도 걸린 듯이 서술한다. 어떤 것도 '내 속에 들어박혀 있는 그 여자의 눈을 빼내지는 못했다'는 서술에서는 그에 대한 집착/두려움이 드러난다. 표면적으로는 집착을 의미한다고 할 수 있지만 눈을 뺀다는 것 자체로 본다면 섬뜩한 두려움의 표현이라고 생각할 수 있기 때문이다. 또한 '그 눈이 어딜 가나 나를 따라다녔다'는 서술에서는 은근한 두려움이 드러난다. 이것은 말하면 그가 어머니의 눈이든지 혹은 어머니라고 착각하는 눈이다. 그것이 의미를 가지는 것은 응시의 순간이다.[37] 위의 생각들이 모두 '나'의 주관적 판단이란 점을 감안하면, 이러한 서술들은 모두 '나'의 무의식적 충동과 저항에 대한 반응이라고 생각할 수 있다.

---

36) 이 소설에서 미묘한 의미를 지니는 것이 세 번째 인용문에 등장하는 '도깨비'의 존재이다. '나'에 의하면, 그것은 아내의 자궁에 붙어 내 '자리'를 강탈한 존재이다. 이 소설에서 도깨비는 아내와 접촉하는 모든 남성들에 대한 전치이다. 하지만 그 뿌리를 좇아가면 거기에는 아버지가 있다고 추측할 수 있다. 그 '자리'란 아버지와 목숨을 걸고 벌이는 투쟁의 궁극적 목적이기 때문이다. 하지만 이 소설에서 아버지의 의미는 구체적으로 드러나지 않는다.

37) 아내의 눈에 대한 '나'의 사고에는 라캉이 말하는 시선과 응시의 분열이 담겨 있다고 생각된다. 라캉은 시선과 응시의 분열을 통해 주체의 분열을 설명한 바 있다(자크 라캉, 「시각예술이론」, 『욕망이론』, 이미선 역, 문예출판사, 1994, 185~255쪽 참조). 흥미로운 점은 여기서 라캉이 '응시는 시야에서 우리가 발견한 것을 상징하며, 신비로운 우연의 형태로 갑작스럽게 접하게 되는 경험, 즉 거세 공포를 형성하는 결여로 우리에게 제시 된다.'(위의 글, 195쪽)고 서술하는 점이다.

이상에서 살펴본 바를 고려할 때 이 소설의 제목이 「서울의 달빛 0장」이라는 것은 흥미롭다. 작가는 이에 대해, 연작 소설을 계획하고 서장이라는 의미로 '0장'이라고 썼는데 그것이 제목으로 합쳐졌다고 해명한 바 있다.[38] 이러한 작가의 해명에도 불구하고 이는 여성의 성기에 대한 대리표상으로 이해되는 것이다. 이런 점에서 이 소설은 여성의 성기에 대한 소설이라고 말할 수 있다. 앞서 살펴 본 바와 같이 그에 대한 묘사나 심리가 적나라하게 드러나 있기 때문이다. 하지만 그것은 생리학적 기관을 의미하는 것이 아니다. 그 이면에는 모성의 모태에 대한 집착과 두려움이 담겨 있고, 그것은 거세와 깊은 관련이 있다.[39]

---

38) 김승옥, 「나와 소설쓰기」, 『김승옥 소설 전집』 1, 9~10쪽 참조.

39) 이 소설에서 여성의 성기에 대한 '나'의 집착/두려움이 지나치리만큼 강하게 제기된다는 것과 관련하여, 아내의 '눈'에 대한 '나'의 생각이 여러 번 서술된다는 점은 주목을 요한다. 프로이트로 하여금 '두려운 낯설음'에 대해 관심을 가지게 한 계기가 호프만의 「모래인간」에 등장하는 아이들의 눈을 빼가는 모래인간 모티프였다. 오이디푸스가 스스로 눈을 멀게 하는 것과 같이 실명(失明)은 거세의 상징이다(프로이트, 「두려운 낯설음」, 117~120쪽 참조). 그것은 때에 따라서 여성의 성기를 상징하기도 한다(프로이트, 『꿈의 해석』, 460쪽). 여성의 성기가 유아적 자아에게 거세된 남성 성기로 인식될 수 있다는 점에서 이 둘은 모순되는 것이 아니다. '두려운 낯설음'의 차원에서 이해할 때, 그것은 모성의 성기로서, 낯익으면서도 낯설고, 거세를 연상케 하여 두렵게 만드는 것이라고 생각할 수 있다.

이 소설에는 아내의 눈에 대한 '나'의 서술이 네 번에 걸쳐 등장한다. 여기에서는 모두 아내의 눈에 대한 '나'의 집착이 강하게 드러난다. 하지만 두려움은 은폐되어 있다. 그 흔적을 찾기는 쉽지 않은데, "그 눈이 어딜 가나 나를 따라다녔다." (김승옥, 「서울의 달빛 0장」, 306쪽)는 서술에서 아내의 눈에 대한 은근한 두려움이 드러난다. 이는 마치 자신을 따라다니는 감시자를 연상케 하기 때문이다. 이런 점에서 "내 속에 들어박혀 있는 그 여자의 눈을 빼내지는 못했다."(위의 글, 306쪽)는 서술은 특히 주목을 요한다. 이는 표면적으로 아내의 눈에 대한 집착이 가장 잘 드러난다. 하지만 눈을 뺀다는 것이 거세를 의미한다는 점을 고려할 때, 이는 거세에 대한 강한 저항이라고 할 수 있다. 이 저항 뒤에는 강한 두려움이 있다. 그 눈이 내 속에 박혀 있는 그 여자의 눈일 수밖에 없는 것은 실제로 거세 위협은 자신의 성기를 보고 느끼는 것이 아니라 여아나 모성의 성기를 보고 느끼는 것이기 때문이다.

5. 결론

지금까지 「생명연습」, 「무진기행」, 「서울의 달빛 0장」을 자세히 분석함으로써 김승옥 소설이 지니는 정신분석학적 차원에서의 죽음의 의미를 살펴보았다.

정신분석학적인 차원에서 죽음의 의미는 거세 위협과 죽음의 본능 사이에서 드러난다. 거세 위협은 위반에 대한 처벌로서의 죽임 당함이며, 죽음의 본능은 근원적 안정에 대한 동경이다. 인간의 삶은 그 사이에 존재한다. 본능충동은 현실에서 실현을 꾀하지만, 그것은 규범의 벽을 만난다. 그 너머에는 거세 위협의 죽음이 있다. 또한 현실의 괴로움은 자아로 하여금 퇴행을 꾀하게 만든다. 발달의 역행은 모태를 만나고 그 뒤로의 끝에는 자극의 적멸 상태인 죽음이 있다. 그것은 삶의 포기를 의미한다. 「생명연습」에서 말하는 윤리적 위기란 충동과 금지 사이에서의 갈등을 의미한다. 그것은 규범의 경계에서 죽느냐 사느냐를 고민하는 것이다. 그 경계를 넘어선 충동의 성취 대가는 죽임 당함이며, 경계 안쪽은 현실적 삶의 영역이다. 「무진기행」에서 희중은 모태 회귀를 통해 적멸의 안정을 꾀하지만 실패한다. 그가 아내의 전보를 받고 다시 서울로 돌아가는 것은 결국 현실로의 귀환을 의미한다. 「서울의 달빛 0장」에서의 갈등은 '나'의 아내의 성기에 대한 집착/혐오(혹은 두려움)로 나타난다. 그것은 결국 모성에 대한 집착/거세에 대한 두려움의 표현이다. 여기에는 거세 위협과 모태 회귀의 소망충동이 교묘히 섞여 있다.

김승옥 소설에서 인물들은 규범의 경계를 넘어서기도 하고, 넘어섰다가 다시 돌아오기도 한다. 여기서 인물들은 현실에 대해 좌절한다. 그래서 현실에서 물러나 퇴행을 꿈꾸지만 결국 현실로 돌아온다. 그 사이에 규범에 대한 의문이 제기된다. 「생명연습」에서 제기되는 윤리의 위기, 「무진 기행」에서 희중이 하인숙과 벌이는 사랑, 「서울의 달빛 0장」에서

'나'의 아내와의 갈등은 모두 윤리의 근원을 따지는 것이다. 이런 점은 다른 소설들에서도 잘 드러난다. 가령 「乾」의 주인공 '나'가 형과 그 친구들이 윤희를 욕보이는데 일조하는 행위, 「서울 1964년 겨울」에서 사내의 우울증적 자살에 대한 대학원생 안의 방기, 「야행」의 여주인공의 한밤중의 기행(奇行) 등이 그러하다.

이들의 행위는 모두 일종의 윤리적 모험이다. 그것은 일종의 목숨을 건 투쟁이다. 하지만 그러한 모험은 모험으로 끝나는 것이 아니다. 그것은 궁극적으로 새로운 윤리 수립의 계기가 된다. 경계를 넘어서는 행위는, 무엇이 옳다는 적극적 주장은 아니지만, 적어도 현실 윤리에 대한 어떤 의문을 제기하는 행위이며 또한 반성의 계기를 마련하는 행위가 될 수 있기 때문이다.

참고문헌

1. 1차 자료

김승옥. 『김승옥 소설 전집』 1. 문학동네, 1995.

2. 2차 자료

구인회 · 임종식. 『삶과 죽음의 철학』. 민음사, 2003
허장운 외. 『프로이트의 문학예술이론』. 민음사, 1997.
레비나스. 『시간과 타자』. 강영안 역. 문예출판사, 1996.
다비드 나지오. 『정신분석학의 7가지 개념』. 표원경 역. 백의, 1999.
브루노 베텔하임. 『프로이드와 인간의 영혼』. 김종주 · 김아영 역, 하나의학사, 2001.
막스 밀레르. 『프로이트와 문학의 이해』. 이규헌 역. 문학과지성사, 1997.
지그문트 프로이트. 『꿈의 해석』. 김인순 역. 열린책들, 1997.

______________. 『정신분석 강의』. 임홍빈 · 홍혜경 역. 열린책들, 1997.
______________. 『쾌락원칙을 넘어서』. 박찬부 역. 열린책들, 1997.
______________. 『새로운 정신분석 강의』. 임홍빈 · 홍혜경 역. 열린책들, 1996.
______________. 『창조적 작가와 몽상』. 장정진 역. 열린책들, 1996.
______________. 『문명 속의 불만』. 김석희 역. 열린책들, 1997.
______________. 『종교의 기원』. 이윤기 역. 열린책들, 1997.

Sigmund Freud. *Inhibition*, *Symptom And Anxiety*. The Standard Edition of the Complete Psychological Works of Sigmund Freud-Volume. 20. (London, Hogarth Press, 1999).

Sigmund Freud. *Uncanny*. The Standard Edition of the Complete Psychological Works of Sigmund Freud-Volume. 17. (London, Hogarth Press, 1999).

이청준 소설에 나타나는 자기실종 연구

1. 서론

본 논문의 목적은 이청준 소설에 나타나는 자기 실종의 의미를 밝히고, 그것이 그의 소설 전반에서 어떤 의미를 지니는지 가늠해 보는데 있다.

이청준 소설에 있어 자기 실종의 문제는 두 편의 중편소설에서 중심 주제로 다루어지고 있다. 「황홀한 실종」과 「시간의 문」이 그것이다. 「황홀한 실종」은 1976년 『한국문학』 6월호에 발표되었으며, 「시간의 문」은 1982년 『문학사상』 1월호에 실린다. 약 6년간의 거리를 두고 발표된 이 두 편의 소설에서 자기 실종은 매우 유사한 의미를 지니면서, 동시에 차별적인 의미를 지니고 있어서 서로 비교 대조해 볼만한 작품들이다. 그것은 이청준 소설의 변모 과정을 밝히는 데 매우 중요한 열쇠를 제공하는 것으로 보인다. 비록 직접적으로 다루고 있지 않더라도, 이청준 소설에서 자기 실종의 문제는 여러 소설들 속에서 의미를 공유하고 있기 때문이다.[1)]

이청준의 소설은 다양한 주제를 다루고 있어서 단순하게 판단하기 어렵지만, 특히 글쓰기의 문제는 그의 가장 중요한 주제 중 하나이다. 그의 초기 소설 『소문의 벽』, 『쓰여지지 않은 자서전』, 『조율사』를 비롯해서, 『언어사회학 서설』 연작, 「비화밀교」, 『자유의 문』 그리고 『인문주의자 무소작 씨의 종생기』에 이르기까지 이청준은 지속적으로 작가의 글쓰기 문제를 치열하게 다루어왔다.[2] 그런데 자기 실종을 다룬 위의 두 편의 소설은 이러한 작가의 글쓰기의 문제와 깊은 연관이 있다. 특히 『자유의 문』은 이러한 문제를 심도 있게 다루고 있는 작품이라고 할 수 있는데, 여기서 자기 실종의 문제는 변주된 형태로 나타난다.

본 논문은 이러한 전제 아래, 자기 실종의 차원에서 「황홀한 실종」과 「시간의 문」을 분석하겠다. 그리고 이와 관련해서 『자유의 문』을 중심으로 이청준 소설에 나타나는 글쓰기의 문제와 자기 실종의 관계를 고찰해 보겠다. 끝으로 자기 실종이 이청준 소설에서 어떤 의미를 지니는지 가늠해 보겠다. 여기서 작품 분석에 있어 정신분석학의 측면적 도움을 받을 것이다. 자기 실종이란 상당 부분 심리적 차원의 문제라고 여겨지기 때문이다.

---

1) 이청준 소설의 자기 실종 문제는, 이윤옥의 「자기 실종의 황홀한 욕망」(『비상학, 부활하는 새, 다시 태어나는 말』, 문이당, 2005)에서 「시간의 문」을 대상으로 다루어진 바 있다.

2) 이청준 소설은 등단 초기부터 오늘날까지 많은 비평가들의 관심의 대상이 되어왔기 때문에, 그의 문학적 성과와 더불어 지속적인 평론이 발표되어 왔다. 이미 그의 소설에 대한 학술 논문도 상당수 존재하고, 학위논문도 50여 편이 발표되었다. 이 중 글쓰기의 문제에 대한 대표적 연구로는 다음과 같은 글을 들 수 있다.
김교선, 「소설로 쓴 소설론」, 『소설의 이해와 평가』, 형설출판사, 1972.
김인환, 「소설가의 소설론」, 『문학과 지성』, 문학과지성사, 1972 겨울.
김치수, 「언어와 현실의 갈등」, 『이청준』, 삼인행, 1991.
김병익, 「소설가는 왜 소설을 쓰는가」, 『문학과 사회』, 문학과지성사, 2001 겨울호.
우찬제, 「억압 없는 자유를 향한 언어 조율사의 반성적 탐색」, 『타자의 목소리』, 문학 동네, 1996.

2. 현실 부정의 심리 구조

1) 현실 부정의 정신증 증상

「황홀한 실종」은 가벼운 정신분열증 증세를 보이던 주인공 윤일섭이 손 박사의 치료 도중 심각한 정신분열증 환자가 되어버리는 과정을 그린 소설이다. 윤일섭은 자신의 직장에 만족하며 살던 은행원이었다. 하지만 그는 대리 승진자 명단에서 제외되면서 이상 행동을 보이기 시작한다. 그는 아내의 손에 이끌려 손 박사의 치료를 받게 되지만 결국 치유되지 못한다. 그는 동물원의 사자 우리에서 사자를 몰아내고 그 자리에 들어앉는 심각한 정신 이상 증상을 보이게 된다.

윤일섭의 증상은 두 가지로 요약할 수 있다. 첫째 남을 골탕 먹임으로써 쾌감을 얻는 가학성 유희욕이며, 둘째 사람들을 꺼리는 사람기피증이다. 이 두 증상은 상호 독립적인 것이 아니라 긴밀한 관계 속에서 형성된 것이다. 그의 가학성 유희욕은 타인이 자신을 혐오하게 만듦으로써 타인과 격리시킨다. 그것은 타인과의 격리를 통해 심리적 안정을 꾀하는 사람기피증을 만족시킨다. 그의 가학성 유희욕은 사람기피증에 종속되는 증상이라 할 수 있다. 이러한 사람기피증은 쇠창살에 갇히고 싶다는 극단적인 현실 부정의 심리로 발전한다. 이러한 윤일섭의 증상을 집약적으로 드러내는 것이 쇠창살이다.

윤일섭은 대학교 때 한일 회담 반대 시위에서 교문 밖으로 나가려는 격렬한 몸싸움을 경험한다. 하지만 윤일섭에게 그러한 기억은, 교문 밖으로 나가려는 것이 아니라 안으로 들어오려 했던 것으로 왜곡되어 나타난다. 여기서 문 밖으로 나가는 것은 자유를 의미하며, 문안에 갇히는 것은 구속을 뜻한다. 젊은 시절 자유의 쟁취가 좌절되었기 때문에, 그에게 대학문은 구속의 의미가 함축된 쇠창살로 인식된 것이다. 그것은 다시 은행문의 이미지와 중첩된다. 실제로 은행 영업 창구는 두껍고 투명한 안전유리로 되어 있음에도 불구하고, 대학교 다닐 때의 시위 경험과 교묘히 얽혀서 윤일섭에게 은행 영업 창구도 쇠창살로 인식된다. 하지만 그에게 은행문의 쇠창살은 구속이 아니라 보호 장치이다. 은행문 밖이 살벌한 생존 경쟁이 난무하는 현실적 공간이라면, 문 안은 현실로부터 물러난 안주의 공간이라 할 수 있다. 결국 대학문에 대한 기억의 전도는 안주하고자 하는 현실적 소망에 의한 기억의 조작으로 이루어진 것이다.[3)]

이와 같이 대학문과 은행문은 상호 영향을 주면서 모순된 의미를 공유한다. 젊은 시절 그에게 대학문은 자유를 수호하고 정의를 실현하고자 하는 소망에 대한 억압적 기제로 나타나는데 반해, 현재의 은행문은 살벌한 생존 경쟁의 현실로부터 안정을 주는 보호 장치이다. 이렇게 볼 때 쇠창살의 안/밖은 구속/자유, 안주의 공간/생존 경쟁의 현실이라는 서로 모순되는 이중적 의미를 공유한다. 또한 거기에는 이중의 좌절이 담겨 있다. 그것은 자유 수호라는 젊은 시절의 이상적 소망의 좌절과 성공을 바라는 현실적 소망의 좌절을 의미한다.

그런데 현재 윤일섭에게 문 안이라고 안전하게 느껴지는 것이 아니라는 데 더욱 심각한 문제가 있다. 문 안은 문 밖에 비해 안정적이지만, 그럼에도 불구하고 문 밖의 생존 경쟁은 문 안에서도 반복된다. 윤일섭에게 문 안은 완전한 피라미드 구조로 이루어진 전투 대열로 인식된다. 그는 가장 위험한 쇠창살 바로 앞에 있어, 싸움이 벌어지면 제일 먼저 제물이 되어야 할 사람이다. 그에게 승진의 실패는 곧 생존의 위협을 의

3) 무의식에서 전도(Umkehrung)는 단어의 차원에서부터 상황이나 입장의 전도에 이르기까지 다양하게 이루어진다. 가령 꿈속에서 토끼가 사냥꾼을 쏘는 경우가 종종 있으며, 물속으로 들어가는 것이 나오는 것과 동일하거나 사다리를 오르는 것이 내려오는 것과 같은 경우도 있다(프로이트, 『정신분석 강의』, 임홍빈·홍혜경 역, 열린책들, 1997, 255쪽).

미한다. 승진은 그 일선 창살에서 한 발이라도 더 안전한 자리로 옮기는 일이기 때문이다. 그래서 그는 문 안쪽으로 보다 깊이 들어가고자 하는 소망을 갖게 되었고, 그러한 무의식적 충동은 쇠창살에 갇힌 사자를 몰아내고 스스로 쇠창살에 갇히는 극단적인 행동으로 발전하게 된 것이다.

여기서 사자 우리는 가장 깊고 안전한 곳이며, 사자는 그러한 자리를 차지한 선택받은 자의 표상이다. 결국 윤일섭은 자유 수호라는 젊은 날의 이상적 소망과 개인적 성공이라는 현실적 소망의 이중적 좌절로 인하여, 스스로 가혹한 현실을 부정하고 망상 체계로 숨어버린 것이다. 그런데 여기서 특히 주목할 점은, 이러한 현실 부정의 심리의 근저에 자기 실종에 대한 소망충동이 깊이 내재해 있다는 것이다.[4]

2) 자기 실종의 두 가지 양상

이 소설에서 윤일섭의 자기 실종에 대한 소망충동은 두 가지 양상으로 드러난다. 하나는 미지의 시간대에서 누리는 자유이며 다른 하나는 어린 시절의 실종에 대한 기억이다.

손 박사는 윤일섭을 치료하는 도중에 그가 '교묘한 방법으로 그 자신의 실종을 마련해놓고 그것을 몰래 혼자 즐기는 버릇'[5]이 있다는 사실을 알게 된다. 윤일섭은, 야구에서 투수가 공을 던지면 그 공이 타자 앞을

4) 정신이상은 크게 신경증과 정신증으로 나뉜다. 신경증이 자아와 이드 사이의 갈등의 결과인 반면, 정신증은 자아와 외부 현실 사이의 갈등의 결과이다. 자아가 이드의 본능충동을 억압하려 할 때, 이드가 충동의 방향을 다른 쪽으로 돌림으로써 자아와 타협하게 되면 신경증이 되고, 자아가 현실로부터 일부 물러나 망상을 만듦으로써 이드의 본능충동을 충족시키면 정신증이 발생한다(프로이트, 「신경증과 정신증」, 『억압, 증후 그리고 불안』, 황보석 역, 열린책들, 1997 참조).

5) 이청준, 「황홀한 실종」, 『예언자』, 재판, 문학과지성사, 1995, 265쪽.

지나는 시간이 0.3초라고 말한다. 그런데 이때 타자의 기분이나 컨디션에 따라 공의 속도나 공이 날아오는 시간은 다르게 느껴지기도 한다. 말하자면 시간이 사람을 구속하는 것이 아니라 사람이 자신의 능력에 따라 시간을 조정하고 있다고 볼 수 있는 것이다.

윤일섭은 이러한 시간의 상대성을 이용한다면 0.3초의 시간벽을 완전히 뚫고 나가 자유의 몸이 될 수 있다고 생각한다. 그때 자신은 세상 사람들에겐 영원한 부재라고 말한다. 윤일섭이 꿈꾸는 것은 자유라고 말할 수 있는데, 그것은 결국 현실 속에서 자신의 소재를 지워 타인에게 영원한 부재로 남음으로써 가능한 것이다. 윤일섭은 미지의 시간대 속에 자신을 숨기는 공상을 반복함으로써 자기 존재를 지우고자 하는 소망충동을 끊임없이 성취하고 있다. 윤일섭의 공상은 완벽한 자기 실종에의 소망충동에 대한 소원 성취의 한 방편이라고 할 수 있다. 이는 결국 미지의 시간대로 물러남으로써 현실의 괴로움에서 온전히 얼굴을 돌리려는 무의식적 의도를 반영한 것이다. 그는 철창문의 이중적 좌절을 이러한 공상의 반복을 통해서 해소하고 있다.

그런데 이러한 윤일섭의 자기 실종에의 소망충동은 다음과 같은 상황에서 보다 깊은 심리적 뿌리를 드러낸다. 그것은 자기 실종에 대한 어린 시절의 기억이다.

> 비바람이 몹시 심하게 몰아치는 초여름께의 어느 날이었어요. …(중략)… 그런데 제가 그 산길을 절반쯤 지나고 있을 때였어요. 비바람이 조금씩 조금씩 그치기 시작하더군요. 빗줄기는 듣기 좋을 만큼 포근한 소리로 풀밭을 두들겨대고 산골짜기엔 안개가 가득 차오르기 시작했어요. 문득 주위를 둘러보니 산길가에 이름을 알 수 없는 흰색 들꽃들이 여기저기 비를 맞고 피어 있더군요. 난 그 꽃들을 꺾기 시작했지요. 길을 가는 것도 잊고 그 들꽃들을 꺾기 위해 물소리가 쿵쿵거리는 골짜기를 따

> 라 들어갔지요. 주위에는 전혀 인적 같은 것이 없는 데도 이상스럽게 무서운 생각이 들질 않더군요. 골짜기는 전혀 낯이 선 것 같지 않았구요. 언젠가 전에 한 번 와본 일이 있는 것 같이 모든 게 익숙했어요. 골짜기를 깊이 들어갈수록 기분이 점점 더 아늑해져 왔구요. 전 한 송이만 더, 한 송이만 더 하는 식으로 그 들꽃들을 꺾고 꺾으며 끝없이 골짜기의 안개 속으로 사라져가고 있었어요…… 그리고는 그만이었지요……[6)]

초등학교 1학년 때, 윤일섭은 비바람이 몹시 몰아치는 초여름 어느 날, 학교에서 돌아오다가 길을 잘못 들어 실종을 경험하게 되었다고 한다. 위의 인용문은 그러한 실종 경험에 대한 그의 진술이다.

그는 길을 잃고 정신이 들었을 때 어머니 곁에 있었으며, 그때 자신이 진짜 사라져 버렸고 어머니 품속으로 돌아온 자신은 다시 태어난 것이라고 한다. 여기에서는 죽음의 본능을 바탕으로 한 모태 회귀의 퇴행적 심리가 드러난다.[7)] 여기에는 여러 가지 점에서 '두려운 낯설음'(Das Unheimliche)[8)]의 심리가 깊이 담겨있다. 이상스럽게 무서운 생각이 들지

---

6) 위의 글, 268~269쪽.

7) 모태 회귀에 대한 열망은 죽음의 본능의 차원에서 이해할 수 있다. 죽음의 본능은 무기물이 됨으로써 자극의 적멸 상태에까지 도달하고자하는 본능충동인데, 모태 회귀는 그에 상응하는 평안의 상태를 의미하기 때문이다. 물론 이것은 실재적인 의미를 지닌다기보다는 절대적 안정 상태에 대한 무의식적 소망을 의미한다(프로이트, 「불안과 본능적 삶」, 『새로운 정신분석 강의』, 임홍빈 · 홍혜경 역, 열린책들, 1996, 126~127쪽 참조). 이청준 소설에서 이러한 본능충동의 뿌리는 그의 최초의 처녀작 「퇴원」에서부터 나타난다. 김현은 「퇴원」에 드러나는 유년기의 광 속 체험을 면밀히 분석하면서 이청준 문학의 원초적 체험을 아버지와의 갈등과 어머니에 대한 동경에서 비롯된 점을 강조한 바 있다(김현, 「대립적 세계 인식의 힘」, 『이청준』, 은애, 1979).

8) 두려운 낯설음(Das Unheimliche)은 다양한 내포를 지닌 정신분석적 개념인데, 여기에는 사실은 낯익지만 너무나 오래 되어서 혹은 억압되어 있어서 낯설다는 의미가 담겨 있다. 그것이 낯익은 이유는 인간이 태어난 옛 고향, 다시 말해 우리 모두가 태초에 한 번은 머물렀던 장소(모태)를 상기시켜 주기 때문이며, 그것이 두려

않았다거나 골짜기가 전혀 낯이 선 것 같지 않았다든가, 언젠가 전에 한 번 와 본 일이 있는 것 같이 모든 게 익숙하고 골짜기를 깊이 들어갈수록 기분이 점점 더 아늑해졌다는 등의 윤일섭의 고백은 이러한 점을 잘 보여준다. 여기서 숲과 골짜기는 무의식의 차원에서 모태의 상징으로 이해할 수 있다.9) 따라서 그의 자기 실종은 모태 회귀의 본능충동을 의미한다. 그의 실종이 황홀한 이유가 여기에 있다. 그런데 흥미로운 점은 이러한 기억이 허구라는 점이다. 그는 실제로 어린 시절에 실종을 경험한 바가 없다. 현실적 괴로움이, 그로 하여금 자기 실종의 소망충동을 가지게 하였고, 그러한 무의식적 소망이 마치 어린 시절에 실종을 경험한 것처럼 기억을 조작한 것이다.10)

결국 윤일섭의 증상은 현실로부터 벗어나고자하는 모태 회귀의 퇴행심리의 결과이며, 그것은 자기 실종에의 소망적 표현이라고 할 수 있다. 현실적 성공을 통해 안정된 지위를 성취하고 싶은 소망충동은 대리 승진에서의 탈락으로 인해 좌절을 경험하게 되고, 이러한 좌절은 어린 시절의 실종이라는 조작된 기억과 결합되어 쇠창살 속에 갇히고 싶다는 증상을 형성함으로써 왜곡된 만족을 꾀하게 된 것이다.

운 이유는 그것이 어머니의 것이어서 그것을 보는 것은 곧 거세를 의미하기 때문이다(프로이트, 「두려운 낯설음」, 『창조적 작가와 몽상』, 장정진 역, 열린책들, 1996, 138쪽). 그런데 이 소설에서는 숲의 골짜기는 낯섦/낯익음이 중첩되어 있지만 두려움이 드러나지는 않는다.

9) 무의식에서 숲과 골짜기는 여성의 성기를 대신한다(프로이트, 『꿈의 해석』, 김인순 역, 열린책들, 1997, 478쪽).

10) 프로이트는 늑대인간을 치료하면서, 신경증 환자의 인생과 증상 형성에 영향을 끼쳤다고 할 수 있는 유아기의 장면은 항상 사실은 아니라는 것을 중요하게 다룬 바 있다(프로이트, 「늑대인간」, 『늑대인간』, 김명희 역, 열린책들, 1996, 191~205쪽 참조).

3. 예술을 통한 현실과의 만남

1) 현실 부재의 시간 의식

「시간의 문」은 미래의 시간을 찍는 사진 작가 유종열의 자기 실종을 다루는 소설이다. 유종열은 자칭 미래의 시간을 찍는 사진 작가이다. 현대물리학도 시간에 대해서 명쾌한 해답을 내리지는 못하고 있어 쉽게 판단하기 어렵지만, 인간은 언제나 현재를 살고 있기 때문에 미래를 찍는다는 것은 납득하기 어렵다. 그럼에도 불구하고 유종열은 자신의 사진에 대해 나름대로의 논리를 가지고 있다.

유종열은 사람의 삶이나 그 삶의 자취들 대신 나무와 산, 강과 바다와 하늘, 구름과 바람과 바위 등의 자연 사물을 찍는다. 그는 사진을 찍은 날짜나 시간을 거의 괘념하지 않는다. 그는 사진을 찍으면 필름들을 즉시 현상하거나 인화하지 않는다. 그는 시간이 지나고서야 사진을 인화하는데, 그러면서 찍을 때의 느낌 사정 장소 등을 회상해 소급일기 형식의 메모를 남긴다. 추상적 사물을 대상으로 하는 그의 사진은 찍는 시간과 무관하게 나중에 인화한 후에 해석을 얻게 되고 현실적 의미도 지니게 되는 것이다. 하지만 그에 대해 비판적 시각을 드러내는 허형에 의하면, 유종열의 이러한 논리는 단지 소망이나 주장에 불과한 것이다. 그것은 지극히 추상적인 시간에의 동경일 뿐이다. 유종열 역시 자신이 단 한 번도 미래를 찍어본 일이 없다고 스스로 고백함으로써 자신의 실패를 인정한다. 이유는 카메라라는 기계의 비극적 숙명 때문이라는 것이다.

유종열은 사진 작업을 통하여 자신의 과거를 현재화하면서 자신의 현재의 시간을 채워나간다. 현재의 시간 속에 그의 소재는 없다. 허형에 의하면, 그의 사진 작업은 '그 은밀스런 자기 실종의 욕망의 대행 행위'이다. 이렇게 볼 때 그의 사진 작업은 현재의 시간대에서 자기의 소재를 지워버리고 싶어하는 자기 실종에의 소망충동의 표현이라고 할 수 있다.

> 「우리는 때로 현실의 무게를 정면으로 감당해 낼 엄두를 낼 수가 없을 때가 있지요. 그 현실의 무게라는 것이 너무 엄청나 보일 때는 말이오.」 …(중략)…
>
> 「그래, 사람들은 그 현실로부터의 압살을 모면하기 위해 그가 직면하고 있는 현실을 잠깐 비켜설 여유를 찾거나 소망하게 될 때가 있어요. 어떤 사람에겐 그게 아예 버릇이 되어버린 경우도 있겠구……」[11]

> 「사람의 모습이 보이지 않는다고 그것이 우리의 시간이 아닐 순 없지요. 내가 나의 사진들에서 사람의 모습을 기피하는 것은 거기서 사람의 시간을 지우기 위해서가 아니라, 절망을 지우고 싶어한 때문이었으니까요. 사람들의 얼굴을 통해선 미래의 시간의 모습도 절망 그것밖엔 찍을 수가 없거든요.」[12]

위의 첫 번째 인용문에서 보듯이 유종열이 미래의 시간을 찍게 된 이유는 가혹한 현실 때문이다. 그는 때로 현실의 무게를 정면으로 감당해 낼 엄두를 낼 수가 없을 때, 그 현실의 압살로부터 모면하기 위해 그가 직면하고 있는 현실을 잠깐 비켜설 여유를 찾거나 소망하게 된다고 말한다. 말하자면 그는 다른 시간대 안에서 자기 몫의 시간을 감당해 보려는 것이다. 결국 그의 사진은 가혹한 현실에서 물러나고자하는 소망의 발로라고 할 수 있다.

미지의 시간대로 도피함으로써 현실적 괴로움에서 온전히 얼굴을 돌리려 한다는 점에서 유종열의 자기 실종에 대한 소망은, 「황홀한 실종」

11) 이청준, 「시간의 문」, 『시간의 문』, 중원사, 1982, 198~199쪽.
12) 위의 글, 211쪽.

의 윤일섭의 자기 실종과 유사한 성격을 지닌다. 하지만 전자의 현실이 개인적 현실이라면 후자의 현실은 사회적 현실이라고 할 수 있다. 전자의 현실이 윤일섭 개인이 처한 상황을 드러내는 것이라면, 후자의 현실은 사회적 상황 그 자체를 말한다고 할 수 있기 때문이다. 이런 점에서 위의 두 번째 인용문에서 말하는 절망도 유종열 개인의 상황에서 오는 것이 아니라 사회의 비극적 상황에서 오는 것이다.[13] 따라서 양자는 모두 현실 부정이라는 의미를 지니지만, 윤일섭의 자기 실종이 개인적 차원에 머물러 있는 것이라면, 후자는 사회적 차원에 놓여 있다는 점에서 다르다. 전자가 현실로부터 물러나 망상의 영역 속에서 안주를 꾀하는 것이라면, 후자는 도리어 절대적 현실과 맞대면하고자 하지만, 그것이 쉽게 이루어지지 않는 데서 오는 좌절의 결과라고 할 수 있다.

2) 현실 긍정과 예술적 승화

유종열의 사진은 변모를 겪게 되는데, 그것은 베트남전 특별 취재에 자원하고 나서는 것으로 드러난다. 그가 베트남전에서 찍은 사진은 너무도 생생한 비극의 초상이다. 그의 사진은 베트남전이라는 극단적인 현실과 맞대면하기에 이른 것이다. 하지만 그것으로 그가 자신의 사진에 만족하는 것은 아니다. 그는 베트남을 다녀와서 사람을 찍어도 역시 마찬가지라고 말한다. 그에게 문제는 예술적 대상이 아니다.

13) 이 소설에서는 유종열의 현실적 좌절이 어디에서 오는지 구체적으로 드러나지는 않는다. 물론 베트남전에서 겪는 혹독한 현실이라든가 사진작가로서의 예술가적 좌절이 그의 근본적 갈등으로 드러난다. 하지만 이보다 현실적인 좌절이나 갈등이 있으리라고 생각된다. 이윤옥이 지적하듯이 그것은 1980년 광주 항쟁의 경험일 것이라 추측할 수 있다(이윤옥, 앞의 글, 179~180쪽). 여러 가지 정황으로 볼 때, 이는 어느 정도 설득력이 있다. 그렇다면 이 소설에서 등장하는 베트남전은 광주 항쟁에 대한 알레고리로 이해할 수 있다.

「찍히는 사람과 찍는 사람. 대상과 나, 언제나 둘은 그런 관계지. 둘 사이엔 엄청난 거리의 벽이 있거든. 그래 바로 그 거리의 벽이에요. 그 두꺼운 거리의 벽을 뚫고 들어갈 수가 없어요. 참으로 엄청난 카메라의 숙명이지 그 거리가 사라져 주지 않는 한 우린 서로 다른 차원의 세계에 따로따로 떨어져 있을 수밖에 없어요. 벽을 뚫고 넘어가 함께 있거나 같은 시간의 흐름을 탈 수는 없어요. 그런 때 대상을 찍는 다는 것은 그저 그 시간을 전지 시키는 것 이외에 아무것도 아니에요. 문제는 결국 이놈의 지워지지 않는 거리와 공간……」[14)]

「난 도대체 감당할 수가 없어요. 그 무서운 현장들과 맞서기엔 나의 카메라는 너무도 무력하단 말이오. 나의 카메라는 번번이 그 대상의 시간을 정지시킬 뿐이었어요. 그 사진의 벽을 뚫고 대상 안으로 들어가 함께 흐를 수가 없었어요. 감당할 수가 없는 일이었어요. 그 두꺼운 벽을 허물 수가 없었어요.」[15)]

위의 첫 번째 인용문에서 보듯이 유종열에게 문제가 되는 것은 찍히는 사람과 찍는 사람, 대상과 자신의 관계에 있다. 양자 사이에 존재하는 거리의 벽이 그를 절망하게 만드는 것이다. 두 번째 인용문에서 보듯이 그것은 카메라라는 기계의 숙명 때문에 일어나는 필연적 현상이다. 따라서 유종열의 문제는 실제적으로 시간의 문제라기보다는 거리의 문제이다. 그것은 물리적 공간적 거리가 아니라 사진 작가와 대상 사이의 관계의 거리이며 작가와 현실 사이의 심리적 거리이다. 결국 그가 추구하는 것은 현실에 밀착해가는 것이다. 그런데 문제는 그냥 현실에 밀착하는 것이 아니라 카메라를 통해서 현실과 절대적으로 만나려고 한다는 데 있다.

---

14) 위의 글, 222쪽.
15) 위의 글, 219~220쪽.

그것은 카메라의 비극적 숙명, 즉 카메라라는 예술적 매체의 근본적 한계를 초월하는 것을 의미한다. 따라서 그의 갈등은 자신의 매체를 초월하고자 하는 예술가적 소망의 표현이라고 할 수 있다.

이 소설은 결말에서 유종열이 이러한 문제를 해결하고 스스로 미래의 사진을 찍은 것으로 제시하고 있다. 그는 동남아를 떠돌며 보트 피플의 비참한 삶을 찍다가 결국 그들에게 배를 저어 간다. 선장은 그 모습을 배에 남겨둔 유종열의 카메라로 찍는데, 이는 유종열의 의도라고 생각할 수 있다. 그는 자신이 연출한 사진 속으로 스스로 실종해 들어감으로써 카메라를 통해서 자신의 현실과 온전히 만나게 된 것이다. 여기서 특히 흥미로운 점은 유종열이 죽은 것이 아니라 실종되었다는 점이며, 이러한 실종을 통해서 그는 온전히 자신의 모순을 극복하고 있다는 점이다. 만약 그가 죽어서 돌아왔다면 그는 온전히 사진 속으로 사라졌다고 말할 수 없고 다만 죽어간 것뿐이다. 역으로 그가 베트남 난민에게 배를 저어가는 사진을 찍고 나중에 다시 돌아와 허형 앞에 나타난다고 해도 그의 모순은 해소되지 않는다. 그 역시 사진 속으로 사라져 갔다고 말할 수 없기 때문이다. 결국 유종열은 자기 실종에 대한 소망을 사진이라는 예술을 통해 성취한 것이다.

여기에는 예술적 승화의 메커니즘이 담겨 있다. 「황홀한 실종」과의 연결선상에서 본다면, 유종열의 자기 실종은 모태 회귀의 퇴행적 본능충동이라는 개인적 차원을 벗어나 사회적이며 미학적 차원의 성취를 얻고 있기 때문이다.[16] 따라서 「황홀한 실종」에서 자기 실종이 죽음의 본능을 바탕으로 한 모태 회귀의 퇴행적 심리를 드러낸다면, 「시간의 문」에서

16) 승화(Sublimation/Sublimation)는 성적 목적의 포기 즉 탈성화(脫性化)된 리비도의 정신적 활동이다. 이것은 자아의 중재에 의해 성적 대상 리비도를 자기애적 리비도로 바꾸고 다시 사회적인 목표를 수행하게 된다. 예술 활동은 승화의 대표적인 예이다(프로이트, 「자아와 이드」, 『쾌락원칙을 넘어서』, 박찬부 역, 열린책들, 1997, 117~118쪽 참조).

자기 실종은 현실적 억압을 극복하려는 예술적 승화의 메커니즘을 보여준다. 그런데 「시간의 문」의 사진 작업의 문제는, 이청준 소설 전반을 두고 보면 작가의 글쓰기 문제에 대한 알레고리라고 할 수 있다. 『자유의 문』에서 자기 실종은 변주된 형태로 드러나며 이러한 작가의 글쓰기의 문제와 밀접한 관계를 지닌다.

4. 자기 부정/자기 증거의 변증법

1) 자기 실종 혹은 자기 부정

「황홀한 실종」과 「시간의 문」에서 정면으로 다루어지고 있는 자기 실종의 문제는 『자유의 문』에서 자기 부정이란 변주된 형태로 드러난다.

『자유의 문』에서 문제가 되는 것은 백상도의 정신적 기반이 되는 기독교적 밀교의 종교적 이념이다. 이 밀교에서 성직자는 1년간의 혹독한 기도의 과정을 거쳐서 그리스도의 전사가 되는데, 그러한 기도 과정은 '자기 버림의 과정'이다. 이러한 과정을 거친 그리스도 전사들은 반드시 평범한 사람들 곁에서 평범한 사람으로 살며 비밀리에 그들의 믿음을 실천해야 한다. 그리고 무엇보다 그들의 선행은 비밀리에 이루어져야 하며, 자신의 신분을 드러내거나 그 행업을 세상에 증거해서는 안 된다. 이 지하 교단은 그리스도 전사에게 철저한 자기 존재의 부정을 요구하는 것이다.

이 지하 교단에서 성직자의 개성이란 인정되지 않는다. 그들의 개성은 밀교적 이념 안에서 사상(捨象)된다. 그들은 오직 그리스도의 절대선을 실천하는 비밀 전사의 기호일 뿐이다. 이러한 자기 존재의 부정은 여러 가지 양상으로 드러나는데, 우선 그들이 이름을 바꾸는데서 잘 드러난다.

최병진과 유민혁은 각각 최홍진과 유종혁이라는 본명을 바꿈으로써, 자신의 존재를 근본적으로 부정하고 있다. 백상도의 경우는 성과 이름을 모두 바꾸어 정완규라는 새 이름으로 활동한다. 또한 이들은 과거의 모든 삶도 부정한다. 최홍진이나 유종혁은 그들의 고향에서 오래 전에 실종 신고가 되어 있다. 이들은 자신의 고향에서마저 이미 살아있는 사람들이 아니다. 말하자면 그들은 현실 사회에서 실종된 존재이다.17)

이들의 자기 부정이 보다 극명하게 드러나는 것은, 이들이 이러한 밀교적 이념을 넘어서 죽음에 대한 강한 충동을 지니고 있다는 점이다.

> 그러나 무엇보다도 양자의 유사점은 그 죽음에 대한 태도들에 있었다. 두 사람에겐 무슨 그 죽음에 대한 두려움이 없었다는 정도로는 표현이 모자랐다. 두 사람은 마치도 그 주님 앞에 자신들의 삶을 고하려 서게 될 날을 고대하고 있었기라도 하듯 자신들의 죽음을 조금도 두려워한 흔적이 없었다. 두 사람의 언행엔 어딘지 늘 죽음의 날에의 꿈이나 동경 같은 것이 깃들어 있었던 듯한 느낌이었다. 그리고 그 꿈이 너무 깊었던지, 아니면 현세의 삶이 그만큼 힘들었던지, 한 쪽은 제 손으로(그것은 필시 기독교의 교리에 배반하고 있을 터임에도 유민혁이 그처럼 자살을 택한 것은 또 다른 수수께끼였다), 다른 한쪽은 이승의 삶에 대한 마지막 체념으로 그 수수께끼 같은 자신들의 생애를 통째로 말살해 버리고 싶어한 것이었다.18)

위의 인용문에서 보듯이 최병진이나 유민혁은 죽음에 대한 두려움이 전혀 없으며, 도리어 그들의 언행에는 죽음의 날에의 꿈이나 동경 같은

---

17) 이 밀교 자체가 현실 사회 밖에 있다는 점에서 실종의 영역에 속하는 것이라고 할 수 있다.

18) 이청준, 『자유의 문』, 나남, 1989, 92~93쪽.

것이 강하게 배어 있다. 실제로 유민혁은 기독교의 계율에 어긋나는데도 불구하고 자살을 했으며, 최병진은 마치 죽은 사람처럼 이승의 삶에 대해 체념으로 일관하고 있는 것이다. 이들은 비록 그 성격은 다르지만 「황홀한 실종」의 윤일섭처럼 자신의 존재를 지우고자하는 소망충동을 지닌 사람들이라고 할 수 있다. 밀교의 계율이 그렇게 만든 것이기도 하겠지만, 역으로 그들이 이러한 밀교를 선택한 이유가 그들의 자기 부정의 소망충동에 있다고 생각할 수도 있다.[19]

2) 자기 증거/자기 부정의 변증법

밀교의 이념에서 드러나는 자기 부정은 백상도에게서 모순된 것으로 드러난다. 백상도는 비밀 기도의 과정을 거친 후 노동판 인부가 되어 노무자들을 갈취하는 폭력배들을 기독교에 귀의하게 만드는 데 성공하는 등의 성과를 올린다. 하지만 탄광의 광부가 되어 그 환경을 바꾸기 위해 은밀한 투쟁을 하는 과정에서 지독한 좌절을 경험하게 된다. 탄광의 불합리한 상황을 폭로하기 위해 끌어들인 성 기자가 낙반사고로 죽게 됨으로써 모든 사건이 은폐되기 때문이다. 이러한 좌절은 그로 하여금 현실과 교단에 대해 깊은 회의를 갖게 하고 결국 심각한 심리적 굴곡을 겪게 만든다.

백상도의 좌절은 성 기자의 죽음 때문에 생긴 것만이 아니다. 백상도는 성 기자를 통해서 자기의 계율을 어기지 않으면서 자신의 일을 증거하고자 했으나, 성 기자의 죽음으로 인하여 그의 은밀한 계획은 수포로

---

19) 「소문의 벽」에서 박준이 자신의 이름 석자를 거추장스럽게 여기며 본명 박준일에서 '일'자를 스스로 지우는 점이나 그의 세 편의 소설에 죽음의 본능이 내재해 있다는 점 등도 이러한 자기 부정의 맥락과 한 궤에 놓인다고 할 수 있다(이승준, 「이청준 소설에 대한 정신분석적 연구」, 고려대학교 박사학위논문, 2003, 45~47쪽 참조).

돌아간 것이다. '성 기자라는 큰 입을 빌어 말하려다 내 작은 입까지도 함께 잃은 꼴'이 된 것이다. 그는 '이입 저입이 모두 막히고 보니, 일테면 일종의 자기 증거욕이랄까, 나는 그 오랜 기도의 계율에도 불구하고 사람들 앞에 스스로 사실을 말하고 싶은 충동에 쫓기기 시작한'[20] 것이라고 한다. 그가 신봉하는 밀교적 계율 뒤에는 진실을 드러내고 싶은 인간적 증거욕이 도사리고 있다. 그는 자기 부정/자기 증거라는 해소되기 힘든 극단적인 모순을 안게 된 것이다.

지리산에서 백상도가 6·25 전쟁 당시 지리산 전투에서 죽어 간 이름 모를 유골을 수습해 무덤을 만들어 주는 행위는 이러한 모순을 극복하려는 그의 노력이라고 할 수 있다. 이름이나 연고를 알 수 없는 주검을 찾아 묻어 줌으로써 그는 스스로 그들 존재를 증거하는 것이다. 하지만 이러한 행위가 근본적으로 그의 모순을 해결해 줄 수는 없다. 그는 자신의 존재를 증거해 줄 사람을 필요로 하기 때문이다. 그래서 백상도는 마침내 산 아래에서 양진호 기자와 구서룡 형사를 유인하여 살해하기에 이른다. 그의 살해는 인간적인 충동과 신앙의 계율을 교묘한 방법으로 타협한 결과이다. 그는 두 사람에게 자신의 이야기를 함으로써 자기 증거욕을 해소하고, 그들을 살해함으로써 증거를 없애 계율을 수호한 것이다.

이 소설은 백상도와 주영섭과의 종교와 소설에 대한 논쟁을 통해 이러한 모순의 해소 가능성이 제시된다.

> "어떻게 보면 일이 제법 공평하게 풀린 셈이랄까. 주선생은 어쨌든 주선생의 소설을 훌륭하게 완성할 수 있게 됐고, 나는 그 주선생이 돌연한 실종과 암시의 기호를 사들임으로써 내 스스로는 불가능한 세상에의 증거를 대신해 나갈 수가 있게끔 되었으니…… 하고보면 결국 이 모든 게

---

20) 위의 글, 223쪽.

다 주선생 덕이랄 밖에…… 주선생이 아니었다면 아마 내 생각이 거기까진 쉽게 미치질 못했을 거외다…….”[21)]

“그것을 일종의 소설의 숙명이라 했습니다만, 소설이란 그렇듯 그의 증거행위가 한 순간 모두 도로가 되어버린다 하더라도, 그렇기 때문에 오히려 더 그것을 포기함이 없이 증거와 도로를 끝없이 되풀이해 가는 과정 속에 그 참값을 드러내는 것이라 할 수 있지요. 거기에 바로 소설의 증거의 본질과 의미도 깃들어 있는 것이구요.”[22)]

백상도는 주영섭의 회유에도 불구하고 자신의 모순된 논리를 굽히지 않고 끝내 주영섭을 살해함으로써 자기 부정/자기 증거의 모순을 은밀하게 해소한다. 그것은 ‘돌연한 실종과 암시의 기호’를 수용함으로써 가능해진다. 돌연한 실종이란 주영섭의 죽음을 의미하는 것이고, 암시의 기호란 그로써 주영섭이 자신의 소설을 삶 안에서 성취하는 것을 뜻한다. 하지만 그의 이러한 자기모순의 해소는 고식적인 방책일 뿐이다. 그는 결국 영원히 해소되지 않는 자기모순을 안고 은밀한 방식으로 그것을 해소해야 하는 운명에 처해 있다고 할 수 있다. 이러한 모순은 주영섭의 소설론에 의해 진정한 해소의 가능성을 찾는다.

주영섭은 ‘증거와 도로를 끝없이 되풀이해 가는 과정’이 소설의 숙명이라고 말한다. 이때 작가는, 소설을 통해 현실 개조의 논리를 펴고 그것이 현실에서 수용되었을 때 현실에서 스스로 물러나야하는 숙명을 지닌 존재다.[23)] 말하자면 작가는 거꾸로 자기 증거/자기 부정을 반복함으로써

21) 위의 글, 261쪽.

22) 위의 글, 253~254쪽.

23) 이러한 논리는 「지배와 해방」, 「비화밀교」를 거쳐 『자유의 문』에 이르러 구체성을 얻는다.

예의 모순을 극복하는 존재이다. 그것은 끊임없는 변증법적 과정이라고 할 수 있다. 여기서 주영섭이 지리산에 들어간 행위는 이러한 소설가적 운명을 비유적으로 드러낸다. 그는 죽음을 무릅쓰고 지리산에 들어가 백상도를 대면하고, 자기 실종을 받아들임으로써 자신의 소설을 삶으로 완성하고 있기 때문이다.

이는 「시간의 문」에서 유종열이 자기 사진 속으로 자기 실종을 감행함으로써 자신의 사진을 완성하는 것과 유사한 방식이다. 주영섭 역시 현실에서 실종함으로써 자기 소설을 완성하고 있기 때문이다. 양자는 모두 자기 실종을 통해 자신의 예술적 매체와 일체화하고 그럼으로써 자기 예술을 완성한다. 주영섭의 경우 유종열보다 구체적 논리를 획득하고 있다고 말할 수 있다.[24)]

5. 결론

지금까지 「황홀한 실종」과 「시간의 문」 그리고 『자유의 문』을 통해 이청준 소설에 나타나는 자기 실종의 의미를 살펴보았다.

「황홀한 실종」과 「시간의 문」은 자기 실종을 정면으로 다루고 있다. 이 두 소설에서 자기 실종은 괴로운 현실로부터 벗어나고자하는 소망충동의 소산이라고 말할 수 있다. 하지만 양자가 온전히 같은 의미를 지니는 것은 아니다. 두 소설에서 드러나는 현실의 의미에 차이가 있는데, 「황홀한 실종」에서 현실이 윤일섭이라는 개인이 처한 상황을 의미한다

24) 『인문주의자 무소작 씨의 종생기』에서도 실종은 유사한 의미를 지닌다. 하지만 이 소설에서 실종은 화해로운 상황으로 전환된다. 이 소설에서 무소작은 자신의 이야기 속으로 사라져 가는데, 여기에는 더 이상 치열한 갈등이 드러나지는 않는다.

면, 「시간의 문」에서 현실은 유종열이 사진에 담고자하는 사회적 현실 그 자체라고 말할 수 있다. 전자의 자기 실종이 죽음의 본능을 바탕으로 한 모태 회귀의 퇴행적 심리에 뿌리를 둔 현실 부정의 의미를 지닌다면, 후자의 자기 실종은 사진이라는 매체를 통해 가혹한 현실을 극복하고자 하는 예술적 승화의 의미를 지닌다.

『자유의 문』에서 자기 실종은 변주된 형태로 나타나는데, 그것은 작가의 글쓰기 문제로 귀결된다. 이 소설에서 문제가 되는 것은 백상도의 기독교적 밀교의 이념이다. 이 밀교의 성직자의 수도 과정은 자기 버림의 과정으로 자기 부정의 의미를 지닌다. 하지만 백상도는 자기 부정/자기 증거의 대립적 모순을 지니는데, 그것은 주영섭이 소설론의 의해 해소된다. 주영섭에 의하면, 작가는 소설을 통해 현실 개조의 논리를 펴고 그것이 현실에서 수용되었을 때 현실에서 물러나야하는 과정을 반복하는 존재다. 그것은 자기 증거/자기 부정의 변증법적 과정이라고 할 수 있다.

이청준 소설에서 자기 실종은 대체로 개인적 차원에서 사회적 차원으로 확대되고 있다. 이는 내면적 본능충동의 치열한 갈등이 사회적으로 해소되는 과정이라고 말할 수 있다. 여기서 사회적 해소는 작가의 글쓰기라는 예술적 승화를 통해 가능해진다. 「황홀한 실종」에서 드러나는 심리적 갈등은, 「시간의 문」에서 사회적 의미를 획득하게 되고, 『자유의 문』에서 온전히 구체성을 얻게 된다.

참고문헌

1. 1차 자료

이청준. 「황홀한 실종」. 『예언자』. 재판. 문학과지성사, 1995.
______. 「시간의 문」. 『시간의 문』. 중원사, 1982.

______. 『자유의 문』. 나남, 1989.
______. 『인문주의자 무소작 씨의 종생기』. 열림원, 2000.

2. 2차 자료

김교선. 「소설로 쓴 소설론」. 『소설의 이해와 평가』. 형설출판사, 1972.
김병익. 「소설가는 왜 소설을 쓰는가」. 『문학과 사회』. 문학과지성사, 2001 겨울호.
김인환. 「소설가의 소설론」. 『문학과 지성』. 1972 겨울.
김치수. 「언어와 현실의 갈등」. 『이청준』. 삼인행. 1991.
김 현. 「대립적 세계 인식의 힘」. 『이청준』. 은애, 1979.
우찬제. 「억압 없는 자유를 향한 언어 조율사의 반성적 탐색」. 『타자의 목소리』. 문학 동네, 1996.
이윤옥. 「자기 실종의 황홀한 욕망」. 『비상학, 부활하는 새, 다시 태어나는 말』. 문이당, 2005.
이승준. 「이청준 소설에 대한 정신분석적 연구」. 고려대학교 박사학위논문, 2003.
프로이트. 「신경증과 정신증」. 『억압, 증후 그리고 불안』. 황보석 역. 열린책들, 1997.
______. 「늑대인간」. 『늑대인간』. 김명희 역. 열린책들, 1996.
______. 「두려운 낯설음」. 『창조적 작가와 몽상』. 장정진 역. 열린책들, 1996.
______. 「자아와 이드」. 『쾌락원칙을 넘어서』. 박찬부 역. 열린책들, 1997.
______. 『정신분석 강의』. 임홍빈 · 홍혜경 역. 열린책들, 1997.
______. 『꿈의 해석』. 김인순 역. 열린책들, 1997.

한국 패러디 소설의 새로운 가능성

- 이순원의 「말을 찾아서」와 김영하의 『아랑은 왜』를 중심으로 -

1. 서론

패러디(Parody)는 본래 익살과 풍자의 효과를 위하여 원작의 표현이나 문체를 자기 작품에 차용하는 문학 양식이다. 하지만 20세기 이후 러시아 형식주의자들을 비롯한 많은 비평가들에 의해 끊임없이 새로운 의미가 부가되어서, 오늘날에 패러디는 개념을 확정하기 거의 불가능할 정도로 그 외연이 확장되었다. 특히 포스트모더니즘 논의와 더불어 중요한 예술 양식으로 부각되어, 패러디는 20세기 후반 이후의 문화현상을 대표하는 예술양식처럼 여겨지게 된다. 그리하여 그것은 문학뿐 아니라 미술, 연극, 영화, 애니메이션, 게임 등 다양한 예술 장르를 넘나들며 활용되는 예술 기법이 된다.

우리 문학계에서도 1990년대에 벌어진 포스트모더니즘 논의와 더불어 패러디 소설의 문제는 매우 진지하게 검토된다. 이인화의 『내가 누구인지 말할 수 있는 자는 누구인가』, 장정일의 『 아담이 눈뜰 때』, 박일문의 『살아남은 자의 슬픔』 등에 대한 표절 시비가 문단에서 제기되면서, 패스티쉬와 함께 패러디에 대한 관심이 부각되기 시작한다. 이후 1990년대 중후반에 걸쳐 패러디에 대한 연구가 꾸준히 진행되어 왔으며, 특히 1990년대 후반에는 이에 대한 본격적인 연구서들이 출간되기도 한다.[1] 또한 2000년대에 이르러서도 유행적인 현상은 사라졌으나 이에 대한 논의는 꾸준히 지속되고 있다.

이러한 연구가 진행되는 동안 먼저 관심의 대상이 된 텍스트는 패러디에 대한 논의가 부각되기 이전의 텍스트들이다. 그 대표적인 예가 채만식과 최인훈의 작품들이다.[2] 하지만 전진우의 「서울, 1986년 여름」을 필두로 패러디 소설은 현재까지 꾸준히 창작되어 왔다.[3] 사실상 우리 소설 전체를 두고 본다면 패러디 소설의 비중이 그리 큰 것이라고 하기는 어렵지만, 패러디를 통해 다양한 형식적 실험을 시도함으로써 새로운 문학적 효과를 드러내고 있는 텍스트가 상당수 등장한 것도 사실이다.

패러디란 기본적으로 원텍스트의 내용에 대한 의도적인 왜곡을 통해 새로운 서사를 창조하여, 거기에 새로운 위미를 부여하는 창작 행위이다. 패러디된 텍스트를 지시하는 명칭으로 원텍스트(Ur-text), 밑텍스트(Hypo-text), 하부텍스트(Sub-text), 전텍스트(pre-text) 등을 쓰는 이유가 여기에 있다.[4] 형태적으로 본다면 패러디된 텍스트는 패러디한 텍스트의

1) 그 대표적인 예로 다음의 저서를 꼽을 수 있다.
김현실 외, 『한국 패러디 소설 연구』, 국학자료원, 1996.
장양수, 『한국 패러디 소설 연구』, 이회문화사, 1997.
송경빈, 『패로디와 현대소설의 세계』, 국학자료원, 1999.
이미란, 『한국현대소설과 패러디』, 국학자료원, 1999.

2) 채만식은 「흥보 씨」, 「허생」, 「배비장」, 「심봉사」(미완) 등의 작품을 통해서 일찍이 고전에 대한 문학적 재해석에 큰 관심을 기울여 왔을 뿐 아니라, 『태평천하』, 「치숙」 등을 통해 판소리 양식을 현대소설에 접목시키기도 하였다. 최인훈 역시 「춘향전」, 「놀부뎐」, 「금오신화」, 「열하일기」, 「온달」 등의 우리 고전 뿐 아니라 『소설가 구보씨의 일일』에서 현대소설도 패러디하고 있고, 『서유기』나 「크리스마스 캐럴」 연작에서처럼 외국 고전을 패러디하기도 하였다.

3) 첨부 자료 한국 현대소설의 패러디 목록을 참조하기 바람.

아래 혹은 앞에 있다고 상정할 수 있는 것이다. 그런데 패러디의 양상이 다양화되면서 이러한 형상적 관계에서 조금 벗어난 것처럼 보이는 텍스트들이 등장한다. 즉 패러디된 텍스트의 곁에 놓인다거나 다중의 패러디를 시도하는 경우를 상정할 수 있다.

필자는 이러한 점에서 이순원의 「말을 찾아서」와 김영하의 『아랑은 왜』에 주목하고자 한다. 이 두 작품은 각각 텍스트의 곁에 놓이거나 다중의 패러디를 시도함으로써 새로운 효과를 드러내고 있어 패러디 소설의 새로운 가능성을 제시하고 있다고 생각되기 때문이다. 본고는 이 두 작품을 정밀하게 분석함으로써 이 작품들이 지니는 패러디의 의미를 가늠해 보겠다. 이에 앞서 패러디가 너무 다양한 의미를 지니기 때문에, 우선 패러디의 정의와 개념을 정리해 보기로 한다.

2. 패러디의 정의와 개념

패러디의 의미를 확장하는 데 결정적인 역할을 한 비평가가 린다 허천이다. 린다 허천은 패러디의 개념에서 익살이나 풍자의 의미를 배제함으로써 그 의미를 확장할 뿐만 아니라 보다 유연하게 만든다.

린다 허천은, 대부분의 패러디 이론가들이 이 용어의 어원적 뿌리로 돌아가 '대응노래'(counter-song)를 뜻하는 희랍어 명사인 'paradia'에서 멈추고 있다고 비판한다. 그녀는 이 말의 접두사인 'para'에 주의를 기울이는데, 이는 대응되는(counter)과 반하는(against)이라는 두 가지 의미를 동시에 지닌다는 것이다. 또한 여기에는 '이외의'라는 뜻도 있기 때문에 대조와 더불어 일치와 친밀성의 의미도 담겨있다고 한다. 따라서 패러디라

4) 여기에서 'Ur-'는 원형을, 'Hypo-', 'Sub-'는 모두 아래 혹은 밑을, 'pre'는 앞을 의미하는 접두사이다(정끝별, 『패러디 시학』, 문학세계사, 1997, 32쪽).

는 말에는 벌레스크의 'burla'나 농담(joke)과 달리 조롱의 의미를 내포할 필연성이 없다는 것이다. 그녀는, 이러한 논지를 바탕으로 그 아이러닉한 '초문맥성'(trans-contextualization)과 '전도'(顚倒, inversion)에 있어서의 "차이를 가진 반복"이라고 패러디를 정의한다.[5]

린다 허천의 이러한 이론은 오랜 동안 논의된 패러디에 대한 비평적 토대 위에 이루어졌다. 러시아 형식주의의 장르 진화론,[6] 바흐친의 다성주의,[7] 크리스테바의 상호텍스트성[8] 그리고 해롤드 블룸의 시적 영향의 불안[9] 등의 개념들이 그의 이론에 영향을 주었다. 또한 당대 비평의 주류를 형성한 포스트모더니즘과 후기구조주의 역시 그녀의 패러디 이론의 바탕이 된다. 독창성과 창조성이라는 낭만주의적 예술 원리를 토대로

---

5) 린다 허천, 『패로디 이론』, 김상구 윤여복 역, 문예출판사, 1992, 54~56쪽.

6) 러시아 형식주의의 문학 진화는 "내가 아는 한, 내가 처음 공식화한 법칙에 따르면, 예술사에서 유산은 아버지에서 그 아들로가 아니고 삼촌으로부터 그 조카에게로 전해진다."라는 슈클로프스키의 말에 잘 나타나 있다. 문학적 진화는 일직선적 과정이 아니라 우회로의 과정으로 이루어진다는 것이다(빅토르 어얼리치, 『러시아 형식주의』, 박거용 역, 문학과지성사, 1987, 333~336쪽).

7) 바흐친에 의하면, 패러디는 카니발적 장르의 가장 기본적이다. 카니발적 장르란 진지하면서도 해학적인 장르로 하나의 독립적인 장르라기보다는 장르의 복합체에 가깝다. 그것은 근본적으로 다성적인데, 이러한 특성이 가장 두드러진 장르가 소설이다(미하일 바흐친, 『도스또예프스키 시학』, 김근식 역, 정음사, 1988, 184~187쪽).

8) 줄리아 크리스테바는 바흐친의 다성성에서 출발하여 상호텍스트 이론을 제기한다. 그녀에 의하면 모든 텍스트는 인용의 모자이크로 구성되며 다른 텍스트의 흡수이자 변형이다. 그녀는 문학 구조를 텍스트적 총체로 생각되는 사회의 조화 속에 둠으로써 텍스트를 오가는 기호, 담화, 목소리들의 상호 작용에 초점으로 둔다(줄리아 크리스테바, 『바흐친과 문학이론』, 여홍상 편, 문학과지성사, 1997, 234~267쪽).

9) 해롤드 블룸은, 후배 작가의 '영향'이 선배 작가들의 자료나 특색을 직접 차용하거나, 그것에 동화됨으로써가 아니라 불가피한 변형을 포함한다고 한다. 그의 견해에 의하면, 선배 작가에 대한 후배 작가의 감정은 존경과 애정, 질투와 두려움의 양가적인 것이기 때문에 무의식적으로 선배 작가의 작품을 오독함으로써 수정화 과정을 거쳐 자신의 자율성을 확보하게 된다(해롤드 블룸, 『시적 영향에 대한 불안』, 윤호병 역, 고려원, 1991, 239-260쪽).

하는 서구의 근대적 예술관을 정면으로 반박하면서, 포스트 모더니스트들은 작가와 작품의 고유성에 대해서 의문을 제기하기 시작했다. 롤랑 바르트에 의하면 모든 텍스트는 어떠한 방식으로든 다른 텍스트와 관계를 맺고 있고 작가가 아니라 독자가 그 텍스트 속에서 문맥을 읽어 낼 수 있는 주체가 된다.[10] 이제 작품은 텍스트의 그물을 이루는 한 그물코이며 작가는 작품에 대해 유일무이한 창작의 원천일 수 없다. 이러한 비평적 배경 위에서, 원작의 모방을 전제로 하는 패러디는 새로운 예술 기법의 비전을 제시하는 양식으로 주목받게 된 것이다. 이런 점에서 볼 때 패러디는 자기반영성(self-reflexivity)을 전제로 한다고 할 수 있다.

린다 허천에 의하면, 전체 장르에 관한 패러디도 있고, 한 시대나 조류의 문체에 관한 패러디도 있고, 특정 예술가에 대한 패러디도 있으며, 특정 예술가에 대한 패러디의 경우 개별 작품에 관한 패러디나 작품의 일부분에 대한 패러디 또는 그 예술가의 전체 작품의 심미적 양식상의 특징에 대한 패러디도 있다.[11] 실제로 패러디에 대한 양상은 이보다 더욱 다양하다. 오늘날 작가는 끊임없이 텍스트를 재생산하고 있을 뿐 아니라, 어떤 의미에서 창작은 장르의 관습 속에서 기존의 텍스트에 대한 모방을 통해서 이루어지고 있기 때문이다.

하지만 이미 패러디의 의미는 린다 허천의 정의의 범위를 넘어서는 듯하다. 패러디란 결국 원텍스트와 패러디한 텍스트 사이의 관계 속에서 의미를 지닌다고 할 수 있는데, 그것은 궁극적으로 두 텍스트 간의 같음과 다름의 문제로 귀결된다. 린다 허천은 그것을 "차이를 가진 반복"이라고 규정하고 있는 것이다. 반복이란 이전의 텍스트(어구, 작품, 작가, 장르)와 어떻게 같은가 하는 점을 드러내며, 차이란 다른 점을 지시한다.

---

10) 롤랑 바르트, 「작가의 죽음」, 『미셸 푸코의 문학비평』, 김현 역, 문학과지성사, 1990, 39쪽.

11) 린다 허천, 앞의 책, 33쪽.

린다 허천은 그 사이에 아이러니를 삽입했지만 이로써 둘 간의 관계가 모두 해소되는 것 같지는 않다. 그 사이에는 아이러니든 풍자든 역설이든 어떤 문학적 효과가 부가된다면 패러디는 가능해진다. 여기서 분명한 한 가지 조건은 그것이 어구이든 작품이든 작가든 장르든 패러디한 작품이 겨냥하는 원텍스트가 구체적이어야 한다는 점이다.

이렇게 볼 때 패러디는 의식적인 모방의 한 형식으로, 과거의 특정한 문학 작품이나 장르를 전제로 새로운 의미를 형성하는 문학적 전략이라고 정의할 수 있을 것이다. 이때 패러디의 의미는 원텍스트와 패러디한 텍스트 사이의 동일성과 차이에 의해 형성된다고 할 수 있다. 동일성과 차이는 양적인 면에서 반비례 관계에 있다고 할 수 있지만, 양자는 서로 다른 층위에 놓임으로써 의미를 드러낸다. 동일성은 전제가 되며, 그 전제 위에서 차이를 통해 패러디한 텍스트는 문학적 효과를 산출한다. 이러한 관계 속에서 양자는 연속성과 단절성, 반복과 이탈, 답습과 위반, 추수와 전복, 모방과 창조, 부정과 긍정, 경멸과 경의 등의 다양한 의미를 함축한다. 하지만 동일성과 차이는 분리되지 않고 겹쳐 있음으로써 이러한 의미를 지니게 된다. 동일성이라는 전제와 차이에 의한 문학적 효과는 분리해서 생각할 수 없기 때문이다. 양자는 늘 동전의 양면처럼 불가분의 관계에 놓여 있다.

3. 패러디 소설의 새로운 가능성

1) 「메밀꽃 필 무렵＼말을 찾아서」-겹텍스트의 의미[12]

12) ＼는 원텍스트와 패러디한 텍스트 사이의 형상적 관계를 표시한다. 이는 작품 자체 혹은 인물이나 모티프 등 다양한 문학적 요소에 적용할 것이다. 여기에는 동일성과 차이가 동전의 양면처럼 불가분의 관계에 놓여 있다는 점도 함축되어 있다.

가) 원텍스트의 '곁텍스트'

이순원의 「말을 찾아서」는 주인공 이수호와 당숙 사이의 양부 양자의 관계를 다루고 있는 소설이다. 소설가인 수호는 어린 시절에 자식이 없는 당숙의 집에 양자 가게 되는데, 그 과정이 순탄하지 않다. 그는, 처음에 양자 가는 것을 강하게 거부하지만 당숙의 마음을 이해하게 되어, 결국 그것을 수락하게 된다. 이 소설은, 이러한 과정에서 드러나는 수호와 당숙의 심리를 섬세하게 그리고 있다. 여기서 핵심이 되는 문제는, 자식을 갈구하는 당숙의 마음이 얼마나 간절한가 하는 점과 그러한 당숙의 마음을 깊이 이해하게 되는 수호의 심리적 과정이다.

이 소설은 그 자체로도 완성도 높은 작품이라고 할 수 있지만, 이효석의 「메밀꽃 필 무렵」과 겹쳐서 볼 때 더욱 풍부한 의미를 드러낸다. 「말을 찾아서」는 「메밀꽃 필 무렵」과 제목도 판이하며 내용도 전혀 다르지만, 두 가지 문학적 장치를 통해서 「메밀꽃 필 무렵」과 깊은 내적 관계를 유지하고 있다. 그것은 첫째 「메밀꽃 필 무렵/말을 찾아서」의 '나귀/노새 혹은 말'이며, 둘째 봉평에서 대화로 가는 80리 산길과 그 길의 달밤 분위기이다. 하지만 이러한 장치들이 두 작품 사이에서 정확히 대응되는 것이 아니며, 또한 두 작품을 직접적으로 매개하는 것도 아니다. 이러한 장치들은 서로 깊은 연관 관계를 이루면서도 잘 맞물려 있기보다는 약간씩 어긋나며 빗겨 있다.

「말을 찾아서」가 「메밀꽃 필 무렵」을 겨냥하고 있으면서도, 제목과 내용이 판이하며 동일한 요소들조차 잘 맞물리기보다 조금씩 어긋나 있다. 이것은 작가의 의도된 서사 전략인 것처럼 보인다. 결과적으로 이러한 어긋남이 서사적 연결을 부자연스럽게 만드는 것이 아니라 도리어 그 의미를 풍부하게 하고 있기 때문이다. 이러한 효과는, 이러한 양자 사이의 어긋남이 두 작품 사이의 거리를 확보하면서도 내적인 관계를 충분히 유지하게 만들기 때문에 가능해진다. 「말을 찾아서」는 이러한 독특한 방식을 통해서 「메밀꽃 필 무렵」을 매우 효과적으로 패러디하고 있다고 판단된다. 이런 점에서 「말을 찾아서」는 곁에 맞물려 있음으로써 「메밀꽃 필 무렵」을 페러디하고 있다고 할 수 있다. 말하자면 「말을 찾아서」는 「메밀꽃 필 무렵」에 대한 곁텍스트가 되는 셈이다.

나. '나귀\노새' 혹은 '아버지\당숙'

「말을 찾아서」는, 소설가인 수호가 출판사로부터 이효석의 「메밀꽃 필 무렵」의 배경이 되는 봉평에 취재 여행을 다녀오라는 청탁을 받는 것으로 시작된다. 그는 이에 대해 매우 신경증적인 반응을 보이는데, 그 이유는 「메밀꽃 필 무렵」에 나오는 나귀가 얼마 전에 꾸었던 '말 꿈'과 연관이 있기 때문이다.

> 며칠 동안 말 꿈으로 내가 신경을 쓰는 걸 보아서인지 아내도 더 이상 뭐라고 말하지 않았다. 만약 그러지 않았다면 아내도 지지 않고 그 속에 나귀 얘기가 나오긴 하지만 <메밀꽃 필 무렵>을 어떻게 말 얘기라고만 할 수 있겠느냐고 말했을 것이다. 어쨌거나 중요한 건 그게 말 얘기든 나귀 얘기든 지금 내가 그 원고를 쓰고 싶지 않다는 것이었다. 정초에 그런 꿈까지 꾼 다음 또 다른 나귀 얘기와 어린 날 아부제를 찾아 봉평에 갔던 얘기를……13)

수호가 원고 청탁에 대해 신경증적 반응을 보이는 이유는 합리적 근거에 의한 것이 아니라, 그 작업을 수행하는 것이 어린 시절의 심리적 상처를 불러일으키는 것이기 때문이다. 위의 인용문은 그러한 상처의 핵심에 '나귀'가 놓여있음을 암시한다.

---

13) 이순원, 「말을 찾아서」, 『말을 찾아서』, 문이당, 1997, 13쪽.

수호가 취재 여행을 거부하는 이유는 단지 「메밀꽃 필 무렵」에 나귀가 나오기 때문이다. 아내가 "<메밀꽃 필 무렵>을 어떻게 말 얘기라고만 할 수 있겠느냐"는 반문에 그의 답은 궁색해 질 수밖에 없다. 남들과 달리 그에게 「메밀꽃 필 무렵」은 오직 나귀에 대한 이야기처럼 인식되고 있다. 그에게 「메밀꽃 필 무렵」은 나귀에 대한 환유 혹은 전치(displacement)가 되는 셈이다. 이러한 수호의 심리는 이 작품이 「메밀꽃 필 무렵」을 겨냥하고 있으며, 그 중 특히 '나귀'에 집중하고 있음을 은연중 드러낸다. 이것은 독자로 하여금 「메밀꽃 필 무렵」을 연상하게 하면서도 성 서방 집 처녀에 대한 이야기보다 나귀에 집중하게 만드는 효과가 있다. 이는 결국 두 소설을 '아버지와 아들의 관계' 안에 묶어둔다.

「메밀꽃 필 무렵」에서 늙은 나귀의 초라한 모습 자체가 허 생원과 닮아있어, 나귀는 허 생원에 대한 환유라고 말할 수 있다. 늙은 주제에 암샘을 함으로써 아이들의 웃음거리가 되는 것은 허 생원이 충주집에 관심을 두고 동이에게 질투를 느끼는 점에 대응되며, 암말과의 관계를 통해 새끼는 낳은 것은 허 생원의 동이를 아들로 보고자하는 소망을 대변한다고 할 수 있다. 「말을 찾아서」에서 노새는 당숙에 대한 환유이다. 물론 원인이 당숙모에게 있지만 어쨌든 자식을 가지지 못한다는 점에서 당숙은 노새와 유사하다. 허 생원과 노새가 그렇듯이 그들은 떠돌아다니며 짐을 나르는 존재이기도 하다. 이러한 점에서 허 생원-나귀, 당숙-노새는 각각 동격이라고 할 수 있다. 이로써 「메밀 꽃 필 무렵\말을 찾아서」에서 허 생원-나귀의 고단한 삶은 당숙-노새의 삶에 부가된다. 이때 나귀와 노새는 말이라는 포괄적 개념 안에서 그 차이가 희석된다.

한편 나귀\노새의 차이는 성적 능력의 발정\부재에 있다. 이러한 차이는 두 서사의 결정적 차이를 만드는 요소이다. 「메밀꽃 필 무렵」이 나귀를 통해서 허 생원-충주집-동이 사이의 오이디프스적 삼각관계의 갈등과 해소의 구조를 형성한다면, 노새의 성적 능력의 부재로 인하여 「말을 찾아서」는 부자관계의 평면적 구조를 지니게 된다. 하지만 이로써 이 두 텍스트가 완전히 다른 두 개의 서사로 분리되는 것이 아니다. 「말을 찾아서」의 노새는 「메밀꽃 필 무렵」의 나귀를 겨냥해서 이해할 때 보다 풍부한 의미를 획득하게 되는데, 그것은 바로 노새의 수난이 성적 능력의 부재에서 오는 것이기 때문이다. 「메밀꽃 필 무렵」이 전제될 때 노새는 나귀의 발정과 정반대의 자리에 놓이게 되고, 그럼으로써 노새의 수난은 더욱 큰 것이 된다.

나귀\노새의 이러한 의미를 바탕으로 주인공 수호의 복잡한 내면 심리를 이해할 수 있다. 그가 양자 가기를 거부하는 이유는 표면적으로 사람들이 노새를 부리는 사람을 업신여긴다는 데 있다. 하지만 그 내면에서는 노새의 성적 능력의 부재에 대한 수치심이 원인으로 작용한다. 그는 당숙의 노새를 '왕자표 통고무신 같은 자지'로 인식하는데, 그것은 결국 '생식력도 없는 큰 자지'일 뿐이다. 그는 "자지를 배 밖으로 덜렁대고 있으면 내가 다른 아이들 앞에 옷을 벗고 그렇게 서 있는 것처럼 부끄러웠다"고 한다. 여기에 자식이 없는 당숙은 그의 수치심을 더욱 강하게 만들었다고 할 수 있다. 하지만 노새의 죽음을 맞이하고 이후 나이가 들면서 그의 노새에 대한 느낌은 연민으로 바뀐다. 그것은 한 때 당숙에게 느꼈던 수치심이며 이후 당숙에게 가지게 되는 연민이라고 말할 수 있다.

「메밀꽃 필 무렵」에서 달밤의 분위기는 매우 중요한 의미를 지닌다. 성 서방네 처녀가 결혼도 안하고 얼금뱅이 왼손잡이 허 생원에게 몸을 허락한 것이, 불안한 가정 상황에서의 절망도 한몫했겠지만, 달밤의 아름답고 신비한 분위기에 영향을 받은 바가 크기 때문이다. 또한 소설의 마지막 장면에서 하얀 메밀꽃이 핀 산길을 걷는 달밤의 분위기도 중요한데, 이는 허 생원으로 하여금 과거의 기억을 되새기고 동이가 자신의 아들이기를 바라는 마음을 갖게 만들기에 충분하다.14) 「말을 찾아서」에서 가장 중요하다고 생각되는 장면, 즉 수호가 봉평에 가서 당숙을 데리고 오는 장면이 「메밀꽃 필 무렵」의 달밤과 분위기에 기대는 바가 크다.

> 조 선달 편을 바라는 보았으나 물론 미안해서가 아니라 달빛에 감동하여서였다. 이지러는 졌으나 보름을 갓 지난 달은 부드러운 빛을 흐뭇이 흘리고 있다. 대화까지는 팔십 리의 밤길, 고개를 둘이나 넘고 개울을 하나 건너고 벌판과 산길을 걸어야 된다. 길은 지금 긴 산허리에 걸려 있다. 밤중을 지난 무렵인지 죽은 듯이 고요한 속에서 짐승 같은 달의 숨소리가 손에 잡힐 듯이 들리며, 콩포기와 옥수수 잎새가 한층 달에 푸르게 젖었다. 산허리는 온통 메밀밭이어서 피기 시작한 꽃이 소금을 뿌린 듯이 흐뭇한 달빛에 숨이 막힐 지경이다.15)

> 진부옥을 나온 다음 아부제와 나는 밤길을 걸었다. 아니 걷지 않고 마차 앞자리에 타고 밤늦도록 이목정까지 나왔다. 달이 없어도 별이 좋은 밤이었다. 아부제 입에서 풍기는 술 냄새가 조금도 싫지 않았다. 노새는 연신 딸랑딸랑 방울을 울리고, 길옆은 온통 옥수수 밭이거나 감자밭, 올갈이 무우와 배추를 뽑은 다음 씨를 뿌린 메밀밭이었다. 꽃향기도 좋고 저녁 바람도 시원했다.
>
> "수호야."/ "야."/ "네가 날 데리러 완?"/ "야, 아부제."/ "니가 날 데리러 여게까지 완?"/ "야, 아부제."/ "수호야."/ "야."/ "네가 날 데리러 이 먼 데까지 완?"/ "야, 아부제."/ "니가…… 니가…… 나를 에비라구 데리러

---

14) 허 생원이 동이가 왼손잡이라는 사실을 발견하는 장면에 대해서는 이남호의 해석이 적절하다고 생각된다. 동이가 허 생원의 아들인지 아닌지는 이 소설에서 확정하기 어렵다. 왼손잡이가 이를 암시하는 문학적 장치로 볼 수도 있으나 보다 정확하게는 동이가 아들이기를 바라는 허 생원의 소망의 표현이라고 할 수 있다. 이렇게 보면 왼손잡이가 유전이 되든 안 되든 그것은 문제가 되지 않는다(이남호, 「이효석의 <메밀꽃 필 무렵>」, 『교과서에 실린 문학 작품을 어떻게 가르칠 것인가』, 현대문학, 2001, 284~286쪽).

15) 이효석, 「모밀꽃 필 무렵」, 『이효석전집』 2, 창미사, 1983, 92~93쪽.

완?"/ "야 아부제.[16]

위의 첫 번째 인용문은 「메밀꽃 필 무렵」의 한 장면으로 봉평에서 대화로 가는 산길에 대한 묘사이다. 이는 그야말로 서정성이 빼어나서 신비로운 느낌까지 자아낸다고 말할 수 있다. 두 번째 인용문은 「말을 찾아서」에서 수호가 봉평에 가서 당숙을 데리고 오는 장면이다. 후자는 이 소설의 절정에 해당한다고 말할 수 있는 지점으로, 여기서 수호는 당숙과 내면적 화해를 이룬다. 수호는 당숙을 온전히 아부제로 인정하고, 당숙 역시 그를 아들로 받아들이게 된다. 이러한 상황은 서정적이며 신비로운 공간적 분위기에 힘입어 독자에게 깊은 감동을 전달한다.

이는 그 자체의 묘사에 의한 것 이상의 효과를 거두고 있는데, 이는 바로 앞의 인용문과 겹쳐서 읽음으로 가능해 진다. 두 공간은 실제 물리적으로 같은 공간이기도 하지만, 이 장면에 이르는 동안 독자는 이미 「메밀꽃 필 무렵」을 염두에 두고 이 소설을 읽도록 암시받게 된다. 여기서 '콩포기'나 '메밀 밭'과 같은 단어는 전자를 연상하게 하는 단어라고 할 수 있는데, 더 많은 단어를 동원하지 않음으로써 전자가 노골적이지 않고 흐릿한 배경으로 작용하도록 한다. '딸랑딸랑' 연신 울리는 노새의 방울소리는 은근하게 전자의 분위기로 유도하기도 한다. 특히 흥미로운 것은 '달이 없어도 별이 좋은 밤'이라는 묘사이다. 「메밀꽃 필 무렵」을 읽은 독자라면 누구나 전자의 장면이 보름이 갓 지난 환한 달밤이라는 사실을 알 것이다. '달이 없어도 별이 좋은 밤'이라는 묘사는 이와 정반대의 표현이지만 달을 언급한 것 자체로 전자를 연상하게 만든다.

「메밀꽃 필 무렵＼말을 찾아서」의 '나귀＼노새'는 '아버지＼당숙'의 관계로 변모되며, 「말을 찾아서」의 나와 당숙과의 화해는 달밤의 분위기

16) 이순원, 앞의 글, 46~47쪽.

에 의해 효과적으로 독자에게 전달된다. 그런데 동이와 허 생원만 두고 본다면 「메꽃 필 무렵」은 아버지 찾기 혹은 아들 찾기의 서사가 된다. 하지만 「말을 찾아서」에서 이러한 혈연관계는 소거된다. 여기에는 「메꽃 필 무렵」에서와 같은 오이디푸스적 갈등관계가 없다. 그럼으로써 「말을 찾아서」에서 나와 당숙과의 관계는 단순한 부자관계를 넘어서 보편적 인간관계로 나간다. 나의 당숙과의 화해는 인간에 대한 근본적인 이해의 의미를 지닌다. 이것은 나의 입장에서 본다면 성숙의 과정이다. 「말을 찾아서」는 「메꽃 필 무렵」을 효과적으로 패러디함으로써 독자에게 보다 강한 인상을 준다. 그러면서 새로운 서사를 구성하는데, 그것은 인간에 대한 보다 깊은 이해의 과정으로서의 내면적 성숙의 서사가 된다.

2) 『아랑 전설＼아랑은 왜』-다중 패러디의 의미

가) 다중 패러디의 구조

김영하의 『아랑은 왜』는 아랑 전설을 원텍스트로 패러디한 장편소설이다. 이 소설은 아랑 전설을 바탕으로 하고 있지만, 그 내용을 변형한 또 다른 아랑의 서사가 아니다. 이 소설은 아랑 전설을 새롭게 해석하여 새로운 소설을 창작하는 과정을 보여주는 일종의 메타서사이다. 이 과정에서 아랑 전설은 하나의 탐색 대상이 된다. 이러한 탐색 과정에는 전근대적 서사양식인 전설과 근대적인 서사양식인 소설에 대한 장르적 탐색 과정도 더해진다. 그러한 과정을 거치면서 새로운 아랑의 서사가 창작된다. 이 모든 과정 자체가 『아랑은 왜』라는 전체 서사를 이루게 된다. 그래서 이 소설은 다양한 층위들이 결합되어 복합적인 구조를 형성하는 텍스트가 되는데, 그 구조를 표로 만들어 보면 다음과 같다.

<table>
<tr><th>텍스트 층위</th><th>텍스트의 내용</th><th>『아랑은 왜』의 해당 장</th><th colspan="3">패러디의 층위</th></tr>
<tr><td>액자 안의 서사 1, 2</td><td>『한국 문학 대사전』 본, 임석재 본 구전설화</td><td>2,3</td><td colspan="2">원 텍스트</td><td rowspan="6">3차 패러디『아랑은 왜』</td></tr>
<tr><td>가상의 서사</td><td>딱지본 『정옥낭자전』</td><td>4,(8),25,(30)</td><td colspan="2">가상의 패러디</td></tr>
<tr><td rowspan="2">액자 안의 서사 3</td><td>아랑 전설을 재구성한 소설</td><td>12,26,27,30,31,32,34,35,40, 41,43,49</td><td>1차 패러디</td><td rowspan="2">2차 패러디</td></tr>
<tr><td>아랑 전설을 재구성한 소설을 쓰는 작가 박 이야기</td><td>20,22,23,24,29,36,37,45,46, 47,50</td><td></td></tr>
<tr><td rowspan="2">액자 밖의 서사</td><td>아랑 전설에 대한 탐색</td><td>1,(2),(3),(4),7,8,9,10,11, (12),13,15,16,18,(25),39</td><td colspan="2"></td></tr>
<tr><td>소설 일반에 대한 탐색</td><td>5,6,(8),(10),(11), (12),14,(16),17, 19,21,33,38,42,44,48</td><td colspan="2"></td></tr>
</table>

『아랑은 왜』는 총 50개의 작은 장으로 구성된 소설이다. 각 장은 각기 다른 서사적 층위에 위치하며 전체 소설을 구성한다. 이 소설은 전체적으로 보면 일종의 액자구성으로 이루어져 있다. 액자 안의 서사는 아랑 전설을 바탕으로 재구성된 소설이 주를 이루지만 두 편의 아랑 전설 즉 『한국 문학 대사전』 본과 임석재 본 구전설화도 액자 안의 서사로 볼 수 있어, 이 소설은 세 개의 서사가 액자 안에 포함된 구조를 이루고 있다고 할 수 있다. 액자 밖의 서술은 아랑 전설을 새롭게 창작하기 위한 서사적 탐색의 과정이다. 여기에서는 아랑 전설과 서사 일반의 문제가 동시에 탐색의 대상이 된다.

이렇게 볼 때 『아랑은 왜』는 아랑 전설에 대한 삼중 혹은 사중의 패러디를 시도하고 있다. 아랑 전설의 형성 과정을 사실적으로 탐색하여 하나의 이야기를 만들고 있는데, 이는 1차 패러디라 할 수 있다. 그리고 이러한 서사를 쓰는 소설 속의 작가 박의 이야기를 포함하여 2차 패러디가 된다. 이 둘을 합한 것이 액자 안 서사의 중심 내용이 된다. 그리고 그것을 써가는 또 다른 내포작가의 서술이 있다. 아랑 전설과 서사 일반에 대한 탐색은 여기에서 이루어진다. 이를 포함한 소설 전체 즉 『아랑은 왜』를 아랑 전설에 대한 또 하나의 패러디라고 생각할 수 있다. 이는 3차 패러디가 된다. 이렇게 본다면 이 소설은 아랑 전설에 대한 삼중의 패러디를 시도하고 있는 셈이다.

그런데 여기에 흥미로운 또 하나의 서사가 있다. 그것은 딱지본 『정옥낭자전』이다. 이 소설에서 『정옥낭자전』은 1992년 어느 고서 수집가에 의해 인사동에서 발견된 것으로 소개되고 있지만, 사실은 작가 김영하가 지어낸 허구이므로 이도 일종의 패러디가 되는 셈이다. 하지만 이 소설의 전모는 드러나지 않는다. 다만 실재하는 것으로 가정해서 일부의 내용이 소개될 뿐이다. 따라서 이는 가상의 패러디라고 명명할 수 있다. 이를 바탕으로 1차 패러디인 아랑 전설에 대한 새로운 서사가 구성된다. 이렇게 본다면 『아랑은 왜』는 사중의 패러디를 시도하고 있는 셈이 된다.

나) 다중 패러디의 다층적 의미

여기서 우선 문제가 되는 것은 1차 패러디의 의미이다. 그것은 아랑 전설의 실제적인 사건이 어떤 것이었는가를 문학적 상상력에 의해 재구성하는 작업이다. 아랑 전설은 명종 조에 겁간당한 사또 윤관의 딸 윤정옥이 귀신이 되어 나타나 원을 푼다는 신원(伸冤) 전설이다. 이는 일종의 귀신이야기인데, 현대인의 눈으로 본다면 그것은 실제적으로 발생한 사건이라고 볼 수 없다. 1차 패러디는 이러한 이야기를 형성하게 된 역사적 사회적 심리적 근거를 밝히고 실제적 사건을 문학적 상상력을 통해 재구성한 새로운 서사이다.

『아랑은 왜』의 서술자(내포작가)는 아랑 전설에 대한 많은 구체적인 의문을 던지고 스스로 그것을 해결해 간다. 그가 던지는 질문은, 아랑 귀신이 존재했는가? 귀신이 존재하지 않았다면 귀신을 보고 죽어나갔다는 여러 밀양 부사들의 실제적인 사인은 무엇인가? 왜 그런 귀신이야기가 밀양에 떠돌게 되었는가? 하는 점에 집중되어 있다. 아랑의 죽음은 윤관에 의한 치정에 얽힌 살인이며,(아랑은 윤관의 딸이 아니라 첩으로 설정된다.) 신임 밀양 부사들의 죽음은 자신들의 지위를 유지하기 위한 호장들의 반묘(斑猫)를 사용한 독살이었다. 아랑 전설은 민심을 수습하기 위해 이야기가 필요해서 발생했다고 한다.

결국 새로운 이야기는 비합리적인 귀신이야기에 합리적인 근거를 마련하는 작업의 결과라고 할 수 있는데, 이러한 이야기를 형성하는 과정은 곧 탈마법화의 과정이라고 할 수 있다.[17] 따라서 1차 패러디는 전근대적 서사인 전설을 근대서사인 소설로 바꾸는 작업이라고 할 수 있다. 이러한 점에서 김억균이라는 인물의 등장은 흥미로운데, 그는 근대적 의식의 소유자로 일종의 탐정 역할을 제대로 수행하고 있기 때문이다. 그는 의관 김령의 보조적인 도움을 받아 밀양 부사들의 사인을 밝히는 데 결정적인 역할을 한다. 김억균은 아랑 전설을 근대적 서사로 변모시키는 데 중요한 역할을 담당하는 인물이라고 할 수 있다.[18]

그런데 1차 패러디를 통한 탈마법화의 과정을 통해서도 귀신의 존재는 완전히 사라지지 않는다. 전설상에서 아랑 귀신을 만나 그의 원을 풀어주었다는 밀양 부사 이상사는 밀양에 오기 전 아랑을 만났다고 말한다.

> "소생은 분명 아랑이를 만났습니다."

---

17) 막스 베버 근대적 합리주의로 변모하는 과정을 탈주술화 혹은 탈마법화의 과정이라고 명명한 바 있다(막스 베버, 『직업으로서의 학문』, 문예출판사, 이상률 역, 1994, 26~28쪽).

18) 이 소설은 일종의 탐정소설 유형의 플롯을 취하고 있다. 토도로프에 의하면 탐정소설 유형의 플롯은 범죄의 스토리와 조사의 스토리를 포함한다. 『아랑은 왜』는 조사의 스토리를 강화한 유형이라고 할 수 있다(츠베탕 토도로프, 「탐정소설의 유형」, 『산문의 시학』, 신동욱 역, 문예출판사, 1992, 50~53쪽).

"그걸 절더러 믿으라는 말씀입니까?"

"밀양에서 삼십 리쯤 떨어진 곳에서 묵을 때였습니다. 그날 달이 밝았습니다. 주막에서 술동이를 하나 얻어다가 방에 들여 놓고 한참을 들이켜고 있었는데, 난데없이 어린 처자가 가슴에 칼을 꽂은 채로 피를 철철 흘리면서 나타나지 뭐겠습니까? 그 다음은 김부위도 들어서 아실 겝니다. …(중략)… 그것 참 괴이한 일이로다, 하는데 어디선가 새벽닭이 울지 뭐겠습니까? 웬 새벽닭이 이리도 빨리 우는가, 싶어 나가려는데 그만 퍼뜩 눈이 떠지는 게 아니겠습니까?"

"그럼 주무시고 계셨단 말입니까?"

"그렇지요. 꿈이었습니다. 옆에는 먹던 술동이가 그대로 있고 어느새 저는 새벽이 될 때까지 자고 있더란 말이지요."[19)]

이상사는 밀양에 오기 삼십 리쯤 전 주막에서 머물다가 아랑을 만났다고 한다. 그것은 다소 신비로운 경험이긴 하지만 어쨌든 꿈에서의 일이다. 전설에서처럼 귀신이 실제 현실에 등장하는 것은 아니다. 2차 패러디에서 새로운 아랑 서사를 쓰는 박의 이야기에도 귀신은 등장한다. 2차 패러디의 서두에서 박은 선운사에서 아랑을 만나게 된다. 이는 문학적 환상이라고 말할 수 있는 것이다. 탈마법화의 과정을 겪음으로써 현대적 서사가 이중으로 완성된 상황에서도 아랑의 귀신은 완전히 사라지지 않는 것이다. 여기에 2차 패러디의 의미가 담겨 있다.

실제로 현대인의 의식에서도 귀신은 완전히 사라지지 않았다. 이 소설 8장에서 신경숙 소설 「벌판 위의 빈집」에 나오는 귀신이야기를 비롯한 몇 편의 현대의 귀신이야기를 소개하면서, 오늘날에도 이러한 민담이 끊임없이 생산되고 소비된다는 사실을 상기시키는 이유가 여기에 있다. 하

---

19) 김영하, 『아랑은 왜』, 문학과지성사, 2001, 276쪽.

지만 귀신은 이제 현실에서 물러나 꿈이나 환상 혹은 환상의 변형인 이야기의 영역에 머문다. 현실의 영역에서 심리학이나 문학의 영역으로 옮겨간 것이다. 이 소설의 말미에서 아랑이 "우리 모두의 가슴속에 숨어 있는 은밀한 욕망, 그리고 죄의식"이라는 점을 은근히 강조하는 이유도 여기에 있다. 현대적 의미에서 아랑은 환상이다. 정신분석학적으로 말한다면 환상이란 현실에서 허락되지 않는 것을 무의식의 영역에서 해소하는 정신적 작용이다. 현실원칙에 위반되기 때문에 거기에는 반드시 죄의식이 동반되기 마련이다.[20]

전체적으로 볼 때 『아랑은 왜』는 아랑 전설의 내용을 재해석한 서사라기보다는 그러한 서사가 형성되는 과정을 보여주는 소설이다. 이 과정 역시 아랑 서사에 대한 또 하나의 패러디가 된다. 이는 크게 두 과정으로 나눌 수 있는데, 하나는 아랑 전설에 대한 사실적 탐색이며 다른 하나는 창작자의 입장에서 다루는 서사 일반에 대한 탐색이다. 그런데 이러한 이중의 탐색 과정은 궁극적으로 고전 서사와 현대 서사의 결정적 차이를 드러내는 데 있다. 그 차이는 바로 귀신을 서사에서 어떻게 다루고, 사회에서 그 이야기가 어떻게 유통되는가 하는 데 있다. 이는 결국 1차 2차 패러디의 의미와 밀접하다고 할 수 있다.

> 등장인물들의 견해도 들어봄직하다. 김억균 역을 맡으신 분, 앞으로 그냥 김억균씨라고 부르겠습니다, 어떻게 생각하십니까? 제가 볼 때, 억균은 『프랑스 중위의 여자』, 사라 우드러프처럼 엉뚱한 시대에 떨어진 현대인입니다. 그러니까 16세기로 보내진 근대적 의미의 탐정이라 말이죠. 그러나 그는 낮은 신분과 관료제적 제약 때문에 뜻을 이루지 못하죠. 반면에 이상사란 인물은 전설을 만들어 유포하는 전근대적 이야기꾼의

---

20) 지그문트 프로이트, 「두려운 낯설음」, 『창조적 작가와 몽상』, 정장진 역, 열린책들, 1996, 81~96쪽 참조.

> 면모를 보입니다. 그는 합리적 추론 따위에 의지하지 않고 전설을 만들어 그것을 유포하는 인물입니다. 결국 시대는 억균과 같은 근대적 탐정보다는 이상사 같은 이야기꾼을 선택한다는 거지요.[21)]

전설과 소설의 차이는 이상사와 김억균의 태도의 차이와 유사하다. 김억균이 아랑 귀신이라는 초현실적인 사건을 합리적 분석을 통해 설명하려고 하는 반면에 이상사는 그것을 이야기로 만들어 유포한다. 전설은 현대적 의미에서의 과학적 설명을 대신한다. 전설이 과학적 설명으로 변모되더라도 여전히 해소되지 않는 부분은 남는다. 그것이 오늘날 문학이 담당할 몫이다. 정신분석적 측면에서 본다면 문학은 죄의식 없이 숨어있는 욕망을 해소하는 장이다. 아랑 귀신에 대한 합리적 설명에도 불구하고 그것으로 모든 의문이 해소되지 않기 때문에, 오늘날에도 아랑은 여전히 사라지지 않는다. 그것은 현실과 완전히 분리되어 심리학 혹은 문학의 영역에 남는다. 아랑은 죄의식이나 숨은 욕망에 대한 상징이다. 그래서 『아랑은 왜』와 같은 또 다른 서사가 요구되는 것이다. 3차 패러디는 이러한 점을 설명하는 동시에 그 자체로 이러한 역할을 수행하고 있는 셈이다.[22)]

결국 『아랑은 왜』는 삼중 혹은 사중의 패러디를 다층적으로 구성함으로써, 원텍스트인 아랑 전설에 대한 현대적 해석을 보여주고 있는 작품이다. 뿐 아니라 여기에서는 고전 서사로서의 전설과 현대 서사로서의

---

21) 위의 글, 272쪽.

22) 탐정소설은 시민사회의 정당성과 이성중심주의를 전제로 한다. 하지만 포스트모더니즘에 공감하는 작가들은 이러한 전제들을 해체하기 위해 이 유형을 채택하기도 한다. 사건이 해결되고도 손상된 질서는 회복되지 않으며, 현실은 여전히 불가해한 미궁에 처해 있다(진정석, 「탐정소설」, 『문학비평용어사전』, 국학자료원, 1006쪽). 아랑 귀신에 대한 합리적 설명 뒤에도 아랑이 완전히 사라지지 않는다는 점에서, 『아랑은 왜』 역시 이러한 의도에서 탐정소설 유형의 플롯을 채택했다고 추측할 수 있다.

소설 간의 차이를 드러내고 동시에 서사 장르의 일반적 특성과 그 창작 과정까지 드러내고 있다. 이 소설은 말하자면 문학의 자기반영성을 극대화함으로써 내용면에서나 형식면에서나 다층적 의미망을 구축하고 있는 작품이라고 할 수 있다. 결국 패러디의 문학적 효과를 다양한 층위에서 성취하고 있는 소설이라고 평가할 만하다.

4. 결론

패러디란 기본적으로 원텍스트의 내용에 대한 의도적인 왜곡을 통해 새로운 서사를 창조하여, 거기에 새로운 위미를 부여하는 창작 행위이다. 그런데 패러디의 양상이 다양화되면서 이러한 양상에서 조금 벗어난 것처럼 보이는 텍스트들이 등장한다. 원텍스트의 곁에 놓인다거나 이중의 패러디를 시도하는 경우를 상정할 수 있기 때문이다. 필자는 이러한 점에서 이순원의 「말을 찾아서」와 김영하의 『아랑은 왜』에 주목하여 이 작품들을 분석해 보았다.

「말을 찾아서」는 「메밀꽃 필 무렵」을 겨냥하고 있으면서도, 제목과 내용이 판이하며 동일한 요소들조차 잘 맞물리기보다 조금씩 어긋나 있다. 「말을 찾아서」는 곁에 맞물려 있음으로써 「메밀꽃 필 무렵」을 패러디하고 있다. 「말을 찾아서」는 「메밀꽃 필 무렵」에 대한 곁텍스트가 되는 셈이다. 「메밀꽃 필 무렵＼말을 찾아서」의 '나귀＼노새'는 '아버지＼당숙'의 관계로 변모되며, 「말을 찾아서」의 나와 당숙과의 화해는 달밤의 분위기에 의해 효과적으로 독자에게 전달된다. 「말을 찾아서」의 나와 당숙과의 관계에서 부자의 혈연관계가 소거되어, 그것은 가족적 갈등을 넘어 보편적 인간관계로 나간다. 이로써 「말을 찾아서」는 인간에 대한 보다 깊은 이해의 과정으로서의 내면적 성숙의 서사가 된다.

『아랑은 왜』는 삼중 혹은 사중의 패러디를 다층적으로 구성함으로써, 원텍스트인 아랑 전설에 대한 현대적 해석을 보여주고 있는 작품이다. 여기서 문제가 되는 것은 아랑이라는 귀신에 대한 이해 방식이다. 서사의 층위에 따라, 그것은 전근대와 근대 사이에서 각기 다른 의미를 지닌다. 이와 더불어 이 소설은 고전 서사로서의 전설과 현대 서사로서의 소설의 차이를 드러내고 동시에 서사 장르의 일반적 특성과 그 창작 과정까지 보여주고 있다. 이 소설은 말하자면 문학의 자기반영성을 극대화함으로써 내용면에서나 형식면에서나 다층적 의미망을 구축하고 있는 작품이라고 할 수 있다. 결국 패러디의 문학적 효과를 다양한 층위에서 성취하고 있는 소설이라고 평가할 만하다.

포스트모더니즘이 위세를 떨치면서 패러디는 마치 기존의 문학 전반에 대한 새로운 대체 양식이 될 것처럼 생각되기도 하였다. 하지만 실제로 그러한가에 대해서 의문을 제기하는 의견도 만만치 않다. 뿐만 아니라 이에 대한 부정적 시각이 존재하는 것도 사실이다. 오랜 역사를 지닌 패러디라는 양식에 새로운 의미를 부여하고 그 외연을 확장함으로써 새롭고 풍부한 문학적 양식을 얻은 것은 분명하다. 「말을 찾아서」나 『아랑은 왜』를 통해서도 이러한 점은 충분히 확인이 된다. 만약 의미를 과장되게 부여하지만 않는다면 그리고 보다 유연하게 그 의미를 받아들인다면, 패러디는 그 자체의 모방적 성격에도 불구하고 창조적인 양식이라고 말할 수 있을 것이다.

참고문헌

김영하. 『아랑은 왜』. 문학과지성사, 2001.
김현실 외. 『한국 패러디 소설 연구』. 국학자료원, 1996.

롤랑 바르트. 「작가의 죽음」. 『미셸 푸코의 문학비평』. 김현 역. 문학과지성사, 1990.
린다 허천. 『패로디 이론』. 김상구 윤여복 역. 문예출판사, 1992.
막스 베버. 『직업으로서의 학문』. 문예출판사. 이상률 역. 1994.
미하일 바흐친. 『도스또예프스키 시학』. 김근식 역. 정음사, 1988.
빅토르 어얼리치. 『러시아 형식주의』. 박거용 역. 문학과지성사, 1987.
송경빈. 『패로디와 현대소설의 세계』. 국학자료원, 1999.
이남호. 「이효석의 <메밀꽃 필 무렵>」. 『교과서에 실린 문학 작품을 어떻게 가르칠 것인가』. 현대문학, 2001.
이미란. 『한국현대소설과 패러디』. 국학자료원, 1999.
이순원. 「말을 찾아서」. 『말을 찾아서』. 문이당, 1997.
이효석. 「모밀꽃 필 무렵」. 『이효석전집』 2. 창미사, 1983.
장양수. 『한국 패러디 소설 연구』. 이회문화사, 1997.
정끝별. 『패러디 시학』. 문학세계사, 1997.
줄리아 크리스테바. 『바흐친과 문학이론』. 여홍상 편. 문학과지성사, 1997.
지그문트 프로이트. 『창조적 작가와 몽상』. 정장진 역. 열린책들, 1996.
진정석. 「탐정소설」. 『문학비평용어사전』. 국학자료원.
츠베탕 토도로프. 「탐정소설의 유형」. 『산문의 시학』. 신동욱 역. 문예출판사, 1992.
해롤드 블룸. 『시적 영향에 대한 불안』. 윤호병 역. 고려원, 1991.

자료: 한국 현대소설의 패러디 목록[23)]

1. 고소설을 패러디한 소설

원 텍스트	작품명	작가	발표지 발표연월일	수록지
춘향전	춘향뎐	최인훈		『최인훈전집』, 8, 문학과지성사, 1976.
	옥중가	임철우	『금호문화』, 1990. 4.	『물그림자』, 고려원, 1991.
	외설춘향전	김주영		『외설춘향전』, 민음사, 1994.
흥부전	흥보씨	채만식	『인문평론』, 1939. 10.	『채만식전집』, 7, 창작과비평사, 1989.
	놀부뎐	최인훈	『한국문학』, 1966. 봄.	『최인훈전집』, 8.
옹고집전	옹고집뎐	최인훈	『월간문학』, 1989.6.	『최인훈전집』, 9.
허생전	허생전	이광수	『동아일보』, 1923.12.1~3.21.	이광수전집, 1, 삼중당, 1971.
	허생	채만식	『협동문고』, 4-1, 1946	『채만식전집』, 6.
	허생의 처	이남희	『또 하나의 문화』, 1987. 3.	『지붕과 문화』, 문예출판사, 1989.
구운몽	구운몽	최인훈	『자유문학』, 1962	『최인훈 전집』, 1.
금오신화	금오신화	최인훈	『사상계-문예증간호』, 1963.	『최인훈전집』, 8.
홍길동전	서울 홍길동	박양호		『서울 홍길동』, 청한, 1996.
	홍길동	서하진		『사랑하는 방식은 다르다』, 문학과지성사, 1998.
심청전	심봉사(미완)	채만식		『채만식전집』, 6.
	배비장	채만식		『채만식전집』, 6.
	심청	**황석영**		**문학동네, 2003.**
금오신화	**신금오신화 1, 2, 3, 4**	**심상대**		**『늑대화의 인터뷰』, 솔, 1999. 『명옥헌』, 문학동네, 2001.**

23) 이 목록은 이미란의 저서(앞의 책) 194~198쪽에 제시된 목록을 필자가 수정 보완한 것이다. (굵은 글씨 부분이 필자가 첨가한 것임.)

2. 고전을 패러디한 작품

원텍스트	작품명	작가	발표지 발표연월일	수록지
열하일기	열하일기	최인훈		『최인훈전집』, 8.
	신열하일기	정강철		『신열하일기』, 살림터, 1998.
삼국유사	천년 동안의 고독	조성기		『천년 동안의 고독』, 민음사,

3. 설화를 패러디한 소설

원텍스트	작품명	작가	발표지 발표연월일	수록지
아사달과 아사녀	무영탑	현진건	『동아일보』, 1938. 7. 20～1939. 2. 7.	
처용	처용	김춘수	『현대문학』, 1963. 9.	『김춘수전집』, 3, 문장, 1983.
	처용나무 아래서	윤후명		『원숭이는 없다』, 민음사, 1989.
	처용단장	김소진	『문예중앙』, 1993. 봄.	『열린 사회와 그 적들』, 솔, 1993.
온달	온달	최인훈	『현대문학』, 1969. 7.	
	바보언달과 편강공주	김지원		
나무꾼과 선녀	나무꾼의 뜻	심상대		『묵호를 아는가』, 민음사, 1990.
	나무꾼과 선녀	서하진		『사랑하는 방식이 다르다』, 문학과지성사, 1998.
의자왕	의자왕의 표변과 멸망에 관한 허구적 고찰	박인홍	『세계의 문학』, 1987. 겨울.	
임꺽정	임꺽정	조해일	『현대문학』, 1973.	『왕십리』, 삼중당, 1975.
우렁 각시	나의 우렁 총각 이야기	송경아	『파라21』, 2003. 가을.	
아랑	아랑은 왜	김영하		『아랑은 왜』, 문학과지성사, 2001.

4. 신소설을 패러디한 소설

원텍스트	작품명	작가	발표지 발표연월일	수록지
자유종	ᄌᆞ유종	김수경		『ᄌᆞ유종』, 열음사, 1990.

5. 현대소설을 패러디한 소설

원텍스트	작품명	작가	발표지 발표연월일	수록지
소설가 구보씨의 일일	소설가 구보씨의 일일	최인훈		『최인훈전집』, 4.
	마지막 소설가 구보씨의 10년 후	주인석		『검은 상처의 블루스』, 문학과지성사, 1995.
날개	이상의 날개	김석희	『한국일보』, 1988. 1. 1.(신춘문예)	『이상의 날개』, 실천문학사, 1989.
	다시 쓰는 날개	김연경		『고양이의, 고양이에 의한, 고양이를 위한 소설』, 문학과지성사, 1997.
서울, 1964년 겨울	서울, 1986년 여름	전진우	『한국일보』, 1987. 1. 1.	
날개	숨어있기 좋은 방	신이현		살림, 1994.
빈처	빈처	은희경		『타인에게 말걸기』, 문학동네, 1996.
술 권하는 사회	사랑 권하는 사회	노희준		『너는 감염되었다』, 랜덤하우스 중앙, 2005.
메밀꽃 필 무렵	말을 찾아서	이순원		이순원, 『말을 찾아서』, 문이당, 1997.
사랑손님과 어머니	「<사랑손님과 어머니>의 음란성 연구」	박형서		『자정의 픽션』, 문학과지성사, 2006.

6. 외국소설을 패러디한 소설

원텍스트	작품명	작가	발표지 발표연월일	수록지
인형의 집	인형의 집을 나와서	채만식	『조선일보』, 1933. 5. 27~11. 14.	『채만식전집』, 1.
크리스마스 캐럴	크리스마스 케럴, 1, 2, 3, 4, 5.	최인훈		『최인훈전집』, 6.

서유기	서유기	최인훈	『문학』, 1966.	『최인훈전집』, 3.
변신	벌레	김영현	『창작과비평』, 1989. 가을.	『깊은 강은 멀리 흐른다』, 동아출판사, 1996.
고도를 기다리며	고도를 기다리며	김영현	『문학사상』, 1991.	
이상한 나라의 앨리스	**앨리스, 이상한 섬에 가다**	**이신조**	**『문학동네』, 2005. 겨울.**	
장미의 이름	**황금사과**	**김경욱**		**『황금사과』, 문학동네, 2002.**

7. 영화를 패러디한 소설

원텍스트	작품명	작가	발표지 발표연월일	수록지
자전거 도둑	자전거 도둑	김소진	『문예중앙』, 1995. 여름.	『자전거 도둑』, 강, 1996.
카사블랑카	카시블랑카여 다시 한번	구효서	『작가세계』, 1995.	『깡통따개가 없는 마을』, 세계사, 1996.
완다라는 이름의 물고기	완다라는 이름의 물고기	백민석		『16 믿거나말거나 박물지』, 문학과지성사, 1997.
소년 소녀를 만나다	소년 소녀를 만나다	김도언	『한국일보』, 1999. 1. 1.	
바그다드 카페	바그다드 카페에는 커피가 없다	김경욱		『바그다드 카페에는 커피가 없다』, 고려원, 1995.
시네마 천국	시네마 천국	김경욱		『바그다드 카페에는 커피가 없다』, 고려원, 1995.
아웃사이더	아웃사이더	김경욱		『바그다드 카페에는 커피가 없다』, 고려원, 1995.
택시드라이버	택시드라이버	김경욱		『바그다드 카페에는 커피가 없다』, 고려원, 1995.
이유없는 반항	이유없는 반항	김경욱		『바그다드 카페에는 커피가 없다』, 고려원, 1995.
지존무상	지존무상	김경욱		『바그다드 카페에는 커피가 없다』, 고려원, 1995.

콰이강의 다리	콰이강의 다리	전동주		『콰이강의 다리』, 한길사, 1999.
아름다운 청년 전태일	아름다운 사나이	박덕규		『함께 있어도 외로운 사람들』, 웅진출판, 1998.
친절한 금자씨	친절한 복희씨	박완서	『창작과비평』, 2006. 봄.	
007 시리즈	본드걸 미미양의 모험	오현종		문학동네, 2007.
죽은 시인의 사회	죽은 소설가의 사회	호영송		『죽은 소설가의 사회』, 책세상, 2007.

제3부

고등학교 교과서의 서사이론에 대한 비판적 고찰1

- 第7차 교육과정 문학교과서의 '구성'을 중심으로 -

1. 서론

본 논문은 7차 교육과정 문학교과서에 실려 있는 서사이론 중 '구성'에 관하여 비판적으로 검토하고 개선의 방향을 모색하는 데 있다.

7차 교육과정의 일반계 고등학교 교과목은 1학년에 배우는 국민공통기본교과와 2, 3학년에 배우는 일반선택과목과 심화선택과목으로 구성되어 있다. 이는 고등학교 1학년에 기초적, 공통적, 일반적, 핵심적 지식과 기능, 가치와 태도를 두루 잘 배웠다는 전제 위에 2, 3학년에는 학습자 각자가 지니고 있는 소질과 적성, 관심과 능력을 진로에 맞게 선택하여 공부하는 것을 목적으로 설계한 교육과정이라 할 수 있다. 문학은 심화선택과목(8단위)에 속해 있어서 과정상으로는 가장 나중에 배우는 과목으로 되어 있다.1)

---

1) 국어과의 경우 국민공통기본교과가 국어(8단위)이며 일반선택과목이 국어생활(4단위) 심화선택과목은 화법(4단위), 독서(8단위), 작문(8단위), 문법(4단위), 문학(8

7차 교육과정 문학교과서는 총 18종으로 모두 상하권으로 되어 있는데, 문학이론은 상권에서 다루고 있다. 상권에서 다루고 있는 문학이론은 1) 문학일반론 2) 작품의 수용과 창작 3) 서사, 서정, 극, 교술 등의 장르 이론과 그에 따른 작품 등의 순서로 전개되는 것이 일반적이다.[2] 7차 교육과정 문학교과서는 전체적으로 볼 때 수용과 창작의 문제를 중요하게 다루고 있는데, 교과서에 따라서 이 문제를 전제로 상권 전체가 짜인 경우도 있다. 구성은 대개의 교과서에서 독립된 한 개의 소단원이나 혹은 '시점' 등과 연계해 한 개의 소단원으로 짜여 있다는 점에서 중요하게 다루어지고 있다는 것을 알 수 있다.[3] 구성은 서사 장르를 이해하는 데 매우 중요한 개념 장치라는 점에서 이러한 경향은 일단 바람직한 것으로 보인다.

7차 교육과정 문학교과서에서 제시하는 구성에 대한 설명은 크게 두 가지로 구분해 볼 수 있다. 첫째는 기존의 설명 방식을 그대로 답습한 경우이고, 둘째는 구조주의 서사이론을 수용한 경우이다. 전자의 경우는 E.

단위)으로 구성되어 있다(강석준 외, 『제7차 교육과정에 따른 고등학교 교육과정 실행 방안 연구』, 한국교육과정평가원, 1999, 7~8쪽 참조).

2) 갈래의 문제는 많은 혼란을 야기하고 있는데, '서사'의 경우 여전히 '소설'이라는 용어를 가장 많이 사용하고 '이야기하기'라는 용어를 사용하기도 한다. 이러한 갈래의 문제에 대해서는 이미 고형진이 검토한 바 있다. 그는 문학의 상위 갈래에 대한 용어는 현재 학술적으로 널리 통용되는 서정, 서사, 극, 교술이라는 용어를 사용하는 것이 바람직하다고 한다. 그는 이것들을 소설, 시, 수필, 희곡 등의 하위 갈래를 포괄하는 개념으로 보고, 상위 갈래와 하위갈래 간의 구분을 명확히 할 것을 강조한다(고형진, 「『문학』 교과서의 '갈래 서술에 대한 비판적 검토」, 『문학교육학』 13, 한국문학교육학회, 역락, 2004, 351~374쪽 참조).

3) 이러한 일반적 경향에서 매우 예외적인 두 가지 경우가 있다. 첫째 우한용 등이 쓴 두산 판이다. 이 교과서는 각 갈래의 소단원이 주제별로 짜여져 있으며, 이론적 설명을 배제하고 작품 감상을 위주로 한다(우한용, 『문학(상)』, 두산, 2004, 참조). 둘째는 권영민이 쓴 지학사 판(권영민, 『문학(상)』, 지학사, 2004 참조)과 구인환 등이 쓴 교학사 판(구인환 외(2003), 『문학(상)』, 교학사)이다. 이 교과서들은 갈래이론을 최소로 줄이고 수용과 창작 부분을 대폭 강화하고 있다.

M. 포스터의 구성에 대한 논의에 상당히 의존하고 있고, 후자의 경우 구조주의 서사이론을 수용하고 있지만 대체로 전자의 논의와 혼합된 설명 방식을 취하고 있다. 양자는 모두 서로 다른 방향에서 추출되는 각기 다른 문제를 안고 있다. 전자의 경우 포스터의 이론 자체가 가지고 있는 문제를 그대로 수용함으로써 모순된 논리를 그대로 노출시킨다는 점이며, 후자의 경우 전자의 문제를 개선하려는 노력이 보이지만, 용어 사용이 엄격하지 않거나 전자의 논의와 혼합됨으로써 도리어 이해를 더욱 곤란하게 만드는 경향이 있다.

본 논문은 이러한 문제를 해명하는 것을 기본 과제로 삼고, 7차 교육과정 문학교과서 상권에서 다루고 있는 구성에 관한 문제들을 비판적으로 고찰하고자 한다. 물론 구성에 대해 치밀하게 논의하는 것이 본 논문의 일차적인 목적이지만, 논의의 범위를 여기에 한정하지는 않겠다. 그래서 본 논문에서는 우선 구성의 정의, 개념, 단계, 유형이 합당하게 설명되었는가를 검토하겠다. 그리고 구성과 관련하여 플롯, 이야기, 사건, 화소 등이 제대로 설명되고 있는가도 검토하겠다. 아울러 이러한 고찰을 바탕으로 7차 교육과정 문학교과서에 나타나는 전반적인 서사이론의 문제점을 가늠해 보겠다. 여기서는 7차 교육과정 문학교과서 18종 상권을 모두 연구대상으로 삼는다.4)

4) 7차 교육과정 문학교과서는 2003년 1차로 11종이 2004년 2차로 7종이 출판되었다. 1차는 상문연구사, 교학사, 케이스, 디딤돌, 민중서림, 금성출판사, 두산, 중앙교육진흥연구소, 블랙박스, 문원각, 천재교육에서, 2차는 지학사(2종), 태성, 교학사, 형설출판사, 대한교과서주식회사, 청문각에서 출판하였다. 교학사와 지학사는 2종의 교과서를 출판했는데, 교학사는 1차에 구인환 등이 쓴 교과서와 2차에 김대행 등이 쓴 교과서를, 지학사는 2차에만 권영민이 쓴 교과서와 박갑수 등이 쓴 교과서를 출판했다.

2. 구성에 대한 비판적 고찰

1) 구성에 대한 이론적 설명

가) 교과서의 구성에 대한 설명의 문제

'구성'은 플롯에 대응되는 우리말이다. 플롯이라는 말과 혼용되기도 하나 구성이 보다 일반적으로 쓰이며, 그냥 플롯이라는 말을 사용하기도 한다. 7차 교육과정 문학교과서에서는 대부분 구성만 쓰이지만 일부 교과서의 경우 구성을 일차적 용어로 쓰고, 플롯을 부차적인 용어로 사용하기도 한다. 우선 가장 일반적이라고 생각되는 교과서의 설명 하나를 읽어보기로 한다. 다음은 박갑수 등이 쓰고 지학사에서 출판한 문학교과서에 실린 구성에 대한 설명 부분이다.

> 소설에서 구성이란, 사건들을 인과관계에 맞추어 하나의 통일된 구조 속에 적절하게 배열하여 주제를 효과적으로 전달할 수 있도록 하는 것을 말한다. 즉, '왕과 왕비가 죽었다'는 사건을 서술할 경우에 '왕이 죽고 왕비가 죽었다'는 서술은 단순히 시간 순서에 따른 스토리임에 비해, '왕이 죽자 너무 슬픈 나머지 왕비도 죽고 말았다'라는 서술은 같은 사건을 인과관계로 묶어 주는 구성이 되는 것이다. 작가가 사건들 사이에 인과 관계의 질서를 부여하는 이유는, 작가가 의도한 결말과 거기에 이르는 과정이 가능하면서도 필연적임을 드러내기 위해서이다.
>
> 소설의 구성은 일반적으로 발단, 전개, 위기, 절정, 결말의 5단계로 나누어진다. 소설의 도입부인 발단 단계에서는 등장인물이 소개되고, 배경 상황이 설정되며, 사건의 실마리가 제시된다. 다음으로 전개 단계에서는 사건의 내용이 복잡해지고, 등장인물도 갈등을 일으키면서 긴장이 점점 고조된다. 또, 위기 단계에서는 새로운 사태가 발생하고 갈등이 더욱 발

> 전한다. 그리고 절정 단계에서는 갈등이 가장 격렬해지면서 위기가 극적으로 반전된다. 마지막으로 결말 단계에 이르러 갈등이 해소되면서 사건이 해결된다. 일반적으로 이 결말 단계에서 주인공의 운명이 분명해지고, 사건의 해결 방향이 명확히 드러나게 된다. 그런데 모든 소설이 이러한 단계를 그대로 따르는 것은 아니므로 소설 구성의 단계를 각 작품에 기계적으로 적용하기보다는, 작가의 서술 방법을 염두에 두고 유연하게 적용해야 한다.
>
> 구성은 사건의 진행 방식에 따라 평면적 구성, 입체적 구성, 역행적 구성으로 구분할 수 있다. 이 중 평면적 구성은 순행적 구성이라고도 하는데, 대부분의 고대 소설에서와 같이 사건을 시간적 순서에 따라 진행시키는 구성을 말한다. 그리고 입체적 구성은 역순행적 구성이라고도 하는데, 사건의 배열에 있어서 시간적인 병렬이나 역전이 일어나는 구성을 말한다. 이 구성은 주로 현대의 심리 소설에서 많이 볼 수 있다. 또 역행적 구성은 역전적 구성이라고도 하는데, 시간의 순서를 현재에서 과거로 거슬러 올라가는 구성을 말한다. 전개에 나올 사건을 맨 앞에 제시하거나, 결말에 해당하는 부분을 먼저 내세울 때, 이런 구성을 역행적 구성으로 볼 수도 있다.[5)]

위의 인용문은 구성에 대해 비교적 일목요연하게 설명하고 있다. 구성의 정의와 개념을 소개하고, 구성의 단계와 분류를 설명한다. 다 그런 것은 아니지만, 7차 교육과정 문학교과서에서 구성에 대한 설명은 이러한 순서로 된 것이 일반적이다.

우선 구성의 단계에 대한 논의를 살펴보면, 위의 교과서는 구성의 단계를 발단, 전개, 위기, 절정, 결말의 5단계로 나누고 이에 대한 세부적인

---

5) 박갑수 외, 「구성과 시점」, 『문학(상)』, 지학사, 2004, 164~165쪽.

설명을 덧붙이고 있는데, 이러한 설명은 학습자가 구성의 단계를 이해하는데 그리 무리가 없어 보이다. 다른 교과서의 경우, 이러한 5단계와 더불어 처음, 중간, 끝의 3단계, 발단, 전개, 절정, 결말의 4단계 등의 세 가지 방식 중 하나나 둘 혹은 모두를 설명하고 있는데, 어느 것이 절대적으로 옳다고 볼 수 없으므로, 설명의 내용이 잘못되지 않는 한 모두 큰 문제는 없어 보인다. 하지만 모든 서사물이 이러한 단계에 따라 짜여 있는 것은 아니라는 점을 학습자에게 인식시킬 필요가 있다. 이러한 단계는 하나의 모형일 뿐이며, 특히 현대 소설의 경우 이러한 단계를 따르지 않는 경우가 많기 때문이다.

구성의 유형에 대해서, 위의 교과서는 사건의 진행 방식에 따라 평면적 구성, 입체적 구성, 역행적 구성으로 구분하고 이에 대한 세부 설명을 덧붙이고 있다. 대체로 구성의 유형에 대한 설명은 평면적 구성과 입체적 구성의 두 가지를 기본형으로 놓고 단일구성과 복합구성이나 액자구성, 피카레스크식 구성, 옴니버스식 구성 등을 추가적으로 설명하는 게 보통이다. 위의 교과서에서 많은 유형을 소개하지 않는 다는 점은, 그리 문제가 되지는 않는 것으로 보인다. 다만 역행적 구성은 입체적 구성에 포함될 수 있을 듯하여, 일반적인 설명을 따라 시간 순서대로 진행되는 형태의 평면적 구성과 시간 순서가 어긋나는 형태의 입체적 구성만 제시하는 것이 좋을 듯하다. 구성의 유형은 학자들마다 각기 다른 모형을 제시할 수 있는 것이지,[6] 고정된 것이 아니다. 그래서 다양한 종류를 소개하는 것도 좋지만 암기를 요구하는 것은 곤란하다.

---

6) 가령 스콜즈와 켈로그는 구성을 역사적 형태와 전기적 형태로 나누기도 하고, 이스트먼은 팽팽한 플롯과 느슨한 플롯으로 구분하기도 한다(김천혜, 『소설 구조의 이론』, 문학과지성사, 1999, 174쪽). 또한 포울 굿맨은 진지한 구성, 희극적 구성, 소설적 구성을 제시하기도 하고, 노만 프리드먼은 구성을 크게 운명의 구성, 인물의 구성, 사상의 구성으로 나누고, 여기에 종속되는 열 세 개의 하부적인 구성을 제시하기도 한다(조남현, 『소설원론』, 고려원, 1982, 270~280쪽).

여기서 필자가 특히 문제를 삼고자하는 것은 구성에 대한 정의와 개념에 관한 문제이다. 위의 예에서 구성을 "사건들을 인과관계에 맞추어 하나의 통일된 구조 속에 적절하게 배열하여 주제를 효과적으로 전달할 수 있도록 하는 것"이라고 정의한다. 구조라는 용어가 다소 어렵게 느껴질 수 있다는 점을 제외하면 대체로 수긍할 수 있는 정의이다. 그런데 여기서 문제가 되는 것은 그 다음에 이어지는 설명이다. '왕이 죽고 왕비가 죽었다'는 서술은 단순히 시간 순서에 따른 스토리임에 비해, '왕이 죽자 너무 슬픈 나머지 왕비도 죽고 말았다'라는 서술은 사건을 인과관계로 묶어 주는 구성이 된다고 한다. 이러한 설명은, 포스터가 1927년 케임브리지에서 강연하고 그 해에 『소설의 이해』(Aspects of the Novel)라는 제목으로 출판한 책 속에 담겨있는 내용이다. 이것은 이후 소설의 구성에 대한 설명에서 빈번하게 인용되어 왔고, 특히 교과서에서는 거의 모든 종류에서 오늘날까지 영향력을 행사하고 있다. 7차 교육과정 문학교과서에서도 예외 없이 많은 교과서가 이러한 포스터의 설명을 그대로 혹은 약간의 변형을 거쳐 제시하고 있다. 하지만 구성에 대한 이러한 포스터의 설명은 매우 모호한 개념들 사이에서 전개될 뿐 아니라 모순된 서술이다.

나) 포스터의 구성에 대한 논의

포스터의 구성에 대한 논의는 우리 문학교과서에서 상당한 영향을 끼쳐 왔고 지금도 끼치고 있다. 이러한 영향은 바로 포스터의 다음과 같은 설명에서 비롯된다.

> 플롯을 정의해 보자. 우리는 이야기를 시간의 연속에 따라 정리된 사건의 서술이라고 정의한 바 있다. 플롯 역시 사건의 서술이지만 인과관계를 강조한 서술이다. 「왕이 죽자 왕비도 죽었다.」 이것은 이야기이다.

「왕이 죽자 슬픔에 못 이겨 왕비도 죽었다.」 이것은 플롯이다. 시간의 연속은 보존되고 있지만 인과감이 거기에 그림자를 드리우고 있다. 또 「왕비가 죽었다. 사인을 아는 사람이 하나도 없더니 왕이 죽은 슬픔 때문이라는 것이 알려졌다」 이것은 신비를 안고 있는 플롯이며 고도의 발전이 가능한 형식이다.[7)]

포스터는 플롯 즉 구성을 설명하는데, 우선 하나의 전제를 세운다. 플롯은 '인과관계를 강조한 서술'이라는 것이다. 이러한 전제는 대체로 합당한 것으로 보인다. 포스터의 논의를 정면으로 비판하는 시모어 채트먼은 "왕이 죽자 왕비도 죽었다"와 "왕이 죽자 슬픔에 못 이겨 왕비도 죽었다"는 표면적인 차원에서만 정도가 다를 뿐이지 심층 구조에서는 양자 모두에 인과관계가 존재한다고 한다. 그에 의하면 독자는 인과관계가 느슨하게 이루어진 서사도 문화적 관습에 의해서 '채워 넣으며' 읽는다. 그래서 현대의 작가들은 서사의 완고한 인과성을 수정하거나 거부한다.[8)] 포스터와는 다른 설명 방식을 취하지만, 궁극적으로 채트먼 역시 플롯의 정의에서 인과관계의 개념을 배제하는 것은 아니다. 인과관계의 개념은, 만약에 그것을 지나치게 완고하게 받아들이지 않는다면 구성을 설명하는데 일차적으로 고려되어야 하는 사항이다.

위의 논의에서 문제가 되는 것은, 그것을 이야기와 대조되는 개념으로 설정하고 있다는 점이다. 포스터는 이야기를 "시간의 연속에 따라 정리된 사건의 서술"이라고 정의한다. 이야기에 대한 이러한 설명은 플롯을 이해하는데 도움을 주기보다 오히려 오해를 불러일으킬 수 있는 여지는 남긴다. 위의 설명은, 시간 순서의 개념을 부각함으로써 마치 시간 순서의 변화 자체가 소설에 인과관계를 부여하는 결정적인 요소인 것과 같은

7) E. M. 포스터, 『소설의 이해』, 이성호 역, 중판, 문예출판사, 1986, 98~99쪽.
8) 시모어 채트먼, 『영화와 소설의 서사적 구조』, 김경수 역, 민음사, 1990, 52~61쪽.

인상을 주며, 시간 순서의 연속은 인과관계에 대한 반대 개념처럼 착각하게 만들기 때문이다. 위의 두 번째 예에서 인관관계를 부여하는 것은 '슬픔에 못 이겨'라는 실제적인 원인의 제시이지 시간 순서의 역전이 아니다. 많은 교과서에서 인용되고 있는 '왕이 죽자 슬픔에 못 이겨 왕비도 죽었다'는 사실상 시간 순서로 서술되어 있는 것이다.

일반적으로 생략되는 포스터가 든 위의 세 번째의 예도 꼼꼼히 살펴볼 필요가 있다. 그는 "왕비가 죽었다. 사인을 아는 사람이 하나도 없더니 왕이 죽은 슬픔 때문이라는 것이 알려졌다"라는 서술을 "신비를 안고 있는 플롯이며 고도의 발전이 가능한 형식"이라고 한다. 구성에 있어서 포스터가 강조하는 것이 사실은 '정교한 인과관계'라는 점을 알 수 있다. 여기서 시간의 역전은 결정적인 의미를 지니지 않는다. 인과관계를 부여하는 것은 일차적으로 '왕이 죽은 슬픔 때문'이라는 직접적인 원인의 제시와 이차적으로 사인을 아는 사람이 없다가 그것을 왕비가 알게 되는 과정 자체라고 할 수 있다. 전자에 비해 후자는 보다 중요한 역할을 하는 것 같지만 해명하기는 어려워 보인다. 그래서 포스터는 이것을 "신비를 안고 있는 플롯이며 고도의 발전이 가능한 형식"이라고 말한 듯하다. 포스터의 관심은 플롯에 대한 정확한 정의가 아니라 '정교한' 미학적 효과에 있었던 것 같다.

다) 교과서에서 나타나는 시간 순서의 문제

인과관계의 개념을 지나치게 강조하는 경향이 있지만, 플롯을 정의하는데 있어서 인과관계의 개념을 부각시킨 점은 포스터의 공적이라 할 수 있다. 하지만 시간 순서의 변화가 소설에 어느 정도 인과관계를 부여할 수도 있고, 그것이 훌륭한 구성 효과를 낼 수도 있다고 생각되지만, 그것이 구성 혹은 사건의 인과관계와 필연적 관계에 놓여 있는 것은 아니다. 그런데 이러한 문제는, 단지 교과서의 정의와 개념에 대한 설명 부분에서만이 아니라 교과서의 다른 부분에서도 드러난다. 다음 인용문은 김윤식 등이 쓰고 디딤돌에서 출판한 문학교과서에 실린 구성에 대한 예시와 설명의 일부이다.

> (가) 어제 저녁에 어머니는 내 생일이라고 맛있는 음식을 많이 차려 주셨다. 나는 배가 터지도록 많이 먹었다. 오늘 학교에 등교를 했다. 배가 몹시 아팠다. 내 짝인 철수는 지각을 하였다. 동민이는 조회시간에 떠들다가 담임선생님에게 구중을 들었다. 바로 조퇴를 하였다. 집으로 돌아왔다. 약을 먹었다. 통증이 가라앉았다.
>
> (나) 나는 오늘 학교에 등교하자마자 바로 조퇴를 하였다. 어제 저녁에 어머니가 차려 주신 생일 음식을 너무 많이 먹어서 배탈이 났는지 배가 몹시 아팠기 때문이다. 집으로 돌아와 약을 먹으니 통증이 가라앉았다.
>
> 위의 예문에서 (가)는 단순히 시간의 선후관계에 따라 사건을 배열한 것에 지나지 않아서 사건들 간의 인과관계가 뚜렷이 드러나지 않으며, 다른 사건들과는 관계가 없어서 사건의 전개에 아무 도움이 되지 않는 사건들도 나열되어 있다. 이에 비해서 (나)는 인과관계를 중심으로 사건을 재구성하였기 때문에 사건 전체의 전개 과정을 일목요연하게 파악할 수 있게 해 준다.[9]

첫 번째 단락 (가)와 두 번째 단락 (나)는 구성을 설명하기 위한 예시이고, 세 번째 단락은 이에 대한 설명이다. (나)는 (가)에 비해 분명히 인과관계가 명확하며, 그래서 사건 전체를 일목요연하게 파악할 수 있도록

9) 김윤식 외, 「구성과 시점」, 『문학(상)』, 디딤돌, 2003, 206쪽.

진술되어 있다. 하지만 이러한 이유는, "단순히 시간의 선후관계에 따라 사건을 배열한 것에 지나지 않아서"라기보다 "다른 사건들과는 관계가 없어서 사건의 전개에 아무 도움이 되지 않는 사건들도 나열되어 있"기 때문이다. 요컨대 (나)의 서술을 (가)보다 긴밀하게 만드는 것은 시간 순서의 변화가 아니라 선택과 배제 그리고 배열의 문제이다. 만약에 (가)에서 사건 전개와 관계없는 다섯째, 여섯째 문장을 빼버리고 그 자리에 '그래서'라는 접속부사를 넣는다면 (나)에 비해서는 덜 긴밀하지만 그래도 인과관계는 성립된다.

다시 앞의 지학사 교과서로 돌아가 보자. 이러한 문제는 구성의 유형에 대한 설명에서도 그대로 드러난다. 만약 시간 순서의 변화로 구성을 해명하려고 한다면 평면적 구성의 개념은 성립될 수 없다. '평면적 구성은 순행적 구성이라고도 하는데, 대부분의 고대 소설에서와 같이 사건을 시간적 순서에 따라 진행시키는 구성을 말한다'고 하는데, 그것이 이야기와 어떤 차이가 있는지를 해명할 수 없기 때문이다. 이때 입체적 구성의 의미 역시 혼란스럽게 된다.[10)]

2) 이야기, 담화, 사건, 화소와 구성의 관계

가) 이야기와 담화

위에서 논의한 바와 같이, 포스터는 플롯 즉 구성의 대조 개념으로 '이야기(story)'를 설정함으로써 혼란을 야기하고 있다. 그리고 교과서에서도 이러한 논의를 그대로 수용함으로써 포스터의 논의가 지니는 문제를 그

---

10) 필자가 교육대학원 수업시간에 현직 고등학교 교사들과 문학교과서의 이론에 대해 검토한 바 있다. 그런데 실제로 구성의 개념과 평면구성 사이의 개념의 차이에 대해 의문을 갖는 학생들이 많다는 점과 교사들 스스로도 이 문제를 어떻게 해결할 것인가에 대해서 고민하고 있다는 점을 알 수 있었다.

대로 노출하고 있다. 그런데 이러한 문제는 단지 시간 순서의 문제와만 관련되는 것은 아니라 구성의 개념에 대한 근본적인 혼란의 원인이 되기도 한다. 그래서 포스터의 논의에서 제기되는 이야기의 개념을 비판적으로 검토할 필요가 있다. 포스터는 이야기를 다음과 같이 설명한다.

> 이제는 이야기의 정의를 내릴 수 있다. 그것은 시간의 연속대로 정돈해 놓은 사건의 진술이다. 마치 아침 식사 후에 저녁 식사가 나오고, 월요일 다음에 화요일이 오고, 죽고 난 후에는 썩는다는 등등처럼 말이다. 이야기로서는 단 한 가지 장점이 있는데 그것은 청중으로 하여금 무엇이 일어날까를 알고 싶어하도록 만드는 점이다. 반대로 단 한 가지 단점도 있다. 반대로 청중들로 하여금 다음에 무엇이 일어날까를 알고 싶지 않도록 만드는 점이다. 이 두 가지만이 이야기다운 이야기에 내릴 수 있는 비평이다. 이야기는 문화적 조직 중에 가장 저급하고 단순한 것이다. 그러나 이것은 소설이라고 하는 아주 복잡한 조직에 공통적인 최고의 요소이기도 하다.[11)]

위의 인용문에서 장단점을 논하는 부분을 일단 제외하면 세 가지의 '이야기'라는 용어가 나온다. 1) 시간의 연속대로 정돈해 놓은 사건의 진술, 2) 문화적 조직 중에 가장 저급하고 단순한 것, 3) 소설이라고 하는 아주 복잡한 조직에 공통적인 최고의 요소이기도 하다. 이것은 모두 각기 다른 층위의 개념을 지칭한다. 1)은 일반적으로 '평면적 구성' 혹은 '순행적 구성'이라고 부르는 구성의 하위 개념이고, 2)는 장르로서 근대 이전의 서사물을 지칭한다. 그리고 3)은 그 의미가 모호하지만 추정해 보면 소설의 재료 혹은 줄거리의 의미에 가깝다.[12)] 장단점에 대한 논의는

11) E. M. 포스터, 앞의 책, 33쪽. (강조는 필자에 의함.)
12) 아마도 구조주의 서사이론가들이 이후에 제기한 담화(discourse)의 반대 개념으로

그 진의를 알기 어렵다. 아마도 포스터가 이야기의 속성으로 들고 있는 '호기심'에 대해 말하는 듯하나, 이야기가 청중으로 하여금 다음에 무엇이 일어날까를 알고 싶게도 하고 알고 싶지 않게도 한다는 서술은 도무지 알 수 없는 서술이 되고 있다. 포스터는 이 책 전체에서 이야기의 개념을 이렇게 모호한 개념들 사이에서 논의를 전개하고 있다. 이러한 이야기 개념의 혼란은 플롯의 개념을 혼란스럽게 한다.[13)]

이런 점에서 러시아 형식주의에서부터 구조주의에 이르면서 수정 세련된 서사이론은 이러한 개념의 혼란을 줄이는데 큰 도움을 준다. 그들은 글이 되기 이전의 소재 즉 글감을 이야기(story)라고 하고, 작가에 의해 그 사건들이 서술된 방식의 총체를 담화(discourse)라고 한다. 이는 언어학에서 랑그와 빠롤로 나누는 발상과 유사하다. 예컨대 현재 전해지는 소설 춘향전의 이본은 수백 가지이며, 현대소설, 영화, 만화 등으로 다시 만들어진 춘향전 또한 수를 헤아리기 어렵다. 아마도 앞으로도 끊임없는 춘향전이 만들어질 것이다. 하지만 그것들은 모두 한 가지 이야기를 바탕으로 지어졌다. 춘향전의 이야기(story)는 오직 한 가지이지만 표현의 매체를 통해 실현되는 춘향전의 담화(discourse)는 무한히 많을 수 있다. 이야기는 우리들의 머릿속에만 존재하는 것이지만, 담화는 실재물로 실현된 것이다.[14)]

이러한 논의는, 포스터가 제시한 이야기 개념에 대한 혼란을 줄이고 구성의 개념을 명확히 하는데 도움을 줄 수 있다고 생각된다. 하지만 7차

서의 이야기(story)에 접근하는 의미로 쓴 듯하다.

13) 이러한 혼란을 넘어, 포스터는 이야기를 폄하하는 심리를 드러내기도 한다. 그는 이야기를 '시작과 끝맺음이 제멋대로이니 촌충 같다'(포스터, 앞의 책, 31~32쪽)고 하기도 하고 이야기의 독자를 '입을 벌리고 있는 혈거인이나 독재인인 군주나 그들의 현재적인 후손들인 영화 관객들'(위의 책, 99쪽)이라고 부르기도 한다. 이 때 이야기는 전근대적인 서사물을 지칭한다.

14) 오탁번 · 이남호, 「이야기와 담화」, 『서사문학의 이해』, 고려대학교 출판부, 1999, 62~66쪽 참조.

교육과정 문학교과서에서 담화의 개념을 수용하는 교과서는 없다. 담화의 개념을 간과하고서는, 다음에 다룰 화소의 개념을 명확히 이해하기 어렵고 또한 이야기의 개념도 모호해 지는데도 불구하고, 화소의 개념을 수용하는 교과서조차 담화의 개념을 수용하고 있지 않다. 문학교육이 이론을 줄이고 작품의 감상이나 창작의 기회를 확충하는 쪽으로 나가는 것에 대해서 지극히 동의하지만, 설명을 해야 한다면 논리적 정합성을 갖출 필요가 있다고 본다. 화소의 개념을 수용하려면, 담화의 개념을 수용하는 것은 필수적이다.

나) 사건과 화소

교과서에서 '사건'은 문학적 개념어로 다루어지지 않는다.[15] 하지만 구성의 의미를 명확히 하기 위해서는 사건의 개념에 대해 좀더 꼼꼼히 따져 볼 필요가 있다. 먼저 교과서에서 사건이 어떻게 쓰이고 있는지 살펴보자.

> 흔히들 일상생활에서는 사건이라 하면 평범하지 않은 특이하고 뉴스거리가 될만한 일들을 가리킨다. 그러나 소설의 사건은 일상생활에서 흔히 겪을 수 있는 평범한 일을 가리킨다. 학교 가는 길, 가족들과 지낸 일, 친구를 만나는 일 등 주위에서 흔히 겪을 수 있는 일은 모두 사건이 될 수 있다.[16]

15) 청문각판 교과서만이 배경과 함께 하나의 독립된 소단원으로 다루고 있다. 하지만 이러한 체제에 의문이 든다. 사건은 구성과 함께 다루는 것이 옳다고 본다. 구성이 서사의 뼈대라면 사건은 소설의 살에 해당하기 때문이다. 이 교과서는 '소설에서의 구성이란 작가의 의도에 의해 이루어진 이야기의 짜임새이다. 주제를 효과적으로 전달하기 위하여 작가는 사건을 조리 있게 배열하여야 한다'고 설명하고 있다(최웅 외, 『문학(상)』, 청문각, 2004, 180쪽 참조).

16) 최웅 외 3인, 「소설의 배경과 사건」, 『문학(상)』, 청문각, 2004, 208쪽.

> 모든 이야기는 처음과 중간 그리고 끝으로 이루어진다. 우리가 누구에 대하여 혹은 무엇에 대하여 이야기 할 때에는 어떤 의도가 있기 마련인데, 소설 역시 마찬가지이다. 소설에서 구성이란 작가의 의도에 의해서 이루어진 이야기의 짜임새이다. 주제를 효과적으로 전달하기 위하여 작가는 사건을 조리 있게 배열하여야 한다.[17)]

> 플롯은 작품의 성격과 길이에 따라서 단순구성과 복합구성으로 나뉜다. 단순구성은 단일한 사건으로 구성되는 단편소설에, 복합구성은 두 개 이상의 사건이 교차되어 구성되는 장편 소설에 주로 쓰인다.[18)]

첫 번째 인용문에서 사건은 사전적 의미의 사건 즉, "문제가 되거나 관심을 끌만한 일"[19)]을 지칭한다. 소설에서는 "일상생활에서 흔히 겪을 수 있는 평범한 일"도 모두 사건, 즉 "문제가 되거나 관심을 끌만한 일"이 된다. 이런 점에서 어쩌면 소설은 "일상생활에서 흔히 겪을 수 있는 평범한 일"을 "문제가 되거나 관심을 끌만한 일"로 만드는 것이라고 할 수도 있다. 두 번째와 세 번째의 인용문에서 사건은 모두 소설을 이루는 요소라는 의미를 지닌다. 하지만 이 둘은 각각 그 층위가 다르다. 세 번째 인용문에서의 사건은 두 번째 인용문에서의 사건보다 큰 단위를 의미한다. 전자가 시작과 끝이 있는 하나의 완결된 작은 이야기(story)를 의미한다면, 후자는 전자를 만드는 단위가 된다. 이렇게 분석을 해 놓고 보면 사건이라는 단어가 어떻게 다르게 쓰이는지 알 수 있지만 교과서 뿐 아니라 여러 이론서에서도 그 의미들은 혼용된다.

---

17) 강황구 외 4인, 「구성」, 『문학(상)』, 상문연구사, 2003, 175쪽.
18) 김병국 외 4인, 「사건과 구성」, 『문학(상)』, 케이스, 2003, 160쪽. (강조는 필자에 의한 것임.)
19) 이기문 감수, 『새국어사전』, 동아출판사, 1989, 1004쪽.

이러한 혼란을 없애기 위해서 러시아 형식주의 이론가들은 화소라는 용어를 고안하는데,[20] 이러한 생각은 구조주의자들에 의해서 더욱 세련된다. 한편의 서사물의 이야기를 구성하는 최소단위를 러시아 형식주의자들은 화소(話素, motif)라고 한다. 이렇게 서사를 구성하는 화소를 근간화소(根幹話素, bound motif)와 자유화소(自由話素, free motif)로 나눈다. 근간화소는 이야기를 구성하는데 필수적인 화소들이고 자유화소는 필수적이지 않은 화소를 말한다. 가령 '백설공주'에서 변장한 계모로부터 독이 든 사과를 얻어먹었다는 화소가 없다면, 독자들은 백설공주가 왜 깨어나지 못하는 잠에 빠졌는지 알 수 없게 되어 그 구성은 파괴된다. 그러나 백설공주가 일곱 난쟁이의 일곱 침대 중에서 하나를 골라 잠을 잤다는 화소는 생략해도 줄거리는 크게 훼손되지 않는다.[21] 구조주의 서사이론에서 구성은 사건의 인과적 결합이기보다는 화소들의 배열이다.

이러한 화소의 개념은 7차 교육과정의 몇몇 문학교과서에서도 수용하고 있다. 이런 점에서 위의 두 번째 인용문을 잘 살펴볼 필요가 있다. 여기에는 포스터의 논의가 일체 배제되어 있고, 이야기, 짜임새, 사건, 배열 등의 단어를 이용해 구성을 설명한다. 여기서 사건은 화소의 개념과 정확히 일치한다. 따라서 구성은 사건의 배열이 된다. 직접적으로 용어를 사용하지는 않았지만 구조주의 서사이론을 대폭 수용하고 있다. 이는 구조주의 서사이론을 수용해서가 아니라 쉬운 용어를 쓰면서 모순 없이 구

---

20) 토마셰프스키는 「테마론」에서 서사물을 우화(fabula)와 주제(sjuzet)로 구분한다. 그리고 "작품에서 더 이상 해체할 수 없는 부분"을 의미하는 '모티프'를 설정한다. 이는 후에 구조주의 서사이론의 이야기와 담화, 화소 개념의 근간이 된다(토마셰프스키, 「테마론」, 『러시아 형식주의』, 2판, 토도로프 편, 김치수 역, 이화여자대학교 출판부, 1988, 233~250쪽 참조).

21) 필수적이지 않다고 해서 자유화소가 덜 중요하다는 것은 아니다. 문학 작품은 요약이 아니기 때문에 자유화소가 도리어 문학성을 심화하는 경우가 많고, 특히 현대소설에서는 자유화소의 비중이 더 커지는 경향이 있다(오탁번 · 이남호, 앞의 책, 49~51쪽 참조).

성을 설명하고 있다는 점에서 바람직한 설명의 예가 될 수 있다고 생각된다. 그런데 다음의 예에서처럼 화소라는 용어를 직접 수용한 경우도 있다.

> 한 편의 소설은 여러 가지 화소(話素)들이 유기적인 짜임새를 갖추면서 하나의 완결된 이야기를 이루게 된다. 물론 한 편의 소설에 등장하는 화소들 중에는 이야기 전개에 필수적인 화소와, 소설적인 흥미를 위해 끌어들인 부수적 화소들이 있다. 따라서 좋은 소설을 쓰려면 필수적인 화소와 부수적인 화소가 조화를 이루면서 플롯을 형성하도록 한다.[22]

> 이야기의 기본구조는 화소(話素, motif)로 이루어진다. 화소란 이야기를 이루는 독립된 요소들을 일컫는 말이다. 예를 들어 어머니는 화소가 될 수 없으나, '장화홍련전'에 등장하는 포악한 계모(繼母)는 화소가 될 수 있다. 이처럼 화소는 특이하고 인상적인 내용으로 이루어져 있어서 쉽게 기억되며 그 형태는 변형되지 않는다. 모든 이야기는 화소를 기점으로 하여 사건이 형상화되고 , 이 사건을 진술하여 이야기가 진행된다. '짧고 간단한 이야기는 하나의 화소로 이루어지지만, 길고 복잡한 이야기는 수많은 화소를 포함하고 있다.[23]

위의 두 교과서는 모두 러시아 형식주의자들의 화소 개념을 정식으로 수용하고 있다. 첫 번째 교과서는 근간화소와 자유화소라는 용어를 정식으로 사용하고 있지는 않지만 이를 설명하고 있고, 두 번째 교과서는 화소의 개념 설명에 치중하고 있다. 전자의 경우 왼쪽 여백의 보충설명란에 작은 글씨로 '이야기를 이루는 독립된 최소단위'라는 화소 개념에 대

---

22) 오세영 외, 「소설 창작의 실제」, 『문학(상)』, 대한교과서주식회사, 2004, 230쪽.
23) 한계전 외, 「서사갈래의 이해」, 『문학(상)』, 블랙박스, 2003, 134쪽.

한 설명을 달았다.

첫 번째 교과서의 경우 지나치게 간소하게 설명하고 있어 학습자가 이를 잘 이해할 수 있을까하는 의문이 들기는 하지만, 설명 자체에는 아무런 문제가 없다. 근간화소나 자유화소를 필수적인 화소와 부수적인 화소로 대체한 것도 이해하기 쉬운 용어로 바꾸어 설명한다는 점에서 나쁘지 않다고 생각된다. 그런데 이 교과서는 이러한 설명 위에 포스터의 논의를 또 다시 그대로 싣고 있어서 앞에서 제기한 포스터 이론의 혼란을 고스란히 드러낸다. 두 번째 교과서의 경우에는 설명 자체에 문제가 있다. 여기서 화소라는 용어는 두 개의 다른 개념을 지칭하는 것인데, 마치 하나의 개념인 것처럼 혼용하고 있기 때문이다.

다음은 주로 러시아 형식주의자들과 구조주의자들의 입장에서 서사이론의 용어를 정리한 제랄드 프린스의 화소 개념에 대한 설명이다.

> 1. 주제의 최소단위. 소여의 텍스트에 빈번히 나타나는 모티프를 라이트모티프(leitmotif)라 한다. 모티프와 주제(theme)를 혼동해서는 안 된다. 주제는, 일련의 모티프에서 표출화 혹은 재구성되는 것보다 추상적이어서, 더욱 일반적인 의미단위이다. 이를테면, 호프만의 『브람빌라 공주』의 모티프는 거울이며, 그 주제는 몽환이다. …(중략)…
>
> 2. 통사론 레벨의 이야기 최소단위. 이야기 진술(narrative statement). 토마셰프스키에 있어 모티프는 정태적이거나 동태적일 수 있다. 전자는 상태에 관계가 있으며 후자는 사건에 관계가 있다. …(중략)…
>
> 3. 모티프소(motifeme)를 성립 현재화시키는 요소. 모티프와 모티프소와의 관계는 음(구체적인 언어음)과 음소(동일음으로서의 변별 가능한 음 집합), 형태와 형태소, 행위(act)와 기능과 관계가 있다.[24)]

24) 제랄드 플린스, 『서사론 사전』, 이기우 김용재 역, 민지사, 1992, 153쪽.

앞의 두 번째 교과서의 화소 개념은 위의 인용문의 1번과 2번 사이에서 혼란을 일으키고 있다. 앞의 교과서에서 "이야기의 기본구조는 화소로 이루어진다"는 설명은 2번에 해당하며, "어머니는 화소가 될 수 없으나, '장화홍련전'에 등장하는 포악한 계모는 화소가 될 수 있다"는 설명 이후는 모두 2번에 해당한다. 이것은 오늘날 대부분의 서사이론에서 가장 일반적으로 쓰이는 화소의 개념이다. 하지만 1번의 개념도 자주 쓰이며 매우 유용하게 활용될 수 있는 것이다. 우리가 흔히 '계모 모티프', '탕자의 귀향 모티프', '변신모티프' 등으로 쓰는 모티프가 이 화소와 같은 개념을 지칭한다. 그러므로 서사물의 어떤 특징들을 이해하는데 도움을 준다는 점에서 이러한 설명을 부가하는 것은 나쁘지 않다고 생각되지만 적어도 의미의 혼란이 있어서는 안 되겠다.

3. 요약 및 개선의 방향

지금까지 7차 교육과정 교과서에서 다루고 있는 서사이론 중 구성에 관한 설명 부분을 자세히 검토해 보았다. 여기서는 지금까지 다루었던 문제들 중 중요하다고 생각되는 두 가지 문제에 대해 요약하고 개선의 방향을 가늠해 보겠다.

우선, 구성에 대한 포스터의 논의를 어떻게 수용할 것인가의 문제이다. 앞서 살펴보았듯이, 포스터의 논의는 두 가지 점에서 문제가 된다. 그것은 첫째 구성을 이야기와 대비해서 설명한다는 점이고, 둘째 그럼으로써 마치 시간 순서의 변화가 구성의 개념의 결정적 요소처럼 생각하도록 만든다는 점이다. 이 두 가지의 문제는 사실상 하나라고 말할 수도 있다. 구성의 시간 순서의 문제는 이야기 개념으로부터 나오는 것이기 때문이다. 여기서 시간 순서의 변화가 구성의 결정적 요소인 것처럼 서술되는 것은 마땅히 배제되어야 할 점이다. 하지만 포스터의 논의 자체를 거론하지 말아야 한다거나 시간 순서의 문제 자체가 배제되어야 한다는 것은 아니다. 포스터가 강조한 인과관계는 그것을 지나치게 완고하게 받아들이지 않는다면 구성의 개념을 이해하는데 유용하며, 시간 순서는 구성의 정의에서 필수적인 요소라고 할 수는 없지만 구성을 긴밀하게 하는 효과를 지니기도 하기 때문이다.

그래서 우선 '포스터에 의하면'이라는 전제 위에 포스터의 이론을 제대로 설명하고, 이 논의의 문제점을 제시하는 것이 바람직할 듯하다. 그렇게 하면 학습자는 이것을 포스터라는 한 사람의 주장으로 받아들일 것이고, 이러한 설명의 장점과 단점을 비판적으로 수용할 수 있을 것이다. 또한 본질적으로 서사가 시간의 예술이며 구성이 배열의 문제라는 점에서, 구성과 시간 순서의 개념은 서로 밀접한 관계가 있다. 따라서 구성에서 시간 순서의 문제는 배제될 것이 아니라 보다 자세히 다룰 필요가 있다. 다만 포스터의 논의에서처럼 시간 순서가 순행적이면 이야기이고, 시간 순서에 변화가 있으면 구성이라는 식의 설명은 배제되어야 할 것이다.

둘째, 구조구의 서사이론을 어떻게 수용할 것인가의 문제이다. 1980년대 이후 우리 나라에서도 구조주의 이론이 확산되었고, 특히 서사이론은 수용의 폭이 보다 넓다. 이러한 현상은 이제 교과서에서도 눈에 띄게 나타난다. 구성 부분에서 그 대표적인 예를 찾는다면 구성을 사건의 배열로 제시한다는 점과 화소 개념이 정식으로 등장했다는 점이다. 구조주의 이론 덕분에 서사이론은 조금은 보다 합리적이고 과학적인 정합성을 갖추게 되었다고 생각된다. 하지만 근본적으로 구조주의란 상식적인 언어로부터 이탈해서 성립한 이론이기 때문에, 그것은 어려울 수밖에 없다.

여기서 문제는, 그것이 기존의 논의들과 혼란스럽게 혼용됨으로써 이중의 모순을 노출시키는 경우가 발생한다는 점이다. 이러한 혼란을 줄이고 구조주의 서사이론의 논리적 정합성이라는 장점을 수용하려면, 화소의 개념과 더불어 최소한 담화나 이야기의 개념도 함께 수용해야 한다. 구조주의 서사이론에서 개념들의 의미는 개념들 사이의 상호 관계 속에서 발생하기 때문에, 담화의 개념이 전제되지 않는다면 이야기의 개념을 이해할 수 없고, 또한 화소의 의미도 제대로 파악할 수 없다. 어려움을 줄이기 위해 이론을 최소화하는 것은 좋지만 적어도 체계와 맥락과 관계를 이해할 수 있는 정도는 수용해야 되리라고 본다. 이때도 '구조주의 서사이론에 의하면'이나 혹은 '시모어 채트먼에 의하면'과 같이, 이론의 근원을 밝히는 것이 바람직하다. 이렇게 하면 학습자는 이러한 이론을 또 하나의 이론으로 받아들이고, 그 장단점을 비판적으로 수용할 수 있을 것이기 때문이다.

4. 결론

이상에서 7차 교육과정 문학교과서에 실려 있는 서사이론 중 '구성'에 관하여 비판적으로 검토하고 개선의 방향을 모색해 보았다.

이론 교육을 통해 작품 감상의 폭과 깊이를 더하고, 작품 감상을 통해 이론을 더 잘 이해할 수 있다면, 그것이 이상적인 문학교육이 될 것이다. 문학교육의 근간이 이론 교육보다는 작품 감상에 있다는 점에서, 작품의 비중이 늘어나는 것은 바람직한 현상이다. 이론 교육은 작품을 이해하는데, 효과적인 보조자 역할을 할 수 있다는 점에서 필요하다. 그런데 이론 학습을 지나치게 강조하는 것도 문제이지만, 이론에 대한 설명이 지나치게 간소하거나 모순되어 있다면 그것 역시 문제이다. 그것은 도리어 학습자로 하여금 왜곡된 이론 학습의 원인이 될 수 있기 때문이다. 차라리 다루지 않는다면 모를까, 기왕에 다룬다면 하나를 다루더라도 충실하게 다룰 필요가 있다.

구성에 대한 설명에 대한 문제를 요약하면, 모순되는 서술이 공존하거나 모호한 용어가 빈번히 사용되고 있다는 점이다. 이러한 모순된 서술이나 모호한 용어의 사용은 단순한 문제가 아니다. 그것은 근본적으로 구성의 개념에 대한 혼란을 초래함으로써 학습자의 이해에 장애가 될 수 있다. 이러한 문제의 근원에는 두 가지의 커다란 문제가 있다. 첫째는 기존의 모순되거나 정교하지 못한 이론을 반성 없이 그대로 수용한다는 점이며, 둘째는 구조주의 이론을 수용하는 과정에서 그것이 기존 이론과 혼용되면서 혼란을 야기한다는 점이다. 하지만 이러한 문제들은 단지 구성에만 나타나는 것이 아니라 서사이론 혹은 문학이론 전반에 드러나는 문제들이다. 특히 후자의 경우는 문학교과서 전반에 나타나는 문제이며 아마도 앞으로는 더욱 두드러지게 드러날 것이다.

이러한 문제를 해결하기 위해서, 서로 모순되는 여러 이론들을 서로 혼용하기보다는 소개하는 이론들을 각각 충실히 설명하고 그 근원을 밝혀두는 것이 바람직하다고 생각된다. 그러면 학습자는 그 모두가 하나의 이론임을 알고 그것들을 각각 비판적으로 수용할 수 있을 것이다. 그리하여 스스로 그것들을 종합하여 개념을 정립할 기회를 가질 수 있을 것이다. 여기에 교과서 집필자의 설명들이 부과될 필요도 있을 수 있다. 이때 논리적 정합성을 잃지 않는 한도에서 이론을 충실히 소개하는 것이 중요하다.

참고문헌

1. 1차 자료

강황구 외. 『문학(상)』. 상문연구사, 2003.
구인환 외. 『문학(상)』. 교학사, 2003.

김병국 외. 『문학(상)』. 케이스, 2003.
김윤식 외. 『문학(상)』. 디딤돌, 2003.
김창원 외. 『문학(상)』. 민중서림, 2003.
박경신 외. 『문학(상)』. 금성출판사, 2003.
우한용 외. 『문학(상)』. 두산, 2003.
조남현 외. 『문학(상)』. 중앙교육진흥연구소, 2003.
한계전 외. 『문학(상)』. 블랙박스, 2003.
한철우 외. 『문학(상)』. 문원각, 2003.
홍신선 외. 『문학(상)』. 천재교육, 2003.
권영민. 『문학(상)』. 지학사, 2004.
김상태 외. 『문학(상)』. 태성, 2004.
김대행 · 김중신 · 김동환. 『문학(상)』. 교학사, 2004.
박갑수 외. 『문학(상)』. 지학사, 2004.
박호영 · 한승주. 『문학(상)』. 형설출판사, 2004.
오세영 외. 『문학(상)』. 대한교과서주식회사, 2004.
최 웅 외. 『문학(상)』. 청문각, 2004.

2. 2차 자료

강석준 외. 『제7차 교육과정에 따른 고등학교 교육과정 실행 방안 연구』. 한국교육과정평가원, 1999.
김천혜. 『소설 구조의 이론』. 문학과지성사, 1999.
고형진. 「『문학』교과서의 '갈래 서술에 대한 비판적 검토」. 『문학교육학』 13. 한국문학교육학회, 2004.
오탁번 · 이남호. 『서사문학의 이해』. 고려대학교 출판부, 1999.
조남현. 『소설원론』. 고려원.
시모어 채트먼. 『영화와 소설의 서사적 구조』. 김경수 역. 민음사, 1990.
제랄드 플린스. 『서사론 사전』. 이기우 · 김용재 역. 민지사, 1992.
E. M. 포스터. 『소설의 이해』. 중판. 이성호 역. 문예출판사, 1986.
토마세프스키. 『러시아 형식주의』. 2판. 토도로프 편. 김치수 역. 이화여자대학교 출판부, 1988.

〈부록〉

18종 문학교과서의 구성에 대한 설명 비교대조표

교과서	포스터의 이론의 수용	시간 순서의 강조	화소 개념의 수용	자유화소와 근간 화소의 수용	기 타
상문연구소	변형 수용	강조	수용안함	수용안함	
교학사 (구인환 외)	-	-	-	-	교과서 전체가 기존의 교과서와 전혀 다른 방향에서 짜여짐. 문학 작품을 복합구조물로서 설정.
케이스	수용	강조	수용안함	수용안함	
디딤돌	수용안함	강조	수용안함	수용안함	
민중서림	수용안함	약간강조	수용안함	수용안함	구조 혹은 심층 구조라는 용어 사용.
금성출판사	수용	강조	수용안함	수용안함	
두산	-	-	-	-	이론을 전혀 다루지 않음.
중앙교육 진흥연구소	수용	강조안함	수용안함	수용안함	포스터의 이론을 수용하고 있으나 시간 순서의 변화를 강조하지 않음으로서 비교적 효과적으로 설명하고 있음.
블랙박스	수용안함	배제	수용	수용안함	앞서 본문에서 논의한 바와 같이 두 개의 화소 개념의 혼용.
문원각	변형수용	강조	수용안함	수용안함	
천재교육	수용안함	약간 강조	수용안함	수용안함	
지학사 (권영민)	-	-	-	-	교과서 전체가 기존의 교과서와

					전혀 다른 방향에서 짜여짐. 문학 작품을 복합구조물로서 설정.
태성	수용	강조안함	수용안함	수용안함	포스터의 이론을 수용하고 있으나 시간 순서의 변화를 강조하지 않음으로서 비교적 효과적으로 설명하고 있음.
교학사 (김대행 외)	변형수용	강조	수용안함	수용안함	
지학사 (박갑수 외)	수용	강조	수용안함	수용안함	
형설출판사	수용안함	약간 강조	수용안함	수용안함	전체적으로 이론 설명이 현저히 줄고 문학의 수용과 창작에 중점을 둠.
대한교과서 주식회사	수용	강조	수용	필수적인 화소, 부수적인 화소로 수용.	
청문각	수용안함	배제	수용안함	수용안함	

고등학교 교과서의 서사이론에 대한 비판적 고찰 2

- 第7차 교육과정 문학교과서의 '인물'을 중심으로 -

1. 서론

본 논문의 목적은 7차 교육과정 문학 교과서에 실려 있는 서사이론 중 '인물'에 관하여 비판적으로 검토하고 개선의 방향을 모색하는 데 있다. 필자는 「고등학교 교과서의 서사이론에 대한 비판적 고찰 1」에서 7차 교육과정 문학 교과서에 실려 있는 '구성'에 대한 설명을 비판적으로 검토하고 개선의 방향을 모색한 바 있다. 본 연구는 그 연장선상에서 이루어진다.

7차 교육과정 문학 교과서(이상 7차 교과서)에서 '구성'에 대한 설명의 문제는, 용어의 개념이 모호하게 서술되거나 각각의 용어들에 대한 설명에 모순이 있어 의미의 혼란을 가져온다는 데 있다. 이러한 문제가 발생한 이유는, 첫째 기존의 정치하지 못한 이론을 비판 없이 수용하고, 둘째는 구조주의 이론을 수용하는 과정에서 그것이 기존 이론과 혼용되면서 의미의 혼란을 야기한 데 있다. '인물'에 대한 설명은 '구성'에 비해 비교적 문제가 적다. 이는 '구성'에 비해 '인물' 이론이 비교적 단순한 이론적 근거 위에서 설명되고 있다는 점에서도 그렇지만, '인물' 이론에서는 구조주의 서사이론의 영향이 대체로 배제되어 있기 때문이기도 하다. 그럼에도 불구하고 '인물'에 대한 설명 역시 유사한 문제들을 안고 있어서 세밀한 검토가 필요하다.

이론 교육을 통해 작품 감상의 폭과 깊이를 더하고, 작품 감상을 통해 이론을 더 잘 이해할 수 있다면, 그것이 이상적인 문학 교육이 될 것이다. 이론 교육은 작품을 이해하는 데, 효과적인 보조자 역할을 할 수 있다는 점에서 필요하다. 그런데 이론 학습을 지나치게 강조하는 것도 문제지만, 이론에 대한 설명이 지나치게 간략하거나 모순된다면, 그것 역시 문제이다. 그것은 도리어 학습자의 왜곡된 이론 학습의 원인이 될 수도 있기 때문이다. 차라리 다루지 않는다면 모를까, 기왕에 다룬다면 구체적이고 정확하게 다루어 학습자로 하여금 효과적으로 작품을 감상할 수 있도록 해야 할 것이다.

본 논문은 7차 교과서에서 다루고 있는 '인물'에 대한 설명을 비판적으로 검토함으로써, 문제가 되는 부분들에 대한 해결 방안을 모색하고자 한다. 이는 '인물'과 관련된 논의들의 근원을 따져서 의미를 명확하게 함으로써 가능하다고 생각된다. 여기에는 교사들에게 문학 교육을 위한 참고 자료를 제공하여 현장교육에서 효과적으로 활용할 수 있으리라는 실제적인 의미도 담겨있다. 결과적으로 본 논문이 차후에 보다 나은 문학 교과서의 제작에 도움이 되기를 바란다. 여기서는 7차 교과서 상권을 연구 대상으로 삼는다.[1)]

1) 7차 교과서는 2003년 1차로 11종이 2004년 2차로 7종이 출판되었다. 1차는 상문연구사, 교학사, 케이스, 디딤돌, 민중서림, 금성출판사, 두산, 중앙교육진흥연구소, 블랙박스, 문원각, 천재교육에서, 2차는 지학사(2종), 태성, 교학사, 형설출판사, 대한교과서주식회사, 청문각에서 출판하였다.

2. '인물' 이론에 대한 비판적 고찰

1) '인물'에 대한 교과서의 설명

인물은 등장 인물, 작중 인물 혹은 성격 등의 용어와 혼용되기도 하는데, 일반적으로 그냥 인물이라는 용어를 사용한다. 최근 구조주의 서사이론의 영향에 의해 인물이나 성격을 '주체'(subject)로 대체하려는 경향도 있다.[2] 7차 교과서에서는 모두 인물이라는 용어를 쓰고 있으며 등장인물, 작중 인물 등의 용어를 부차적으로 사용하기도 한다.

7차 교과서는 총 18종 중, 문학이론은 상권에서 다루고 있다. 상권에서 다루고 있는 문학이론은 1) 문학일반론 2) 작품의 수용과 창작 3) 서사, 서정, 극, 교술 등의 장르이론과 그에 따른 작품 그리고 학습 활동 등의 순서로 전개되는 것이 일반적이다.[3] 인물은 대개 배경 등과 연계하여 독립된 한 개의 소단원으로 구성되어 있다. 7차 교과서에서 인물에 대한 설명은, 우선 인물의 일반적 의미를 제시하고, 다음으로 인물의 유형을, 그리고 인물의 제시 방법에 대해 설명하는 것이 일반적이다.

인물의 일반적 의미에 대한 설명은, 인물이 지니는 '성격'(character)의 의미에 집중되어 있다. 여기에 여러 작품에 나타나는 인물을 예시로 설명하거나 만화 등을 첨가함으로써 학습자로 하여금 보다 구체적인 이해가 가능하도록 하는 경우도 있다. 인물의 유형에 대해서는 주요 인물과 부차적 인물, 주동 인물과 반동 인물, 평면적 인물과 입체적 인물, 개성적 인물과 전형적 인물로 각각 나누어 설명한다. 주요 인물과 부차적 인물

---

2) 이 호, 「인물 및 인물 형상화에 대한 이론적 개관」, 『인물의 시학』, 태학사, 2000, 24~28쪽.

3) 고형진, 「<문학>교과서의 '갈래 서술에 대한 비판적 검토」. 『문학교육학』 13, 한국문학교육학회, 2004, 351~374쪽.

은 몇몇 교과서에서만 다루고 있다. 인물 제시 방법에 대해서는, 직접적 제시 방법과 간접적 제시 방법으로 나누어 설명하는 경우가 대부분이다.[4)]

이러한 설명은, 다시 작품을 통해서 이해하고 학습 활동에서 작품과 이론을 종합적으로 감상하도록 구성되어 있다.

2) 비판적 고찰

가) 일반적 의미의 문제

서사는 인간에 관한 이야기이다. 거기에는 인간의 운명이나 인간 삶의 다양한 양상들이 담겨 있으며, 인간이 이루어 놓은 사회와 역사의 다각적인 문제들이 담겨 있다. 그래서 그 주체인 인물은 중요한 의미를 지닌다.

인물은 서사를 이루는 필수적인 요소이다. 어떠한 서사 작품에도 인물이 등장하지 않는 경우는 없다. 김천혜가 지적하듯이 조각과 회화와 같은 예술 분야나 사물시(事物詩)와 같은 문학 장르의 경우 인물이 등장하지 않는 경우가 있으나 서사 문학 작품에는 반드시 인물이 등장한다.[5)] 가령 이규보의 「淸江使者玄夫傳」은 거북에 빗대어 인간의 삶을 드러내고 있으며, 박지원의 「虎叱」은 호랑이의 입을 빌어 양반의 행실을 비판한다. 이때 거북이나 호랑이는 모두 인간에 대한 비유적 장치이다. 이와 같이 동물이나 무생물이 주인공인 우화의 경우도 그 주인공은 인물이라 칭해도 전혀 무리가 없다. 서사에서 인물이 없다면 사건도 있을 수 없으니 인물 없이는 서사물의 존재 자체가 불가능하다. 그래서 김인환은 "소

4) 각 교과서의 차이에 대해서는 논문의 끝에 첨가된 부록 '18종 문학교과서의 '인물'에 대한 설명 비교대조표'를 참조하기 바람.

5) 김천혜, 『소설 구조의 이론』, 문학과지성사, 1999, 179쪽.

설은 '이 사람을 보라'는 문장을 다소 야단스럽게 확대한 산문"[6]이라고 말하기도 한다.

아리스토텔레스는 시학 2장에서 "모방기술자(시인)는 어떤 행동하는 사람들을 모방"[7]한다고 말한다. 아리스토텔레스가 인물의 '행동'을 강조한 이래 오랫동안, 서사에서 인물은 일정한 역할을 담당하는 존재자로 인식되어 왔다. 하지만 현대 서사에서 인물은 구체적이면서도 생생한 인격을 부여 받게 된다. 그래서 현대 서사에서 인물은 '성격'(character)의 문제가 된다. 최근에는 구조주의의 영향에 의해 다시 인물의 '성격'보다는 '역할'이나 '기능'을 중시하는 경향이 있다. 이처럼 서사이론에서 인물의 '행동'을 중요시하느냐 '성격'을 중요시하느냐 하는 문제는 매우 중요하다.[8]

7차 교과서에서 인물의 일반적 의미는 대체로 성격을 중심으로 다루어지고 있다. 현대 서사에서 인물의 의미를 파악하는 것은 곧 인물의 성격을 이해하는 것과 같다는 점을 고려하면 이는 적절하다고 생각된다. 하지만 대체로 너무 간략하게 서술되고 있다는 문제점이 있다. 앞서 제기했듯이 인물의 성격은 현대 서사에서 강조되는 것인 만큼, 고전 서사에 대해서 현대 서사에서 인물의 성격이 어떤 의미를 지니는지 보다 구

---

6) 김인환, 『언어학과 문학』, 고려대학교 출판부, 1999, 19쪽.

7) 아리스토텔레스, 『아리스토텔레스의 시학 연구』, 이상섭 주석, 문학과지성사, 2002, 22쪽.

8) 에드윈 뮈어는 이에 따라 행동소설과 성격소설로 나누기도 한다(김천혜, 『소설 구조의 이론』, 문학과지성사, 1999, 179쪽). 이는 토도로프가 말하는 플롯 중심 소설과 인물 중심 소설에 대응된다(오탁번 · 이남호, 『서사문학의 이해』, 고려대학교 출판부, 1999, 144쪽). 리몬 케넌은 양자가 세 가지 관점에서 절충될 수 있다고 한다. 첫째 성격과 행동은 각각 독립적인 것으로 간주될 수 있는 것이며, 둘째 양자의 위계는 상대적인 것이어서 성격이 우세한 서사물과 행동이 우세한 서사물이 따로 있으며(이는 에드윈 뮈어나 토도로프의 분류와 유사하다.), 셋째 독자의 관심에 따라 양자의 위계가 달라질 수 있다는 것이다(리몬 케넌, 『소설의 현대 시학』, 2판, 최상규 역, 예림기획, 2003, 67~68쪽).

체적으로 설명할 필요가 있다. 또한 학습자로 하여금 성격이 강조되는 서사와 행동이 강조되는 서사의 의미를 생각해 볼 기회를 제공하는 것도 좋을 듯하다.

나) 분류의 문제

인물 유형론은 7차 교과서의 인물에 대한 설명에서 가장 큰 비중을 차지하는 부분이어서, 특히 이들 용어들이 정치하게 사용되고 있는가에 대해 세심하게 따져볼 필요가 있다. 이에 대해서는 세 가지 문제를 지적할 수 있다. 첫째 주동 인물, 반동 인물이 각각 주요 인물, 부차적 인물과 의미의 혼란을 일으킬 여지가 있다는 점이다. 둘째 평면적 인물과 입체적 인물의 의미가 다소 왜곡되어 있다는 점이다. 셋째 개성적 인물과 전형적 인물의 구분에 근본적으로 문제를 제기할 수 있다는 점이다.

가. 주동 인물과 반동 인물의 문제

7차 교과서에서, 주동 인물과 반동 인물에 대해서는 많은 교과서가 다루고 있는 반면 주요 인물과 부차적 인물은 거의 다루지 않는다. 그럼에도 불구하고 주요 인물과 부차적 인물은 이론 설명이나 학습 활동에서 두루 쓰인다. 이때 학습자들이 그 개념이나 용어 사이의 관계를 파악하기 어렵게 만드는 경향이 있어, 명확한 개념을 제시할 필요가 있다.

주동 인물과 반동 인물은, 그리스 비극에서 유래된 용어인 프로타고니스트(protagonist)와 안타고니스트(antagonist)에 대응되는 우리말로서 인물의 유형을 설명하는 가장 오래된 모형이다. 전자는 제1인물 혹은 제1배우를 지칭했고, 후자는 그리스의 비극 작가 아이스킬러스가 프로타고니스트 다음 가는 인물을 데우테라고니스트(deuteragonist)라고 부른 데서 연유한다. 데우테라고니스트는 그 후 갈등, 경쟁의 뜻을 가진 아곤(argon)에서 파생된 안타고니스트로 대체되었다. 그 어원에서 암시되는 것처럼

안타고니스트는 프로타고니스트와는 갈등과 경쟁의 관계에 있는 인물이다.[9)]

주요 인물(major figure)과 부차적 인물(minor figure)은 일반적 개념으로 이해할 수 있다. 여기에는 성격은 물론 역할이나 기능의 의미도 배제되어 있다. 이는 서사물에서 인물이 차지하는 비중을 기준으로 구분되는 용어이다. 주동 인물이나 반동 인물은 서사의 사건에서 중요한 역할을 담당하기 때문에 모두 주요 인물에 해당한다고 할 수 있다. 부차적 인물은 서사의 구조에서 큰 의미를 부여 받지 못하기 때문에 주동 인물이나 반동 인물 중 어디에도 해당되지 않는다.

나. 평면적 인물과 입체적 인물의 문제

평면적 인물과 입체적 인물의 구분은 가장 일반적으로 쓰이는 인물 구분이다. 풍부한 의미가 내포되어 있어, 이는 인물의 성격을 설명하는 데 긴요한 구분이다. 그런데 이에 대한 교과서의 설명은 혼란의 여지가 있어 문제가 된다. 그것은 그 구분의 기준을 인물의 성격 변화에서 찾는 데 있다.

평면적 인물과 입체적 인물은 포스터가 『소설의 이해』에서 사용했던 'flat character'와 'round character'에 대응되는 우리말 용어이다. 이는 오늘날까지 거의 모든 소설이론서나 서사이론서 혹은 문학개론서와 교과서에서 반드시 제기될 만큼 일반적이며 영향력 있는 개념이다. 그런데 문제는 '성격 변화'가 이러한 인물 구분의 기준이 될 수는 없다는 점이다. 다음은 포스터가 평면적 인물과 입체적 인물에 대해 제기하고 있는 부분이다.

---

9) 유태영, 『현대소설론』, 국학자료원, 2001, 185쪽.

> 우리는 인물을 평면적 인물과 입체적 인물로 나눌 수 있다. 19세기에는 평면적 인물을 기질이라고 했고, 어떤 때는 유형이라고 했고, 어떤 때는 희화(戱畵)라고 했다. 가장 순수한 형태로는 단일한 개념이나 성질을 중심으로 인물들이 구성된다. 이 중에 하나 이상이 있으면 입체로 향하는 곡선이 시작되는 것이다.[10)]

위의 첫 번째 인용문에서 보듯이 포스터에 의하면 평면적 인물은 "가장 순수한 형태로는 단일한 개념이나 성질을 중심으로" 구성된 인물이며, "이 중에 하나 이상이 있"으면 인물은 입체적으로 되기 시작한다. 이러한 진술을 꼼꼼히 따져보면, 입체적 인물에는 정도의 차이가 있을 수 있다는 것을 알 수 있다. 얼마나 여러 가지 성격을 가졌느냐에 따라 덜 입체적이거나 더 입체적일 수 있다. 평면적 인물과 입체적 인물은 이분법적인 배제 관계에 놓여 있는 것이 아니라 좌표적 관계에 놓여 있다. 서사의 인물은 단일성과 복합성이라는 두 좌표 사이의 어느 지점에 위치한다.

교과서에서 평면적 인물과 입체적 인물 구분의 기준으로 성격 변화를 제시하게 된 이유는, 그것이 정적 인물과 동적 인물의 개념과 결합되면서 형성된 것이라고 판단된다. 정적 인물과 동적 인물은 실제로 성격 변화의 여부에 따라 구분될 수 있는 개념인데, 대부분의 교과서에서 이들을 각각 평면적 인물과 입체적 인물과 동일시하고 있다. 에드윈 뮈어는 포스터의 평면적 인물과 입체적 인물을 정적 인물(static character)과 극적 인물(dramatic character)로 재해석한 바 있는데,[11)] 후에 이는 정적 인물(static character)과 동적 인물(dynamic character)로 확정된 듯하다. 웰렉과 워렌은 정적 인물과 동적 인물(혹은 발전적 인물)의 개념이 평면적 인물

---

10) E. M. 포스터, 『소설의 이해』, 중판, 이성호 역, 문예출판사, 1986, 77쪽.
11) 정한숙, 『소설기술론』, 11판, 고려대학교 출판부, 1983, 88~91쪽.

과 입체적 인물과 일반적으로 일치한다고 말하기도 한다.[12)]

평면적 인물과 입체적 인물은 포스터의 독창적 인물 개념이지만, 여러 비평가들에 의해 그 의미가 어느 정도 세련되었다고 말할 수 있다. 성격 변화라는 요소는 이러한 과정에서 첨가 강조된 것이다. 성격 변화는 이러한 인물 구분을 이해하는 데 유용하면서도 긴요한 조건이 될 수 있지만, 그 구분의 기준은 될 수는 없다. 만약에 단순히 성격 변화만을 가지고 따진다면, 「흥부전」의 놀부도 입체적 인물이라 해야 한다. 「흥부전」의 결말에서 놀부는 개과천선하여 선인이 되기 때문이다.[13)] 하지만 놀부는 단일한 성격의 소유자로서 평면적 인물에 매우 가깝다. 그가 악인에서 선인이 된 것은 단일한 성격에서 다른 단일한 성격으로 변화한 것뿐이다.

> 등장 인물은 성격 변화 여부에 따라 평면적(平面的) 인물과 입체적(立體的) 인물로 나눌 수 있다. 평면적 인물은 환경 변화에 영향을 받지 않고 처음부터 끝까지 성격 변화가 없는 인물이다. 그래서 독자가 쉽게 파악하고 오래 기억할 수 있다. <흥부전>의 흥부를 비롯한 대부분의 고대 소설에 등장하는 인물과 <동백꽃>의 주인공 '나' 등이 이에 해당한다. 입체적 인물은 환경이나 상황의 변화에 따라 성격이 변하는 인물이다. 구운몽(九雲夢)에서 '성진'이 자신의 수도 생활에 회의를 느끼고 세속적 삶

12) 르네 웰렉 · 오스틴 워렌, 『문학의 이론』, 김병철 역, 을유문화사, 1982, 349~350쪽.

13) 실제로 문학 교실에서 이러한 질문을 하는 학생들이 종종 있다. 필자가 교육 대학원에서 교사들과 수업을 하는데, 교사들도 이에 대해 의문을 제기하기도 한다. 이러한 혼란은 소설에서 성격 변화를 피상적으로 이해하는 데에서 온다. 성격의 변화는 인물이 처한 구체적 사회 환경과 충돌하는 과정에서 겪는 근본적인 변화를 의미한다. 그것은, 인물이 인간 본성이나 사회의 모순을 경험하면서 인간이나 사회에 대한 새로운 각성의 계기를 통해 근본적으로 가치관내지 세계관이 변모를 겪게 되는 것을 말한다.

> 을 동경하다가 꿈속에서 그 세속적 욕망을 성취한 뒤 꿈에서 깨어나 세속적 부귀영화가 덧없음을 깨닫고 수도 생활에 정진하는 모습은 상황 변화에 따라 성격이 변화한 것으로 볼 수 있다.[14)]

위의 첫 번째 인용문에서 인물을 '성격 변화 여부에 따라' 평면적 인물과 입체적 인물로 나누고 있다. 그리고 「흥부전」의 흥부와 「동백꽃」의 '나'를 평면적 인물에 귀속시키고, 「구운몽」의 성진을 입체적 인물에 귀속시키고 있다. 평면적 인물과 입체적 인물을 성격 변화 여부로만 판단하여, 양자가 이분법적 배제 관계에 놓여있는 것처럼 보고 있다. 흥부는 평면적 인물에 매우 근접한 인물이지만 「동백꽃」의 '나'는 쉽게 판단하기 어렵다. 성진 역시 온전히 평면적 인물이라고 말하기도 어렵지만 성격이 변했다고 입체적 인물이라고 말하기는 더욱 어렵다. 이들은 양자의 중간쯤 어딘가에 놓인다고 할 수 있다.[15)]

다. 전형적 인물과 개성적 인물의 문제

전형적 인물과 개성적 인물은 전형성과 개성을 중심으로 나눈 인물 유

14) 강황구 외, 『문학(상)』, 상문연구사, 2003, 155쪽.

15) 나병철은 '근대 소설에도 평면적 인물이 등장하며 복합적 인물과 평면적 인물 사이에는 무수히 많은 중간 정도의 인물들이 존재한다. 그러나 근대소설의 평면적 인물은 고소설의 그것과는 조금 상이한 특성을 지니고 있다.'고 말한다(나병철, 『소설의 이해』, 문예출판사, 1998, 143쪽). 이는 두 가지 점에서 중요한 지적이다. 우선 평면적 인물과 입체적 인물은 좌표적 관계에 놓인다는 점을 지적한 점이며, 다음으로 근본적으로 고소설과 근대소설의 인물에서 평면성과 입체성은 근본적인 차이가 있다는 점이다. 고소설의 인물 사이에도 평면성과 입체성의 차이는 있지만 미미하다. 나병철이 지적하듯이, 고소설의 인물들은 외재적 개념(가령 유교 이념)에 의해 규정되기 때문이다. 반면 근대소설의 인물들 사이에서 평면성과 입체성의 차이는 고소설에 비해 클 수 있으며, 근대소설의 평면적인 인물들은 근본적으로는 고소설의 그것과는 다르다. 근대소설의 인물들은 외재적 관념 체계에서 해방되었기 때문이다.

형이다.[16] 하지만 전형적 인물과 개성적 인물이 근본적으로 인물 유형의 구분이 될 수 있는가의 의문을 제기할 수 있다. 이러한 문제는 일부의 교과서에서 드러난다. 다음은 그 대표적인 예이다.

> 집단의 성격을 대표하느냐 않느냐에 따라 전형적 인물과 개성적 인물로 구분하는 경우이다. 전형적 인물은 보편적 전형과 시대적 전형으로 구분된다. 보편적 전형에는 수전노, 서로 사랑하는 남과 여, 충직한 하인, 방랑자와 같이 인간의 어느 한 속성을 대표하는 유형이 있다. 이들은 세계적으로 나타나는 인물 유형이다. 이에 비해 시대적 전형은 어떤 특정한 지역과 시대 안에서 이루어진 인간 유형을 말한다. …(중략)… 훌륭한 소설은 전형과 개인을 적절하게 조화시켰을 때 창조된다고 볼 수 있다.[17]

위의 인용문에서는 전형적 인물과 개성적 인물의 구분에 대한 기준으로 '집단의 성격을 대표하느냐 않느냐'를 제시하고 있다. 하지만 집단의 대표성은 전형적 인물과 개성적 인물 구분의 기준이 될 수 없다. 전형적 인물은 집단의 전형성을 가지는 인물이라고 생각할 수 있지만, 전형성이 없다고 개성적 인물에 귀속시킬 수는 없기 때문이다. 개성적 인물은 집단의 대표성을 지니지 않은 인물이 아니라, 단지 두드러진 개성을 지닌 인물이다. 개성적 인물과 전형적 인물은 선택과 배제의 관계에 놓여 있는 것이 아니라 상호 독립적이다. 개성이 두드러진 인물은 개성적 인물이고 전형성이 두드러진 인물은 전형적 인물이다. 전형성과 개성은 정도의 차이는 있으나 한 인물에 늘 공존한다. 위의 예에서 보듯이 이러한 유

16) 유태영에 의하면 이러한 구분은 디트리히(R. F. Dietrich)와 선델(R. H. Sundell)에 의해 이루어졌다(유태영, 앞의 책, 185쪽).
17) 최 웅 외, 『문학(상)』, 청문각, 2004, 157~158쪽.

형을 논의하면서 전형성과 개성의 조화를 강조하는 이유가 여기에 있다.

위의 인용문에서 전형적 인물을 보편적 전형과 시대적 전형으로 구분하는 것도 문제이다. 전자는 일반적 의미에서의 전형적 인물과 같다. 하지만 보편적 전형은 이것과는 다른 차원에서 다루어야 한다. 이는 보통 '유형적 인물'로 번역되는 'stock character'에 해당하는 용어이다. 유형적 인물은 "어떤 특정한 문학 장르에 자주 나타나기 때문에 그 형식의 관례의 일부로 인정해도 좋은 인물 유형"[18]을 말한다.[19] 그 대표적인 예가 노드롭 프라이가 구분한 다섯 가지 인물의 유형을 들 수 있다. 프라이는 고대의 희극과 비극의 인물에서 소설적 인물의 원형을 탐색하는데, 알라존, 에이론, 보몰초이, 아르로이코스, 파르마코스가 그것이다.[20]

결국 전형적 인물, 개성적 인물, 시대적 전형, 보편적 전형 혹은 유형적 인물 등은 하나의 맥락에서 수용될 수 있는 개념들이 아니라 서로 독립적 의미를 지니는 용어로 이해해야 한다. 하지만 이러한 용어들을 배제할 필요는 없다. 각각 독립적 의미를 지니는 개념이라는 점을 염두에 두고 사용할 경우, 이것들은 인물의 성격을 이해하는 데 유용하게 활용할 수 있기 때문이다.[21]

---

18) 아브람스, 『문학용어사전』, 최상규 역, 보성출판사, 1991, 288~289쪽.

19) 제랄드 프린스는 유형적 인물을 '소여의 이야기 장르나 형식에 전통적으로 결부되는 판에 박은 듯한 등장 인물 유형이라고 말한다(제랄드 프린스, 『서사론사전』, 이기우·김용재 역, 민시사, 1992, 249쪽).

20) 보편적 전형이라는 용어를 사용할 수는 있으나 이를 시대적 전형과 대비되는 개념으로 사용하기는 어렵다.

21) 여기에는 엥겔스가 처음 제기하고 루카치가 세련화한 '전형' 개념의 영향이 어느 정도 담겨 있다고 생각할 수 있다. 전형의 의미는, "특수성 속에서 미적인 것으로 지양된 개별적인 것은 전형의 경우, 바로 특수한 것이 된다. 그러한 지양은 유적인 것과의 통일을 이루어 내는데(유적인 것이란 여기서는 또한 특수성의 형태로 나타난다), 유적인 것과 개별적인 것의 상호 양극적인 긴장은 전형적인 것의 생동하는 원리가 된다."(이주영, 『루카치 미학 연구』, 서광사, 1998, 234쪽)는 루카치의 말에 집약되어 있다. 변증법을 간과하고 전형을 논의하기 어렵지만, 전형성과 개성은 각각 유적인 것과 개별적인 것에 대응되는 개념으로 생각할 수 있다.

3) 인물의 성격 제시 방법의 문제

서사의 서술 방식에 있어 오늘날 가장 일반적으로 쓰이는 두 구분, 즉 말하기와 보여주기는 아리스토텔레스의 『시학』에서부터 유래한다. 아리스토텔레스는 시적 모방을 '미메시스(mimesis)'와 '디에제시스(diegesis)'로 나누었다.[22][23] 이는 퍼시 러보크가 헨리 제임스에게서 따온 '파노라마적 제시 방법'(panoramic)과 '장면 중심적 제시 방법'(scenic)이나(퍼어시 라보크, 1960: 107) 웨인 부스의 용어 '보여주기'(showing)와 '말하기'(telling)에 해당한다. 특히 보여주기와 말하기는 구조주의 서사이론가에 의해 수용되는데, 그들의 이론이 영향력을 행사하면서 이는 현재 일반화되는 추세다.

교과서에서 다루고 있는 인물의 제시 방법에 그리 큰 문제가 있는 것 같지는 않다. 다만 두 가지의 문제를 지적할 필요가 있다. 우선 지적할 것은 용어 사용의 문제이다. 교과서에서 인물 제시 방법으로 직접적 인물 제시, 간접적 인물 제시, 해설적 방법, 극적 방법, 장면 제시, 요약, 행동, 대화, 묘사, 말하기, 보여주기 등의 용어들을 두루 사용하고 있다. 이렇게 다양한 용어를 혼용하고 있지만 크게 혼란을 야기하는 것 같지는 않다. 다만 교과서 전체에서 어느 정도 용어상의 체계를 갖추는 것이 필요할 듯하다. 필자의 견해로는 보여주기와 말하기라는 용어를 최상위 개념으로, 직접적 인물 제시와 간접적 인물 제시를 이와 유사 개념으로 설정하는 것이 좋을 듯하다.[24] 이미 학계나 문단에서 보여주기와 말하기라는 용어를 일반적인 용어로 쓰고 있는데, 이 용어가 의미의 명확성을 제

22) 아리스토텔레스, 앞의 책, 187쪽.
23) 이러한 구분은 플라톤의 『공화국(국가)』 제3권에서 최초로 제기된 것으로 알려져 있다(제라르 즈네뜨, 『서사담론』, 권택영 역, 교보문고, 1992, 150~151쪽과 플라톤, 『국가』, 조우현 역, 삼성출판사, 1982, 104쪽).
24) 지금까지는 그 반대였다.

공하기 때문이라 생각된다.[25] 나머지는 하위 개념으로 설정할 수 있을 것이다.

두 번째 지적할 것은 대체로 보여주기와 말하기를 인물 제시 방법이라고 명명하고 인물 분야에서 다루고 있다는 점이다.[26] 사실상 보여주기와 말하기는 인물 제시 방법이라기보다는 서사의 서술 방식에 해당한다. 인물이 서사 주체이고 사건이 인물에 의해 전개된다는 점에서, 서술의 상당 부분은 인물의 성격이나 행동에 관여한다. 그래서 많은 서사이론서에서도 보여주기와 말하기를 서술 부분에서 다루면서 동시에 인물 부분에서 다루기도 한다. 이러한 점을 고려할 때, 교과서에서 보여주기와 말하기를 인물 제시 방법으로 다루고 있는 것이 큰 문제가 있다고 볼 수는 없다. 다만 엄격히 말해서 보여주기와 말하기가 서사의 서술 방식이라는 사실을 적어도 교사는 알고 가르칠 필요가 있다.

4) 이론 설명과 학습 활동와의 관계

학습 활동은 이론의 이해나 소설 감상을 돕는 역할을 담당한다고 할 수 있다. 그래서 학습 활동에서는 단편적인 지식을 요구하는 문제를 제시하는 것은 피하고, 인물을 통해 작품을 풍부하게 감상할 수 있는 문제를 제시하는 것이 바람직하다. 그런데 경우에 따라 요구하는 답이 너무 단편적일 뿐 아니라 문제 자체가 학습자로 하여금 의미의 혼란을 가중시킬 수 있는 경우가 있다.

25) 여기에는 구조주의 서사이론의 영향이 작용한 것으로 보인다. 하지만 이러한 수용은 단순한 유행이 아니라 그 용어가 명징하고 정치하기 때문이라고 생각된다.

26) 중앙교육진흥연구소에서 제작한 문학 교과서에서는 '문체' 분야에서 다루고 있으며, 케이스 교과서에서는 '서술의 시각'에서 다루고 있다.

1. '두 파산'에 나오는 등장 인물들의 성격을 알아보자.

· 정례: · 교장: · 옥임: · 정례 어머니: · 정례 아버지:

2. 등장 인물들의 성격상이 특징을 알아보자.

(1) 옥임이의 성격은 어떻게 변하였는가?

(2) 정례 어머니가 근대적 인물의 개성을 획득하고 있는 이유는 무엇인가?

(3) 등장 인물들의 특징을 알맞게 연결해 보자.

	· 정례 ·	
전형적 인물 ·	· 교장 ·	· 평면적 인물
	· 옥임 ·	
개성적 인물 ·	· 정례 어머니 ·	· 입체적 인물
	· 정례 아버지 ·	[27]

1번의 경우는 온전히 학습자가 제시해야 하는 것이기 때문에 문제가 없다. 문제는 2번이다. 2-(1)의 경우 옥임이의 성격이 어떻게 변했는가를 질문한 것은 괜찮다. 앞서 제기했듯이 서사에서 인물의 성격 변화는 중요한 의미를 지니기 때문이다. 하지만 그것으로 끝날 것이 아니라 '그러한 변화가 어떤 의미를 지니는지 설명해 보자'는 문제를 함께 제시하는 것이 좋겠다. 사실상 인물의 성격 변화를 파악하는 것도 중요하지만 그 의미를 이해하는 것이 더욱 중요하다. 이러한 이해는 단편적인 것이 아니라 포괄적인 것이 되도록 해야 할 것이다.

2-(3)은 앞서 다루었던 인물 유형의 문제점을 그대로 노출하고 있다.

---

27) 한철우 외, 『문학(상)』, 문원각, 2003, 158쪽.
청문각의 교과서에서도 이와 거의 유사한 문제를 제시하고 있다.

정례 어머니, 정례 아버지, 정례, 옥임, 교장은 모두 전형성과 개성을 두루 갖춘 인물이다. 이 교과서는 인물에 대한 설명 부분에서 "자칫 전형성과 개성은 모순되는 것으로 생각할 수 있으나 전형성과 개성을 두루 갖추어야 훌륭한 인물이 형상화 된다"고 제시하고 있다. 그럼에도 불구하고 마치 양자가 모순 관계에 있는 것처럼 문제를 제시하고 있는 것이다. 2-(3)의 뒷부분도 문제이다. 평면적 인물과 입체적 인물은 좌표적 관계에 놓여 있어 어느 하나에 귀속시키기 어렵다. 이는 각각 정도의 차이를 말할 수 있을 뿐이다.

이러한 점을 고려해서 문제와 답을 예시한다면 다음과 같다.

> 문제: '두 파산'에 등장하는 정례 어머니, 정례 아버지, 정례, 옥임, 교장의 성격을 각각 교과서에 설명된 인물 유형의 용어를 사용하여 설명하면서, 그것이 어떤 의미를 지니는지 생각해 보자.
>
> 답안: 이 소설은 두 명의 주요 인물이 대립적 의미의 축을 형성한다. 정례 어머니와 옥임이 그들이다. 정례 어머니가 주동 인물이라면 옥임은 반동 인물이다. 이들은 모두 일제 강점기에 일본 유학을 다녀온 신여성이지만 해방 당시 경제적 어려움을 겪고 있다. 이들은 근대 역사의 소용돌이에서 경제적 어려움을 겪으며 인간성을 시험받는 인물들이다. 이들은 근대 신여성의 면모를 드러내는 전형적 인물이다. 하지만 두 사람이 어려움을 극복하는 방식은 각각 다르다. 정례 어머니는 문방구를 차려 정당한 노동으로 자신의 삶을 꾸려나가는 반면, 옥임은 고리대금업으로 경제적 어려움을 타개하려 한다. 정례어머니가 건전한 시민의 성격을 지닌다면, 어린 시절부터 막역하게 지내온 친구인 정례 어머니에게 마저 동업을 빙자하여 부당한 이자를 요구하는 옥임은 파렴치한 인간의

성격을 그대로 드러낸다. 정례와 교장은 부수적 인물로 각각 정례 어머니와 옥임의 성격에 종속된다. 정례의 경우 교장이나 옥임의 행위에 분개하며 어머니와 윤리 의식을 공유하며, 교장은 옥임의 사주를 받아 정례네 문방구의 이익을 가로채는 일에 일조하기 때문이다. 이 소설에서 입체적 성격이 가장 두드러진 인물은 옥임이다. 그녀는 소설 전체를 통해 다양한 면모를 드러내고 있기 때문이다. 근대 신여성에서 도지사의 내실 마님으로 그리고 다시 고리대금업자로 영혼의 파산을 드러내는 변화는 그의 다양한 면모를 잘 보여준다. 이런 점에서 옥임은 가장 개성적인 인물이라고 할 수 있다. 정례 아버지의 성격은 쉽게 판단하기 어렵다. 소설에서 그에 대해 드러나는 표지들은 대체로 암시적이기 때문이다. '장래 대신'이라는 옥임의 말로 추측해 보면, 그는 아내에게 가정 경제를 맡기고 허황되게 정치 일선에 뛰어든 지식인일 가능성이 높다. 그리고 "우리 집문서는 아무래두 김옥임 여사의 돈으로 찾아 놓고 말 것이니"라는 마지막 말에서 그가 옥임과 별로 다르지 않은 인물이라는 점을 짐작할 수 있다.

학습 활동의 문제는 학습자가 인물을 통해 작품을 포괄적으로 이해할 수 있는 방향으로 제시해야 할 것이다. 이러한 유형들을 귀속적 개념으로 이해하게 하지 말고, 유형 사이의 관계를 잘 이해하도록 만드는 것이 좋겠다. 또한 이러한 유형이 지니는 특성을 통해 인물을 설명하는 방식을 택함으로써, 소설을 이해하는 실제적인 문학적 장치로 이들을 활용하는 것이 바람직하다. 이렇게 되면 인물을 중심으로 소설 전체의 구조와 의미를 이해할 수 있을 것이다. 이때 학습 활동의 문제도 중요하지만 이를 활용하여 학습자를 지도하는 교사의 역할이 더 크리라고 본다. 보다 풍부한 이해가 가능하도록 이끄는 것이 교사의 몫이다.

3. 요약 및 개선 방향

이상에서 7차 교과서에 실려 있는 서사이론 중 인물에 관하여 비판적으로 검토해 보았다.

인물의 일반적 의미에 대한 설명에는 큰 문제가 없다. 여기서는 서사에서 인물 자체의 중요성과 성격의 중요성을 제시하면 될 듯하다. 인물 유형에 대해서는 여러 가지 문제들이 노출되는데, 그것은 대체로 개념의 혼란이나 구분의 체계에서 오는 것이다. 이에 대해 다음과 같은 표를 작성할 수 있다.

종 류	분류 기준	상호관계	설 명
주요 인물 부차적 인물	사건에 차지하는 비중에 따라	좌표형	주요 인물은 여러 명인 경우가 많다. 주동 인물과 반동 인물이 모두 여기에 속한다. 부차적 인물은 사건 전개에 있어 비중이 적은 인물이다.
주동 인물 반동 인물	역할에 따라	모순, 대립, 배제 관계	주동 인물은 주인공이라고 할 수 있다. 반동 인물은 주동 인물에 대해 1명인 경우가 대부분이지만 존재하지 않거나 여러 명일 수도 있다. 존재하지 않을 경우 사회 전체가 주인공과 갈등 관계에 놓이며, 여럿일 경우 갈등 양상은 다양하다고 할 수 있다.
평면적 인물 입체적 인물	성격의 다양성에 따라	좌표형	대개의 인물들은 양자의 사이에 놓인다고 볼 수 있다. 대체로 전근대적 서사의 인물이 전자에 가깝다면 근대 서사의 인물들은 후자에 가깝다. 성격 변화와 무관하다고 할 수는 없지만, 이는 분류의 기준이 될 수는 없다. 성격 변화는 단순한 상황의 변화가 아니라 근본적인 내적 자각을 의미한다.
정적 인물 동적 인물	성격의 변화에 따라	좌표형	평면적 인물, 입체적 인물과 일반적으로 일치하며, 인물의 성격 변화가 강조된 개념이다. 성격 변화는 발전의 의미를 지니며 특히 그러한 의미에서 동적 인물은 발전적 인물이라고도 한다.

전형적 인물 개성적 인물	개인적 성격과 사회적 성격에 따라	상호 독립적	엄격한 의미에서 전형적 인물과 개성적 인물은 인물 유형의 구분이 될 수는 없고, 양자는 독립적 성격을 지닌다. 서사의 인물들은 대체로 개성적이며 동시에 전형적이다.

인물 유형 구분에 대해서 세 가지 점에 주의를 기울일 필요가 있다. 첫째 이에 대한 모든 이해는 개념들 간의 관계 속에서 이해할 필요가 있다. 그때 인물 성격에 대한 보다 종합적인 이해가 가능하다. 둘째 이러한 유형은 귀속적 개념이라기보다 인물 성격의 특성을 드러내는 지표라는 점이다. 소설 속의 어떤 인물을 어떤 유형에 귀속시키기보다는 인물 유형을 활용해 인물 성격의 특성을 설명하는 방식을 택한다면 인물에 대한 효과적인 학습이 될 것이다. 셋째 인물 유형은 고정된 것이 아니라는 점이다. 히포크라테스가 실제 인물 유형을 담즙질, 우울질, 점액질, 다혈질 등으로 나누었듯이,[28] 학습자도 주위의 인물들을 자의적으로 나누어 설명해보는 것도 흥미로운 작업이 될 것이다.

인물 제시 방법에 대해서는 그 용어들이 각각 어떤 의미를 지니는지 명확히 설명하고, 그것이 단지 인물의 제시 방법이 아니라 서사의 기본적인 서술 방식임을 알아야 하겠다. 하지만 그러한 이론적 이해보다는 실제로 서사의 장면에서 어떤 부분이 그에 해당하는가를 찾아보고, 그것이 어떠한 효과를 지니는지 생각해 볼 기회를 제공하는 것도 바람직하다. 그리고 이러한 방식이 단락이나 문장에서 쉽게 구분되는 것이 아니라 한 개의 단락이나 한 개의 문장에서도 동시에 나타날 수 있음을 학습자로 하여금 이해시킬 필요가 있다.

끝으로 제기할 문제는 인물을 중심으로 서사의 모든 요소들은 상호 연관되어 있다는 사실을 인식할 필요가 있다는 점이다. 인물과 사건, 인물

---

28) 조남현, 『소설원론』, 고려원, 1982, 144쪽.

과 배경, 인물과 문체, 인물과 주제 등은 상호 관계 속에서 더 큰 의미를 지닌다. 사실상 인물이란 서사의 모든 요소들과 직접적인 관계를 지닌다. 인물의 행동은 사건을 형성하고 성격은 거기에 필연성을 부여하게 된다는 점에서 구성과 연관된다. 그 행위가 개인적 혹은 사회적 선택이라는 점에서 주제와 연관된다. 또한 문체는 인물의 성격을 규정하는 데 도움을 준다. 이런 점에서 서사이론 뒤에 전체를 아우르는 통합적인 학습 활동을 제시하는 것도 좋을 듯하다. 통합적인 학습 활동을 통해 서사이론에 대한 전체적인 이해가 어느 정도 가능하리라 생각하기 때문이다.

4. 결론

이상에서 7차 교과서에 실려 있는 서사이론 중 인물에 관하여 비판적으로 검토하고 개선의 방향을 모색해 보았다.

7차 교과서에서 인물 이론은 성격에 대한 이해에 집약되어 있다. 현대서사에서 인물이란 곧 성격을 의미한다고 말할 수 있기 때문에, 이는 자연스럽고 적절하다. 인물의 제시 방법에 대해서도 큰 문제가 있어 보이지는 않는다. 가장 문제가 되는 것은 인물의 유형에 대한 설명 부분이다. 겉보기에는 제대로 된 설명인 것처럼 보이지만 꼼꼼히 따져보면 용어의 혼란이 적지 않다. 그것을 관계 지어 이해할 때 혼란은 더욱 크다. 따라서 용어들의 개념과 용어들 간의 관계를 정확하게 제시할 필요가 있다.

인물의 유형론은 잘 활용하면 인물의 성격을 파악하는데 있어 긴요한 문학적 장치가 된다. 하지만 이는 단편적인 지식으로 흐를 위험도 있다. 인물과 사건, 인물과 구성, 인물과 구조, 인물과 배경(혹은 환경), 인물과 주제 등을 동시에 고려할 때 보다 종합적인 인물에 대한 이해가 가능하다. 그것은 곧 인물을 중심으로 서사를 이해하는 방식이 될 것이다. 이런 점에서 서사이론 뒤에 전체를 아우르는 통합적인 학습 활동을 제시함으로써 전체적인 이해를 유도하는 것도 좋을 듯하다.

교과서는 가장 많은 독자를 가진 책 중 하나이며 그래서 가장 영향력 있는 책이기도 하다. 그래서 교과서를 만드는 작업에는 작은 부분에 대해서도 세심한 배려가 요구된다. 본 논문이 교사들에게 효과적인 문학 교육을 위한 참고 자료가 되길 바라며, 결과적으로 차후에 보다 나은 문학 교과서의 제작에 조금이나마 도움이 되기를 바란다.

참고 문헌

1. 1차 자료

강황구 외. 『문학(상)』. 상문연구사, 2003.
구인환 외. 『문학(상)』. 교학사, 2003.
김병국 외. 『문학(상)』. 케이스, 2003.
김윤식 외. 『문학(상)』. 디딤돌, 2003.
김창원 외. 『문학(상)』. 민중서림, 2003.
박경신 외. 『문학(상)』. 금성출판사, 2003.
우한용 외. 『문학(상)』. 두산, 2003.
조남현 외. 『문학(상)』. 중앙교육진흥연구소, 2003.
한계전 외. 『문학(상)』. 블랙박스, 2003.
한철우 외. 『문학(상)』. 문원각, 2003.
홍신선 외. 『문학(상)』. 천재교육, 2003.
권영민. 『문학(상)』. 지학사, 2004.
김상태 외. 『문학(상)』. 태성, 2004.
김대행 · 김중신 · 김동환. 『문학(상)』. 교학사, 2004.
박갑수 외. 『문학(상)』. 지학사, 2004.
박호영 · 한승주. 『문학(상)』. 형설출판사, 2004.
오세영 외. 『문학(상)』. 대한교과서주식회사, 2004.

최 웅 외. 『문학(상)』. 청문각, 2004.

2. 2차 자료

고형진. 「<문학>교과서의 '갈래 서술에 대한 비판적 검토」. 『문학교육학』 13. 한국문학교육학회, 2004.
김인환. 『언어학과 문학』. 고려대학교 출판부, 1999.
김천혜. 『소설 구조의 이론』. 문학과지성사, 1999.
나병철. 『소설의 이해』. 문예출판사, 1998.
오탁번 · 이남호. 『서사문학의 이해』. 고려대학교 출판부, 1999.
유태영. 『현대소설론』. 국학자료원, 2001.
이승준. 「고등학교 교과서의 서사이론에 대한 비판적 고찰」. 『교육문제연구』 22. 고려대학교 교육문제연구소, 2005.
이주영. 『루카치 미학 연구』. 서광사, 1998.
이 호. 「인물 및 인물 형상화에 대한 이론적 개관」. 『인물의 시학』. 태학사, 2000.
정한숙. 『소설기술론』. 11판. 고려대학교 출판부, 1983.
조남현. 『소설원론』. 고려원, 1982.
르네 웰렉 · 오스틴 워렌. 『문학의 이론』. 김병철 역. 을유문화사, 1982.
리몬 케넌. 『소설의 현대 시학』. 2판. 최상규 역. 예림기획, 2003.
아리스토텔레스. 『아리스토텔레스의 시학 연구』. 이상섭 주석. 문학과지성사, 2002.
아브람스. 『문학용어사전』. 최상규 역. 보성출판사, 1991.
웨인 부스. 『소설의 수사학』. 최상규 역. 예림기획, 1999.
제라르 즈네뜨. 『서사담론』. 권택영 역. 교보문고, 1992.
제랄드 프린스. 『서사론사전』. 이기우 · 김용재 역. 민지사, 1992.
포스터. 『소설의 이해』. 이성호 역. 중판. 문예출판사, 1986.
플라톤, 『국가』. 삼성출판사. 조우현 역. 1982.

〈부록〉

18종 문학교과서의 '인물'에 대한 설명 비교대조표

교과서	주동 인물 반동 인물	평면적 인물 입체적 인물의 분류	전형적 인물 개성적 인물	인물의 제시 방법	기타
상문연구소	역할에 따라 주동인물 반동인물.	성격 변화 여부에 따라.	소설 속의 인물이 지닌 본질적인 특성을 중심으로	말하기(직접적 제시) 보여주기(간접적 제시)	작품 속에서 차지하는 비중에 따라 주요 인물과 보조 인물(부차적 인물) 나눔. 명명법 자세히 설명.
교학사(구인환 외)	-	-	-	-	교과서 전체가 기존의 교과서와 전혀 다른 방향에서 짜임. 문학 작품을 복합구조물로서 설정.
케이스	역할과 기능에 따라.	성격변화 여부에 따라 나눔. 발전의 의미 도입.	-	-	고대 소설과 근대 소설의 인물의 차이 설명. 말하기와 보여주기를 '서술의 시각'에서 다룸.
디딤돌	-	-	-	직접적 제시 방법(telling)과 간접적 제시 방법(showing)	인물 유형론을 배제하고 전체적으로 인물의 성격과 사건의 관계에 초점이 맞추어짐.
민중서림	문제에서 주동자와 적대자라는 용어를 사용하지만 설명은 없음.	분류의 기준을 제시 하지 않았으나 성격의 변화 강조(참고란)	전형적 인물만 참고란에서 간단히 설명	직접적 제시 방법과 간접적 제시 방법	인물 유형에 대해서 본문에서 설명하지 않고 참고란에서 간략히 설명. 돈키호테를 전형적 인물로 설명하고 있다. 이는 유형적 인물에 가까움.
금성출판사	참고란에 간략한 설명.	분류의 기준을 제시 하지 않았으나 성격의 변화 강조	유형적 인물 개성적 인물	보여주기(showing) 말하기(telling)	본문에 개략적인 설명을 하고 참고란에 세부적인 설명을 함.

두산	-	-	-	-	이론을 전혀 다루지 않음.
중앙교육진흥연구소	역할에 따라.	작품 내의 존재 양상에 따라 나누지만 성격의 변화 강조.	성격의 내용에 따라.	문체 분야에서 다룸	문제적 인물에 대한 설명, 풍부한 예시를 다루고 있어 바람직함.
블랙박스	-	-	-	보여주기, 말하기(서술과 시점에서 다룸)	본문 하단 참고란에서 이론적 설명을 보충적으로 제시.
문원각	사건을 주도해 나가는 정도에 따라 주동인물과 반동인물 소개.	인물의 성격변화 여부에 따라.	집단의 대표성을 나타내는 정도에 따라.	-	좌측 참고란에 이식과 순화에 대해 간략히 설명.
천재교육	문제에서 간략히 다룸.	기준 제시하지 않았으나 성격 변화 강조.	인간으로서의 근본적 성격 특성을 중심으로.	직접 제시-말하기 (telling)와 간접제시-보여주기 (showing)	이분법적 사고 경계함.
지학사(권영민)	-	-	-	-	교과서 전체가 기존의 교과서와 전혀 다른 방향에서 구성됨. 문학 작품을 복합구조물로서 설정.
태성	역할이나 비중에 따라.	성격 내용에 따라.(참고란에서 성격 변화 제시)	-	개념 설명은 하지 않지만, 서정인의 「강」에 대해 인물의 성격화 방식을 구체적으로 설명.	성격의 변화를 발전의 개념이 아니라 상황 따른 변화로 설명.
교학사(김대행 외)	역할에 따라 주동인물 반동인물	인물의 행동이나 사고방식의 변화에 따라.		직접적 제시방법 간접적 제시방법	전형적 인물은 집단이나 사회의 공통성을 대표하는 인물로 개성적 인물은 독창성과 특이성을 지닌 인물로 설명.
지학사(박갑수 외)	양자 모두 비교적 간략하고 정확하게 설명.	성격 변화의 유무에 따라.	특성에 따라.	직접적 제시 방법(telling), 간접적 제시 방법(showing)	그 중간 형태가 있을 수 있으므로 이러한 이분법의 한쪽의 인물만이 바람직하다는 생각은 옳지 않음을 제시.

형설출판사	-	-	-	-	전체적으로 이론 설명이 현저히 줄고 문학의 수용과 창작에 중점을 둠.
대한교과서주식회사	-	-	개성적이며 동시에 전형적인 인물의 중요성 강조.	직접적 제시 방법 간접적 제시 방법, 말해주기(telling) 보여주기(showing)	창작의 입장에서 구성. 인물 유형에 대해서는 소개만 하고 설명은 없음.
청문각	인물이 사건을 주도하느냐 않느냐에 따라 주동 인물과 반동 인물만 다룸.	인물의 성격 변화 여부에 따라.	집단의 성격을 대표하느냐 않느냐에 따라.	직접적 표현 방법(해설적 방법) 간접적 표현 방법(극적 방법)	전형적 인물을 보편적 전형(수전노, 사랑하는 남과 여, 충직한 하인, 방랑자)과 시대적 전형으로 나눔.

교과서의 서사이론에 대한 비판적 고찰 3

- 제7차 교육과정 문학교과서의 '시점'과 '서술자'를 중심으로 -

1. 서론

본 논문은 7차 교육과정 문학 교과서에 실려 있는 '시점'과 '서술자'에 대한 이론적 설명을 검토하고 개선의 방향을 모색하는 데 있다.

7차 교육과정 문학 교과서(이후 7차 교과서)는 총 18종으로 모두 상하권으로 되어 있는데, 문학이론은 상권에서 다루고 있다. 상권에서 다루고 있는 문학이론은 1) 문학일반론 2) 작품의 수용과 창작 3) 서사, 서정, 극, 교술 등의 장르 이론과 그에 따른 작품 등의 순서로 전개되는 것이 일반적이다. 7차 교과서는 전체적으로 볼 때 수용과 창작의 문제를 중요하게 다루고 있는데, 교과서에 따라서 이 문제를 전제로 상권 전체가 구성된 경우도 있다. '시점'은 대개의 교과서에서 독립된 한 개의 소단원이나 혹은 '구성' 등과 연계된 한 개의 소단원으로 다루고 있으며, '서술자'는 대부분 '시점'에 포함해서 다루고 있다.

서사는 반드시 서술자라는 매개자를 요구한다는 점에서, 서술자는 서사 장르를 규정하는 필수적인 요소라 할 수 있다. 서술자는 단지 사건을 전달하는 사람이 아니라, 사건을 효과적으로 전달함으로써 서사 작품에 문학적 효과를 부여하는 존재이다. 서술자에 시점의 문제가 깊이 개입됨으로써 그 효과는 더욱 커진다. 시점과 서술자는, 작가가 서사 작품에 독특한 문학적 효과를 부여하여 독자로 하여금 작품에 대한 세심한 이해를 가능하게 하는 고도의 미학적 장치이다. 그래서 퍼시 러복크는 "소설의 기술에 있어서 방법이라는 복잡한 문제 전체는 시점의 문제, 즉 화자가 스토리에 대해 갖는 관계의 문제에 달려 있다"[1]고 말하기도 한다. 하지만 많은 서사이론가들이 커다란 관심을 기울이며 정교한 이론을 전개해 왔음에도 불구하고, 이는 여전히 논란의 대상이 되고 있다.

교과서에서 다루고 있는 시점과 서술자의 문제는 크게 두 가지로 요약할 수 있다. 우선 블룩스와 워렌이 분류한 네 시점을 다루는 방식이다. 이 네 시점은 소설의 서술양상을 네 개의 유형으로 환원함으로써, 실제로 다양하게 나타나는 소설의 서술양상에 대해 학습자가 전혀 생각해 볼 여지가 없게 만들 가능성이 있다. 그럼에도 불구하고 여러 문학 교과서에서 여전히 시점과 서술자에 대한 이론적 설명에서 이러한 고정적 유형화에서 크게 벗어나지 않고 있다. 둘째 시점의 문제는 사실상 시점과 서술자의 상호 관계에 따른 것인데, 마치 그것이 시점 자체만의 문제인 것처럼 서술되는 데에 있다.[2] 이는 보다 근본적인 문제라고 할 수 있다. 이는 문학 연구의 장에서도 다소 혼란스럽게 다루어지고 있어, 여기에는 쉽게 해결하기 어려운 점이 있다. 이에 대해서는 보다 세밀한 논의가 요구된다.[3] 그런데 이러한 두 문제는 완전히 분리된 독립된 문제로 볼 수

---

1) 퍼시 러보크, 『소설기술론』, 송욱 역, 일조각, 1960, 238쪽.
2) 그래서 많은 이론가들에게 이러한 문제는 서술양상 혹은 서술상황의 문제가 된다.
3) 이남호는 "소설에서 시점의 문제는 서술자의 문제와 긴밀하게 연관된다. 좀더 정확하게 말하면, 시점의 문제는 서술자의 문제에 포함된다. 시점의 종류는 학자에 따라 다양하게 분류되지만, 결국은 누가 서술하느냐의 문제에 귀결된다."고 말한다(이남호, 『교과서에 실린 문학작품을 어떻게 가르칠 것인가』, 현대문학사, 2001,

없다. 서술자를 시점에 귀속시켜 다룸으로써, 양자의 관계에 대해 생각해 볼 여지를 없앨 뿐 아니라 그 유형화를 더욱 고정화하기 때문이다.

본 논문은 7차 교과서에서 다루고 있는 시점과 서술자의 이론을 검토하고, 문제가 되는 부분들에 대해 보다 발전적인 해결 방안을 모색하고자 한다. 이를 위해, 우선 브룩스와 워렌의 네 시점에 대해 자세히 검토하겠다. 이들이 다루었던 유형화의 실체가 어떤 것이었는가를 살펴보고, 시점과 서술자의 유형화를 어떻게 다룰 것인가를 논의하겠다. 다음으로 제라르 즈네뜨가 다루었던 시점과 서술자의 문제를 검토하겠다. 이는 시점과 서술자의 관계를 따져 보는 데 기초적인 근거를 제공하고 있다고 생각되기 때문이다. 그리고 이를 바탕으로 고등학교 7차 과정 문학교과서에서 시점과 서술자를 검토하기로 한다.[4)]

2. 시점과 서술자 이론에 대한 일반적 문제

시점(point of view)은 서술의 초점(focus of narration), 원근법(perspective),

---

415쪽). 강헌국은 "영미 신비평이 제출한 시점 이론의 맹점은 서술과 시점을 구별하지 못했다는 데 있다."(강헌국, 『서사문법시론』, 고려대학교출판부, 2003, 167쪽) 고 지적하기도 한다.

4) 7차 교과서는 2003년 1차로 11종이 2004년 2차로 7종이 출판되었다. 1차는 상문연구사, 교학사, 케이스, 디딤돌, 민중서림, 금성출판사, 두산, 중앙교육진흥연구소, 블랙박스, 문원각, 천재교육에서, 2차는 지학사(2종), 태성, 교학사, 형설출판사, 대한교과서주식회사, 청문각에서 출판하였다. 여기서는 7차 교과서 18종 상권 중 시점과 서술자를 다루고 있는 모든 교과서를 연구 대상으로 삼는다. 여기에서 두산, 교학사(구인환 외), 지학사(권영민)의 교과서는 이론을 전혀 다루고 있지 않기 때문에, 연구 대상에서 제외될 것이다. 두산 교과서는 각 갈래의 소단원이 모두 주제별로 구성되어 있어, 이론적 설명을 배제하고 있다. 교학사(구인환 외), 지학사(권영민)의 교과서는 갈래이론을 최소로 줄이고 수용과 창작 부분을 대폭 강화하고 있다. 본문에서 다루지 않은 교과서에 대해서는, 본 논문 끝에 제시한 표를 통해 설명을 부가하기로 한다.

시각(angle of vision) 등에 대한 일반적인 용어이다. 소설에서 이야기하는 존재를 서술자(敍述者, narrator)라고 하는데, 이에 대해서 화자(話者), 작중화자(作中話者), 작중설자(作中說者)[5] 등의 용어를 사용하기도 한다.

시점과 서술자의 이론은, 헨리 제임스가 시점 논의를 시작한 이래 퍼시 러보크를 거쳐 브룩스와 워렌에 의해 체계적 이론으로 성립된다. 1인칭 주인공 시점, 1인칭

관찰자 시점, 전지적 작가 시점, 3인칭 관찰자 시점으로 나누는 네 개의 시점 분류가 그것이다. 이는 오랫동안 시점이론의 핵심이 되어왔다. 하지만 이에 대해서 꾸준히 문제가 제기되었고 새로운 방안이 모색되어 왔다. 특히 구조주의 서사이론가에 의해 이에 대한 새로운 이론이 제기되기도 했다.

네 가지 시점은, 그 기초가 퍼시 러복크에 의해 만들어지고, 클리언스 브룩스와 로버트 워렌에 의해 온전한 형태를 갖춘 이론으로 성립된다. 러복크는 1921년 발표한 『소설의 기술론(The Craft of Fiction)』에서 시점의 중요성을 강조하면서, 소설의 시점을 1인칭과 3인칭으로 나누고 시점의 의미를 다양하게 탐구한다. 하지만 그는 아직 그것을 유형화하지는 않는다. 클리언스 브룩스와 오스틴 워렌은 1943년 발표한 『소설의 이해(Understanding Fiction)』에서 다음과 같은 표를 작성하여 시점을 네 개로 유형화한다.[6]

---

5) 작중설자(作中說者)는, 송욱이 퍼시 러보크의 『소설기술론』을 번역하면서 쓴 용어지만, 현재는 거의 쓰지 않는다(퍼시 러보크, 앞의 책 참조).

6) Cleanth Brooks/Robert Penn Warren, *Understanding Fiction*, 3rd ed., Englewood Cliff: Prentice-Hall, 1979, p.174.

	Internal analysis of events	External analysis of events
First person(narrator as a character in story)	1) Main character tells own story	2) Minor character tells main character's story
Third person(narrator not a character in story mere observer, but identified)	4) analysis or omniscient narrator tells story, entering thoughts and feelings)	3) Narrator(unidentified, i.e., author)tells story as observer, with or without personal judgment and interpretation.

	사건에 대한 내적 분석	사건에 대한 외적 분석
1인칭(이야기 내의 서술자)	1) 주인공이 자신의 이야기를 서술한다.	2) 부차적 인물이 주인공의 이야기를 서술한다.
3인칭(이야기 내의 인물 아닌 서술자-단순한 관찰자이지만 신원이 분명함)	4) 분석적이며 전지적인 서술자가 사고와 감정을 넣어 이야기를 서술한다.	3) 서술자(익명의 존재, 즉 작가)가 개인적 판단이나 해석을 하든 안 하든 관찰자로서 이야기를 서술한다.

위의 표에서 보는 바와 같이 브룩스와 워렌은, 두 가지의 기준에 따라 네 개의 시점으로 나누고 있다. 서술자가 이야기의 내부에 있는가 그렇지 않은가에 따라 1인칭과 3인칭으로 나누고, 그것을 다시 사건에 대한 내적 분석/외적 분석에 따라 네 개의 시점으로 분류한다. 여기서 그들은 1인칭과 3인칭의 용어는 사용하고 있지만, 1인칭 주인공 시점이나 전지적 작가 시점 등과 같은 용어를 사용하지는 않는다. 이에 대한 설명에서, 그들은 "1인칭 서술자를 채택하게 되면(by taking first-person narrator)"이라든가 "1인칭 서술자의 등장은(the presence of a first person-narrator)"과 같이 서술적인 용어를 사용하고 있어 아직 그 고정화에서 다소 벗어나 있다.

이러한 시점의 유형화는, 운용하기에 따라 작품을 이해하고 설명하는 데 유용하게 쓰일 수도 있지만 시점과 서술자를 고정화시킬 때 그에 대한 이해를 경직되게 만들 수 있다는 점에서 문제가 된다. 하지만 그것은 시점과 서술자를 모호하게 혼합하거나 후자를 전자에 귀속시킨다는 데 보다 근본적인 문제가 있다.

> 여기서 우리는 <시점(point of view)>이나 <서술의 초점(focus of narration)>의 일반적인 문제를 생각해 볼 필요가 있다. 우리는 이 「이발」이라는 작품이 한 이발사의 정신세계를 통해서 제시되었다는 것이 얼마나 중요한지를 알았고, 그러한 시점의 효과가 이야기 전체에 얼마나 큰

> 영향을 미치고 우리가 이해하는 데도 영향을 미치는지를 알았다. 이야기의 서술자가 어떤 시점을 선택하는가는 어떤 소설에 대해서도 가장 중요한 문제이다. 사건은 말을 통해서 우리에게 전달된다. 그러나 누구의 말을 통해서 전달되는가? 이러한 질문에 대한 해답이 그 어떤 것보다 중요한 요체가 될 것이다.[7]

위의 인용문을 꼼꼼히 따져 보면 세 번째 문장까지는 시점에 대해서 논의하고 있는 것처럼 보인다. 하지만 네 번째와 다섯 번째 문장에서는 서술자를 문제 삼고 있다. 그들은 "누구의 말을 통해서 전달되는가?"라고 질문하고 있는 것이다. 말하자면 이 글은 시점에 대해서 이야기하고 있는 듯하지만, 거기에는 서술자의 문제가 모호하게 교착(交錯)되어 있다. 시점과 서술자를 온전히 분리해서 이해할 수 있는가에 대해서는 더 따져 보아야 하겠지만, 굳이 분리해서 말한다면 이들이 제기한 문제들은 시점의 문제라기보다 서술자의 문제에 가깝다. 이러한 문제는 시점을 고정화시킨다는 것과 무관하지 않다. 그것은 시점과 서술자가 서로 관계를 맺으며 미묘하면서도 다양한 서술양상을 형성하는 것을 포착하기 어렵게 만들 수 있기 때문이다.

웨인 부스는 이러한 유형화된 시점이론에 대해 "이것을 세상에 내놓았던 비평가들이 기대했던 만큼 유용한 것이 아니었던 것 같다"[8]고 말한다. 그는 "우리가 알고 있는 많은 서술기법을 통해서 생각해 보면 시점(point of view)을 오직 인칭(person)과 전지(全知, omniscience) 정도의 변수로만 생각하여 셋이나 넷으로 분류하는 것이 얼마나 부적절한가 하는 것을 금방 알 수 있다"[9]는 것이다.[10] 그러면서 그는 "작가의 목소리가

---

7) Cleanth Brooks/Robert Penn Warren, *op.cit.*, pp.172~173.

8) 웨인 부스, 「거리와 시점」, 『현대소설의 이론』, 최상규 역, 예림기획, 1997, 449쪽.

9) 웨인 부스, 『소설의 수사학』, 최상규 역, 예림기획, 1999, 206쪽.

취할 수 있는 형식들에 대한 보다 더 상세한 표를 작성해 보는 것도 무익한 일은 아닐 것"이라고 한다. 여기서 "작가의 목소리가 취할 수 있는 형식"이란 서술자의 다양한 양상이라고 할 수 있다. 실제로 그가 『소설의 수사학』 전체에서 다룬 문제는 서술자 혹은 서술의 다양한 양상이다. 웨인 부스는 이전에 시점의 문제라고 생각했던 문제를 서술자의 문제로 바꾸었다.

이러한 문제에 대해 보다 근본적으로 접근한 사람은 제라르 즈네뜨이다.

---

10) 인칭의 문제도 논란의 대상이 되어 왔다. 1인칭 서술자의 경우에는 서술자 '나'에 의해 서술되는 것이기 때문에 문제가 되지 않는다. 이때 우리는 서술자의 인칭을 말한 것으로 이해할 수 있다. 하지만 3인칭의 경우는 다르다. 3인칭의 서술자는 '그'가 아니라 제3자이며, 그 역시 표면화되지 않는 '나'이기 때문이다.

슈탄젤에 의하면, "그 유서 깊은 용어들인 일인칭 및 삼인칭 서술은 이미 많은 혼란을 야기시켰는데, 전자는 서술자를 가리키고, 후자는 서술체 안에서 서술자가 '아닌' 어떤 인물을 가리키기 때문"(프란츠 슈탄젤, 『소설의 이론』, 김정신 역, 문학과비평사, 1990, 84쪽)이라고 말한다. 김인환은 이러한 문제를 인식하고 3인칭 대신 비인칭이라는 용어를 사용할 것을 제안하기도 한다. 그는 "어느 소설에나 1인칭으로도 지칭되고 3인칭으로도 지칭되는 인물들이 등장하므로 1인칭 소설과 3인칭 소설은 인물이 아니라 화자의 인칭에 따라 구분한 것인 듯하다. 그러나 1인칭 화자가 인물로 등장하는 소설을 1인칭 소설이라고 한다면, 1인칭 화자가 등장하지 않는 소설에서 화자가 3인칭으로 지칭되는 경우가 없으므로 1인칭 소설과 3인칭 소설 대신에 1인칭 화자 소설과 비인칭 화자 소설로 나누는 것이 더 타당할 듯도 하다."(김인환, 「인칭」, 『언어학과 문학』, 고려대학교 출판부, 1999, 20쪽)고 말한다.

그런데 미케 발이 지적하듯이 궁극적으로 서술자는 모두 1인칭일 수밖에 없다. 그는 "문법적 관점에서 보면 화자는 항상 일인칭이다. 사실 '삼인칭 화자'라고 하는 것은 불합리한 용어이다. 화자는 '그'나 '그녀'가 아니다. 이 문법적 일인칭 화자가 누군가 다른 사람, 즉, '그'나 '그녀'에 대해서 서술하는 것일 뿐이다. 물론 일인칭과 삼인칭 서술의 구분이 가치 없다는 의미는 아니"라고 말한다(미케 발, 「텍스트: 단어들」, 『서사란 무엇인가』, 한용환·강덕화 역, 문예출판사, 1999, 219쪽).

필자의 견해로는 우리 문학 교과서의 서사이론에서 3인칭이라는 용어를 폐기한다는 것은 무리가 있다. 그것이 편의적인 개념이라는 전제 아래 3인칭이라는 용어를 쓰는 것이 좋을 듯하다. 이때 교사는 용어의 문제를 떠나 그 의미를 명확히 인식하고 학생들에게 가르칠 필요는 있다. 즉 주어 뒤에 있는 서술자의 목소리를 인식해야한다는 것이다. 가령 '그는 학교에 갔다'라는 서술이 있다면 주어는 '그' 즉 3인칭이지만 사실상 서술자는 이 문장 뒤에 있는 내포작가인 '나'이다.

> 내 생각에 이 주제에 관한 대부분의 이론적 작업(분류가 주종을 이루고 있는데)들은 나의 용어로 서술법(mood)과 음성(voice) 사이의 혼란, 즉 '어떤 인물의 시점이 서술의 관점을 이끌어 가는가'라는 질문과 누가 '서술하는가'라는 완전히 다른 문제 사이에서 커다란 혼란을 겪고 있다. 아니 보다 간단히 '누가 보는가'라는 문제와 '누가 말하는가'라는 문제 사이의 혼란이다.[11)]

제라르 즈네뜨는 과감히 '보는 자'와 '말하는 자'를 나눈다. 그는 특히 보는 행위에 대해 시점 대신에 초점화(focalization)라는 용어를 사용함으로써, 서술자를 동종서술자(homodigetic)와 이종서술자(heterodigetic)로 나누기도 한다. 전자는, 자기가 하는 이야기 속에 서술자가 하나의 등장인물로 존재하는 경우이며, 후자는 자기가 하는 이야기 속에 서술자가 존재하지 않는 경우이다.[12)] 그는 초점화를 "전망, 시야, 시점이라는 용어들이 풍기는 지나치게 시각적인 느낌을 피하기 위해 나는 다소 추상적인 초점화(Focalization)라는 용어를 사용할 것"[13)]이라고 말한다. 또한 "한 종류의 초점화가 언제나 전 작품을 지배하지 않으며 오히려 대단히 짧은 제한된 서술 단위에 영향을 미칠 뿐"[14)]이라고 말하기도 한다. 즈네뜨는 시점과 서술자를 분리했을 뿐 아니라 초점화라는 새로운 용어를 제시함으로써 보다 포괄적이면서도 예각적인 시점 개념을 제안한 셈이다. 여기에는 시점의 문제가 문장이나 그 이하의 분할된 서술 단위에서도 제기될 수 있다는 생각이 담겨 있다.

제라르 즈네뜨의 서사이론은 이후 많은 서사이론가에게 고무적인 영

---

11) 제라르 즈네뜨, 『서사담론』, 교보문고, 1992, 174쪽.
12) 위의 책, 235쪽.
13) 위의 책, 177쪽.
14) 위의 책, 179~180쪽.

향을 미치는데, 특히 초점화의 개념은 미케 발에 의해 정교한 의미를 얻기도 한다.[15] 즈네뜨나 이후 서사이론가들의 논의는 우리나라에도 큰 영향을 미쳐 서사이론에 대한 다양한 논의를 촉발했고,[16] 서사 교육의 차원에서도 여러 차례 논의된 바 있다.[17] 하지만 이러한 이론은 너무 복잡하고 난해해서, 교과서에서 수용하기도 어렵지만 수용이 가능하다고 하더라도 그 수용은 바람직하지는 않다고 생각된다. 다만 시점과 서술자를 분리해서 보게 됨으로써, 앞서 제기 했듯이 서술자를 시점에 귀속시켜 양자의 문제를 오직 시점의 문제인 것처럼 생각하게 만드는 점에 대해서 새롭게 생각할 수 있는 바탕을 제공한다고 점에서 이는 중요하다. 또한 이는 동시에 기존의 네 시점에 대해 보다 유연한 사고를 할 수 있는 바탕을 제공하기도 한다. 시점과 서술자를 분리해 볼 때, 학습자는 서술의 다양한 양상을 이해하는 데 큰 도움이 될 수 있을 것으로 보인다. 그런데

---

15) 미케 발에게 초점화는 “보는 주체와 보여지는 대상 사이의 관계”(미케 발, 앞의 책, 188쪽)를 뜻한다. 그는 초점화의 문제를 초점 주체(혹은 초점화자)와 초점 대상(혹은 초점화 대상)으로 나누고 그 사이에서 일어나는 관계 양상으로 파악한 것이다. 그럼으로써 그는 초점 주체와 초점 대상이 인물과 어떤 관계에 놓이느냐에 따라 초점 주체를 인물 초점화자(character-bound focalizor, CF)와 외적 초점화자(external focalizor, EF)로 나누어 다양한 서술양상을 설명할 수 있는 문법적 토대를 마련하기도 한다.

16) 김종구 등의 『현대소설 시점의 시학』(한국소설학회 편, 새문사, 1996)과 최병우의 『한국 현대소설의 미적 구조』(민지사, 1997)는 시점과 서술자의 일반적 문제에서 작가나 작품 연구에까지 다양한 관심을 기울이고 있으며, 석경징 등의 『시술이론과 문학비평』(서울대학교 출판부, 1999), 강헌국의 앞의 책, 정연희의 『근대 서술의 양상』(월인, 2005), 정혜경의, 『한국 현대소설의 서사와 서술』(월인, 2005) 등은 서술상황 혹은 서술양상의 차원에서 서사이론을 검토하고 있다.

17) 임경순의 「초점화를 통한 소설 교육 연구-시점교육과 관련하여」(『국어교육』 95, 한국어교육학회, 1997), 정현숙의 「초점화에 대한 인식과 소설교육」(『국어교육』 118, 한국어교육학회, 2005)은 초점화를 문학 교육에 도입할 것을 검토하고 있고, 정연희의 「시점과 서술자를 통한 소설 감상 교육의 필요성과 방법」(『어문논집』 53, 민족어문학회, 2006)은 시점과 서술자의 차원에서 실제 작품을 어떻게 교육할 것인가를 다룬다. 정소연의 「소설 교육 연구-시점 문제를 중심으로」(고려대학교 석사학위논문, 2004)는 다층적 시점을 교육적 측면에서 검토하기도 한다.

학습자는 시점과 서술자를 분리해서 이해하는 것도 중요하지만, 동시에 양자가 실제로 완전히 분리될 수 없다는 점도 이해해야 한다.

작품에 드러나는 것은 오로지 서술자의 서술이다. 우리는 오직 그 서술을 통해서만 시점을 판단할 수 있다. 서술은 말하는 자의 것이지만, 그 이전에 그것은 보는 자에 의해 인식된 것을 전제로 형성된 것이다. 서술자는 대체로 표면적이고 명시적이며 고정적인 존재이며, 시점은 서술자의 서술 뒤에서 서술자의 서술에 영향을 미치는 요소이다. 그래서 시점과 서술자를 분리해서 생각해 보고, 다시 통합해서 살펴볼 필요가 있다. 이로써 시점과 서술자가 각각 어떤 의미를 지니며, 또 어떻게 서로 연관관계를 지니는 지를 따져 볼 수 있다. 이렇게 시점과 서술자를 분리 통합하여 따져볼 때, 자기/타자가 본 것을 서술자가 어떻게 서술하고 있는가가 드러나며, 결과적으로 학습자는 다양한 서술양상을 이해할 수 있게 될 것이다.

그러면 교과서에서 네 시점을 어떻게 다룰 것인가에 대해서도 다시 생각해 볼 수 있다. 시점과 서술자의 문제를 미시적인 관점에서 다룰 때 양자를 분리 통합해 보는 것이 바람직하다고 하겠지만, 그 대체적인 양상을 파악하는 데에는 그 유형화도 유용한 개념장치라고 판단된다. 그것을 고정적인 것으로 생각하지 않는다는 전제 아래 그 유형화의 수용이 가능하다. 하지만 이때에도 오직 네 개의 유형이 있다기보다 다양한 유형이 있을 수 있다는 점을 간과하면 안 될 것이다. 대체로 1인칭 서술자의 경우 인물의 심리 내부를 투영할 수 없기 때문에 서술의 다양성에 제한이 많지만, 3인칭 서술자의 경우 매우 다양한 양상을 설정할 수 있다. 관찰자 서술자와 전지적 서술자 사이에서도 그렇지만, 전지적 서술자의 경우 전지의 정도에 따라 훨씬 다양한 서술양상을 상정해 볼 수 있다. 이러한 점을 이해하기 위해 제한적 전지나 선택적 전지 등의 개념을 수용하는 것도 고려할 수 있을 것이다.[18]

3. 교과서의 시점과 서술자 이론에 대한 고찰

1) 브룩스와 워렌의 네 시점을 그대로 수용하는 경우

7차 교과서의 시점과 서술자에 대한 이론적 설명에서 브룩스와 워렌의 네 가지 시점의 영향은 두드러지게 나타난다. 이 중에는 아무런 유보 조건 없이 이러한 네 시점을 그대로 수용한 경우도 있다.

> 소설의 시점은 서술자의 개입 정도에 따라 크게 1인칭 시점과 3인칭 시점으로 구분할 수 있고, 이들은 다시 1인칭 주인공 시점과 1인칭 관찰자 시점, 3인칭 관찰자 시점과 전지적 작가 시점으로 구분할 수 있다. 여

18) 이런 점에서 노먼 프리드먼의 시점 유형은 참조할 만하다. 프리드먼은 시점을 관찰자로서의 '나', 주인공으로서의 '나', 주석적 전지, 중립적 전지, 복수 선택적 전지, 선택적 전지, 극적 제시, 카메라 수법 등으로 나누고 있다(노먼 프리드먼, 「소설의 시점」, 『현대소설의 이론』, 김병욱 편, 최상규 역, 예림기획, 1997, 487~508쪽 참조). 여기서 특히 선택적 전지나 복수 선택적 전지의 개념은 시점과 서술자의 유형화를 수용하면서도 그 다양한 양상을 이해하는 데 긴요하게 활용할 수 있다고 생각된다. 한편 최병우에 의하면, 선택적 전지가 작중 인물의 한 인물에 기대는 데 비해 제한적 전지는 동일한 시각을 작중의 전 인물에 부여한다고 한다(최병우, 『한국 현대소설의 미적 구조』, 앞의 책, 27쪽). 이러한 설명들은 일반화된 견해로 받아들일 수는 없다. 특히 제한적 전지는 고전서사에서 보이는 전지적 서술자의 서술양상 이외에 대부분의 전지적 서술에 두루 통용되는 것으로 보인다. 위의 견해를 고려할 때, 제한적 전지는 전지의 정도의 문제에 따른 개념으로 보고 복수 선택적 전지나 선택적 전지는 서술자가 인물의 내부에 투영하는 인물의 수에 따른 개념으로 이해하는 것이 좋을 듯하다. 이렇게 본다면 가령 황순원의 「소나기」의 경우 3인칭 서술자가 관찰자적 입장과 선택적 전지(소년)의 입장을 병행하며 서술하고 있다고 말할 수 있다. 최인훈의 『광장』의 경우는 3인칭 서술자가 대체로 선택적 전지(김명준)의 입장에서 서술하고 있다고 할 수 있다. 양자는 모두 작품 전체를 고려할 때 전지적 서술이 지배적이며 그것은 제한적 전지라고 할 수 있지만, 『광장』에 비하면 「소나기」는 훨씬 더 제한적이다. 종종 고등학교 자습서의 경우 「소나기」의 서술자가 소설 전체를 통해서 관찰자적 태도를 유지하고 있는 것처럼 잘못 이해하는 경우가 있는데, 이는 이 소설의 전지 정도가 지극히 제한적인 데서 오는 오해이다.

> 기에서 일인칭 주인공 시점은 주인공인 '나'가 자기 자신의 이야기를 하는 시점으로, 사건의 내적 분석에 의존한다. 이 시점은 인물의 내면세계를 드러내는 데 적합하지만, 인간의 외적인 행동을 다루기가 어렵다는 한계가 있다. 1인칭 관찰자 시점은 작품속의 관찰자인 '나'가 주인공의 이야기를 서술하는 시점이다. 이것은 주인공의 내면을 제한적으로 드러냄으로써 작품에 긴장감을 조성하는 효과가 있지만, 반면에 화자의 눈에 비친 세계밖에 다룰 수 없는 제한이 있다. 3인칭 관찰자 시점은 작가가 외부적 관찰자의 위치에서 서술하는 시점으로 해설이나 평가가 없이 사건을 있는 그대로 지시하여 극적 효과를 얻기에 적합하며 사실주의 계열의 소설에서 많이 사용된다. 전지적 작가 시점은 작가가 신처럼 전지전능한 위치에서 인물의 심리 상태나 행동의 동기, 감정 등을 자유롭게 서술하는 관점으로 인물이나 사건에 작가가 가장 폭넓게 관여할 수 있는 반면 독자가 상상할 수 있는 폭은 그 만큼 좁아지는 한계가 있다.[19]

위의 교과서는 시점을 1인칭 주인공 시점, 1인칭 관찰자 시점, 3인칭 관찰자 시점 그리고 전지적 작가 시점으로 나누고 이에 대해 자세히 설명하고 있다. 위의 설명은 그것 자체로 틀렸다고 할 수 없으며 서사물의 의미를 파악하는 데 있어 전혀 무용하다고 말할 수도 없다. 이는 서사물의 일반적이며 대체적인 서술양상을 이해하는 데는 도움이 된다. 하지만 그것은 시점과 서술자의 다양한 양상을 간과함으로써 학생들로 하여금 그것을 고정적이며 귀속적인 개념으로 파악하게 만들 가능성이 있다. 더욱이 여기에서 '1인칭 주인공 시점' 등의 용어를 사용하고 있어 브룩스와 워렌의 경우보다 유형의 고정성의 정도가 더욱 강화되어 있다. 그래서 같은 시점을 택하고 있는 작품 간의 서술양상의 차이나 한 작품 내에서

---

19) 박갑수 외, 『문학(상)』, 지학사, 2004, 165쪽.

의 서술자와 시점의 다양한 양상을 파악하기 어렵게 만들 가능성이 있다.

이 교과서의 학습 활동에 제시된 문제를 살펴보자.

> 4. '나'라는 1인칭 관찰자가 '그'의 이야기를 전하는 형식이 주는 효과를 구성상의 특징과 관련하여 이야기 해보자.[20)]

> 2. 이 글의 시점에 대해 다음을 알아보자.
> (1) 서술자는 주로 누구의 시각에서 이야기를 하고 있는가?
> (2) 그러한 시점을 택함으로써 얻는 효과는 무엇인지 토론해 보자.[21)]

이 교과서에서는 두 편의 소설을 읽기 자료로 제시하고 있는데, 현진건의 「고향」과 박완서의 「황혼」이 그것이다. 위의 첫 번째 인용문은 전자에 대한 문제이고, 두 번째 인용문은 후자에 대한 문제이다. 첫 번째 인용문의 문제는 1인칭 관찰자 시점이 액자구성 소설에서 미치는 효과에 대해 묻고 있다. 이 소설은, 대구에서 서울로 가는 기차에서 '나'가 한 사내를 만나서 들은 이야기를 서술하는 방식으로 구성되어 있다. 소설의 바깥 이야기는 시점과 서술이 일치하고 있지만, 안쪽 이야기는 다르다. 여기에서 서술자는 '나'지만 시점은 '나'와 '그'의 것이 혼재될 수밖에 없다. '그'가 본 것을 '나'가 서술하고 있기 때문이다. 따라서 위의 문제에 대해 온전히 설명하고자 한다면 시점과 서술자를 분리하고 다시 통합해 볼 수밖에 없다.[22)]

---

20) 박갑수 외, 앞의 책, 173쪽.

21) 위의 책, 188쪽.

22) 여기에서는 브룩스와 워렌의 네 시점 유형을 고정화함으로써 생기는 또 다른 혼란이 드러난다. 이 교과서는 학습 자료의 수용의 길잡이 난에서 "이 작품은 서울로 가는 기차에서 **1인칭 주인공인 '나'**가 한 사내를 만나게 되고, 그의 이야기를 통해 식민지 정책 속에서 희생되는 민중의 아픔에 공감하게 되는 이야기를 담고

두 번째 인용문은, 이 소설이 전지적 서술자를 택하고 있지만 서술자가 대체로 시어머니의 입장에서 서술하고 있다는 점을, 학습자가 이해하도록 하는 문제라고 생각된다.[23] 이러한 서술양상은, 시어머니가 느끼는 섭섭함을 절실하게 드러냄으로써 고부간의 갈등을 효과적으로 드러내는 데 큰 역할을 한다. 그런데 이 경우에도 시점과 서술자를 분리하고 다시 통합해서 생각해 보지 않으면 이러한 양상을 자세히 이해하기 어렵다. 서술자는 전지적 서술자지만, 서술자의 시선이나 의식이 시어머니의 그것과 교묘하게 교차되어 있기 때문이다. 이런 점에서 이 소설은, 시점과 서술자를 분리 통합해 볼 때 그것이 문학 작품에 어떠한 묘미를 부여하

있다."(위의 책, 172쪽)고 서술하고 있다. 여기서는 '1인칭 주인공'이라고 말하고 위의 문제에서는 '1인칭 서술자'라고 지칭하고 있는 것이다. 이는 사실상 주인공과 서술자가 상대 개념이 아닌데 마치 상대 개념인 것처럼 지칭하는 데서 오는 혼란이다. 1인칭 서술자가 타자에 대한 서술을 할 경우 대체로 서술 대상이 주인공이라고 할 수 있지만, 누가 주인공인지 명확히 규정하기 어려운 경우가 종종 생길 수 있다. 김동인의 「붉은 산」의 경우 서술 대상인 삵이 주인공이라고 생각할 수 있다. 하지만 이문열의 『우리들의 일그러진 영웅』의 경우 누구를 주인공이라고 말하기 어렵다. 이 소설을 부당한 권력의 몰락 과정으로 본다면 엄석대를 주인공이라고 하겠지만, 이 소설이 부당한 권력에 대해 어떻게 대응할 것인가에 대해 질문하고 있다고 생각하면 서술자 '나'가 주인공이 될 것이다. 이청준의 「병신과 머저리」의 경우 1인칭 서술자가 형이라는 타자에 대해 서술하는 방식을 취하고 있지만, 누가 주인공인가에 대해서 말하기는 더욱 어렵다. 여기서 주인공은 1차적으로 형이라고 말할 수 있지만, 보기에 따라서 동생 '나'라고 말할 수도 있으며, 두 명 모두라고 말할 수도 있을 것이다. 전쟁의 상처에 초점을 맞춘다면 형이 주인공이라고 하겠지만, 60년대적 혼란에 초점을 맞춘다면 동생이 주인공이라고 할 수 있다. 하지만 양자를 모두 고려한다면 모두 주인공이 되는 셈이다. 단정하기는 어렵지만 현진건의 「고향」의 경우 서술자인 '나'가 곧 주인공이라고 말할 수 있을 듯하다. 관찰의 대상인 사내의 역할이 비교적 미미하며, 그가 '나'의 인식의 변화를 가져온다고 생각할 수 있기 때문이다. 하지만 '나'는 동시에 서술자이기도 하다. 사실상 명확하게 지정할 수 있는 것은 서술자이며 그 서술자의 서술이 자기에 관한 서술인가 타자에 관한 서술인가를 따질 수 있다. 결국 서술자와 서술 대상은 명확하게 규정할 수 있지만 주인공이 누구인가를 규정하는 것은 해석의 문제이다.

23) 이 소설에서 서술자는 시어머니의 입장에서 서술하고 있지만 그것을 시어머니의 시각이라고 단정해 말할 수 있는지에 대해서는 명확히 대답하기 어렵다.

는 지를 보여주기에 적절한 소설이다.

위의 두 문제는 모두 시점과 서술자의 의미를 이해하는 데 많은 도움을 줄 수 있다고 생각된다. 하지만 이론 설명 부분에서 네 개의 시점만을 다루고, 학습 활동 부분에서 그에 한정된 문제를 제시할 경우 학습자가 시점과 서술자에 대해 효과적으로 이해하고 문제에 대해 설명할 수 있을지는 의문이 든다.

2) 네 시점을 유연하게 적용하는 경우

7차 교과서가 전반적으로 브룩스와 워렌의 시점 유형을 수용하면서, 이를 유연하게 적용하는 교과서도 있다.

> 이 작품은 '나'의 시점에서 '아저씨'에 대해 이야기하고 있다. 작품의 주인공은 '아저씨'이지만, 그에 대해 서술하는 시점은 관찰자인 '나'에 놓인다. 그에 따라 아저씨가 겪은 사건 및 그의 말과 행동은 '나'의 관점을 거쳐서 독자에게 전달된다. 이러한 1인칭 관찰자 시점은 서술 대상에 대한 객관적 서술에다가 1인칭 관찰자가 지닌 생각과 관점이 겹쳐지게 된다. 따라서 이 서술 시점은 1인칭 주인공 시점과 3인칭 서술자 시점의 속성을 합성한 것이라 할 수 있다.[24)]

> 이러한 단일 시점 이외에 1인칭 시점과 3인칭 시점이 혼용되는 경우도 있다. 앞의 예시 자료에서 보았던 「무녀도」는, '바깥 액자'는 1인칭 주인공 시점이지만, '안 액자'는 전지적 작가 시점으로 되어 있어서 이러한 시점의 혼용을 잘 보여 주고 있다.[25)]

24) 김창원 외, 『문학(상)』, 민중서림, 2003, 105쪽.
25) 박경신 외, 『문학(상)』, 금성출판사, 2003, 197쪽.

첫 번째 인용문은 시점의 혼용에 대해 정면으로 다루고 있는 것은 아니지만 그러한 관점에서 생각해 볼 수 있는 여지를 남긴다. 여기에서 "아저씨가 겪은 사건 및 그의 말과 행동은 '나'의 관점을 거쳐서 독자에게 전달된다"는 설명은 적절하다. '나'는 아저씨가 겪은 사건에 대해 서술하지만 그러한 서술에는 나의 판단이 개입되어 있기 때문이다. 여기서 말하는 자는 1인칭 '나'라고 규정할 수 있지만, 보는 자는 일차적으로 아저씨이며 이차적으로 '나'가 된다. 그런데 이러한 서술양상에 대해서 "1인칭 주인공 시점과 3인칭 서술자 시점의 속성을 합성한 것"이라고 설명하는 것은 다소 무리가 있다. 1인칭과 3인칭 서술자는 이야기의 내부/외부 존재 여부에 따른 개념인데, 1인칭 관찰자의 경우 인물이 겪는 사건의 외부에 있기 때문에 이렇게 설명한 것으로 추측된다.[26] 이는 서술자와 시점을 온전히 통합된 하나의 개념으로 보는 점과 네 시점의 유형을 고정적으로 보는 점에서 오는 혼란이다. 여기서 서술자는 고정된 1인칭 '나'이며 이러한 서술자 뒤에 아저씨의 시점과 '나'의 시점이 겹쳐 있기 때문에, 합성된 것은 '나'와 아저씨의 '시점'이라고 말할 수 있다.

두 번째 인용문에서 시점의 혼용 문제에 대해 김동리의 「무녀도」의 액자구성을 예로 설명하고 있다. 안과 밖 이야기의 서술양상이 서로 완전히 다르다는 점에서, 일단 「무녀도」는 시점의 혼용을 설명하기에 적절하다고 할 수 있다. 하지만 그 다양성의 본질을 설명하는 데에는 다소 부족하다. 이 교과서는 본문에 현진건의 「운수 좋은 날」을 싣고, '도움 자료'란에 이 소설의 시점의 특징에 대해서 자세히 다루기도 한다. 그 요지는 "전지적 작가 시점을 중심으로 하되 작가 관찰자 시점을 함께 사용하는 복합적인 시점을 취하고 있다"[27]는 것이다. 이러한 설명은 타당하다. 하지만 이러한 양상은 전지적 서술을 택하고 있는 거의 모든 현대소설에

26) 각주 6)번 참조.
27) 앞의 책, 200쪽.

해당한다고 할 수 있다. 현대소설의 경우 작품 전반에 걸쳐 고전적 의미에서의 전지적 서술을 택하고 있는 경우는 드물기 때문이다. 이러한 설명이 보다 효과적인 의미를 지니기 위해서는 '시점과 서술자의 관계에 따라' 한 작품에서 어떤 소설이든 다양한 서술양상이 혼재할 수 있으며, 그 양상은 대체로 일치하더라도 각 작품마다 차이가 있을 수 있다는 점을 명확히 할 필요가 있다.

이러한 문제를 어느 정도 인식하고 시점에 대해 설명하고 있는 교과서도 있다.

> 소설의 시점은 서술자가 전지적인 입장에서 모든 인물의 심리를 자유롭게 보여 주는 전지적 작가 시점, 특정한 인물의 심리만 제한적으로 보여주는 제한적 전지 시점, 주동 인물이 '나'로 등장하여 이야기 하는 1인칭 주인공 시점, 부수적인 인물이 '나'로 등장하여 이야기 하는 1인칭 관찰자 시점 등으로 나눌 수 있다.
>
> 이 밖에 3인칭의 서술자가 카메라의 눈처럼 작중 상황을 외면적으로 묘사하기만 하는 시점도 있는데, 이 시점은 흔하지 않다. 또 하나 중요한 것은 한 작품에 반드시 하나의 시점만 이용되는 것은 아니라는 점이다. 특히 장편소설에서는 다양한 형태의 시점이 작가의 의도에 따라 번갈아가면서 나타나는 경우가 많다.[28]

위의 교과서의 경우 브룩스와 워렌의 네 개의 시점 가운데 1인칭 시점은 그대로 수용한다. 하지만 3인칭의 경우 전지적 작가 시점에 대해 제한적 전지 시점을 추가하고, 3인칭 관찰자 시점에 대해서는 극단적인 예로서 카메라의 눈 수법을 제시한다. 또한 한 작품에 하나의 시점만이 이용

28) 조남현, 『문학(상)』, 중앙교육진흥연구소, 2003, 189쪽.

되는 것이 아니며, 다양한 형태이 시점이 번갈아 나타날 수 있다는 제한 조건을 명시한다. 이는 브룩스와 워렌의 시점이론을 비교적 효과적이며 합리적으로 변용한 형태라고 할 수 있다. 이러한 설명은 유형적 분류의 방식으로서는 시점과 서술자에 대한 비교적 다양한 이해를 가능하게 한다는 장점이 있다. 하지만 유형과 유형 사이의 다양한 양상에 대해 어떻게 다루어야할 것인가가 과제로 남는다.[29)]

3) 시점과 서술자의 분리를 고려한 경우

7차 교과서에서 시점과 서술자를 분리하여 설명한 경우도 있다.

> 한 편의 이야기는 주인공에 의해서만 서술되지는 않는다. '누구의 눈으로 어떤 사건을 바라보는가?', '누가 이야기를 전달하고 있는가?'에 따라 이야기를 전달하는 대상과 분위기가 달라지고 서술의 범위도 달라진다. 이처럼 소설을 구성하고 있는 여러 가지 사건들을 특정한 위치에서 제시해 주는 화자의 시각이 바로 '시점(視點)'이다.[30)]

> 시점은 이야기를 전달자가 작품 속의 내용을 바라보는 관점을 말한다. 여기서 이야기 전달자를 서술자라고 하며, 서술자가 누구이며 어떤 각도에서 말하느냐에 따라 독자에게 주는 인상이나 느낌이 달라진다.[31)]

위의 두 교과서는 모두 시점과 서술자에 대해서 차이를 두고 설명하고

---

29) 여기에서 언급된 제한적 전지는 노먼 프리드먼의 용어를 빌리면 선택적 전지가 된다. 앞서 밝혔듯이 이에 대한 일반적인 합의가 없기 때문에 어느 것이 반드시 옳다고 볼 수는 없다(각주 18번 참조).

30) 홍신선 외, 앞의 책, 159쪽.

31) 한철우 외, 『문학(상)』, 문원각, 2003, 212쪽.

있다. 그 설명의 내용도 매우 적절하다고 생각된다. 하지만 그에 이어지는 설명에서 두 교과서 모두 앞에서 제기되었던 브룩스와 워렌의 네 가지 시점을 다시 충실히 설명함으로써 시점과 서술자를 분리하여 설명한 의의는 상쇄되어 버리고 말았다. 그런데 후자의 경우에는 좀 다른 점이 있다. 이 교과서는 학습 활동에서 서술의 의미를 재차 설명하고, "「치숙」의 서술자를 아저씨로 바꾼다고 가정하고, 그 차이를 알아보자"라고 제시하고 있다. 이 교과서의 경우 서술자의 의미를 인식하고 있음에 틀림없다. 하지만 네 개의 시점을 강조함으로써 시점과 서술자 문제를 온전히 해소하지는 못하고 있다.[32)]

다음의 교과서는 '서술 유형과 시점의 선택'이라는 소단원에서 '서술자와 시점의 유형', '서술자의 태도 결정하기'와 같은 하위 단락을 설정하고 있다. 전자에서 네 개의 시점을 설명하고 후자에서는 서술자의 태도에 대해서 설명한다. 이는 서술자를 분명히 의식한 결과가 아닌가 생각된다.

> 이 소설에서는 '옥희'라는 소녀를 1인칭 관찰자로 등장시켜, 과부인 어머니와 사랑손님 간의 이룰 수 없는 사랑을 우회적으로 그리고 있다. 작품이 창작된 시대 배경과 윤리 의식에 비춰 본다면 다소 논란거리가 될 수 있는 소재이다. 하지만 작가가 이런 소재를 맑은 수채화나 동화처럼 그려 낼 수 있었던 것은 자신이 선택한 시점의 효과 때문이다. 작가의 시선은 서술자인 여섯 살 먹은 여자 아이의 순진무구한 '눈'의 제약을 받는다. 따라서 독자는 아이가 말해주는 것 이상을 알려고 하지 않을 것이며, 알 수도 없다. 이러한 시선의 절제가 독특한 미적 효과와 함께 독자

---

32) 이 교과서는 학습 활동에서도 "다음은 김유정의 「봄·봄」의 일부분이다. 「치숙」의 서술자 및 문체와 비교하며 감상해 보자"는 문제를 제시하기도 한다(위의 책, 229쪽).

> 의 정서적 공감을 얻고 있는 것이다.
>
> 서술의 시점을 결정할 때에는 서술자의 위치를 어떻게 설정할 것인가에 먼저 주의를 기울여야 한다. 서술자를 작중인물로 등장시킬 것인가의 여부, 서술자가 주인공과 보조인물 중 어떤 역할을 할 것인가 등을 결정해야 한다. 서술자의 위치나 역할 등에 따라 서술방식이 달라지기 때문이다.[33)]

위의 인용문은 「사랑손님과 어머니」의 시점과 서술자의 효과에 대한 설명이다. 위의 설명은 내용상 전체적으로 설득력이 있다. 이 소설은 분명 "옥희라는 소녀를 1인칭 관찰자로 등장시켜" 독특한 효과를 얻고 있기 때문이다. 하지만 시점과 서술자의 관점에서 본다면, 문제는 간단하지 않다.

위의 인용문에서는 "작가의 시선은 서술자인 여섯 살 먹은 여자 아이의 순진무구한 '눈'의 제약을 받는다"고 설명하고 있다. 이는 틀렸다고 할 수 없지만, 이 소설의 서술 효과가 시점에만 의존하는 것은 아니다. 이 소설에서 대체로 보는 자와 말하는 자가 일치하기 때문에, 양자를 엄격히 구분하기는 어렵다. 하지만 두 가지 효과는 각기 다른 측면에서 설명할 수 있다. 인간과 세상에 대한 서술자의 이해의 수준이라는 시점의 측면과 그러한 이해에 대한 서술자의 서술 태도라는 서술자의 측면이 그것이다. 이 소설의 묘미는 서술자 옥희가 어린아이이기 때문에 어른들의 세계에 대한 이해가 부족하다는 데에도 있지만, 그러한 이해를 어린아이의 방식으로 서술한다는 데에도 있다. 따라서 이 소설의 독특한 효과는 양자를 동시에 고려할 때 더욱 명확해 진다.[34)][35)]

---

33) 오세영 외, 『문학(상)』, 대한교과서주식회사, 2004, 240~241쪽.

34) 나병철의 설명을 빌리면, 이 소설에서 옥희는 극화된 서술자이다. 이때 서술자는 인물화된 말투를 구사한다(나병철, 『소설의 이해』, 문예출판사, 1998, 459쪽). 이로

4. 결론

지금까지 서술자와 시점에 대한 일반적인 문제를 살펴보고, 7차 교과서에 나타나는 문제점을 검토해 보았다. 결국 서술자와 시점에 대한 문제는, 브룩스와 워렌의 네 시점의 고정성에서 크게 벗어나지 못하고 있다는 데 있다. 보다 근본적으로는 서술자와 시점을 모호하게 교착하며 후자를 전자에 귀속하여 개념의 혼란을 가져온다는 데 있다. 이는 네 시점의 고정성을 더욱 고착화하기도 한다. 이러한 점을 고려하여 필자는 다음과 같은 두 가지 점에서 개선의 방향을 제시하고자 한다.

첫째 서술자와 시점을 분리하고 다시 통합해서 생각해 볼 필요가 있다는 점이다. 여기에는 시점에 귀속되어 있던 서술자에 독립된 의미를 부여해야 하며, 서술자가 시점보다 어느 정도 더 중요하게 다루어져야 한다는 의미가 함축된다. 하지만 서술자와 시점은 깊은 상관관계 속에서 상호 작용을 통해 의미를 형성하기 때문에, 양자는 늘 동시에 고려되어야 한다. 서술자는 표면적이고 명시적으로 드러나며 어느 정도 고정적일 수 있지만, 시점은 그것이 서술자의 시점이든 다른 인물의 시점이든 서

본다면, 이 소설의 독특한 서술 효과는 시점보다는 서술자에 의존하고 있다고 할 수 있다.

35) 이러한 문제는 이정순의 「개백정」이나 윤흥길의 「장마」와 비교해 보면 좀더 명확해 진다. 1인칭 서술자가 자기 서술을 하는 경우 대체로 서술자와 시점은 일치하지만, 어린 시절에 자신이 경험한 사실에 대해서 어른이 된 1인칭 서술자가 서술할 경우는 일치하지 않는다. 이는 경험자아와 서술자아의 불일치라고 할 수 있다. 「개백정」이나 「장마」 그러한 경우이다. 이들 소설에서 어른이라고 추측되는 일인칭 서술자 '나'는 어린 시절에 겪었던 사건을 회고하고 있다. 이때 보는 자(어린 자아)와 말하는 자(어른이 된 자아) 사이에는 일정한 거리가 형성되어 독특한 효과가 나타난다. 여기서 서술자는 과거의 사건에 대해 주석적/중립적 서술 태도를 드러낼 수 있다. 대체로 「개백정」이 전자에 가깝다면, 「장마」는 후자에 가깝다. 이런 점에서 「개백정」, 「장마」와 「사랑손님과 어머니」를 나란히 놓고 감상해 보는 것도 좋을 듯하다.

술자의 이면에서 서술자의 서술에 영향을 미치는 요소라는 점을 다룰 필요가 있다.[36)]

서술자와 시점을 분리 통합해 볼 때, 시점의 개념은 초점화의 개념을 전제한 것이다. 하지만 초점화라는 용어를 반드시 사용할 필요는 없다. 단지 서술자과 시점을 분리 통합해서 보고 서술양상을 이해하더라도 초점 주체(혹은 초점화자)나 초점 대상(혹은 초점화 대상)이 인물과 형성하는 다양한 서술 양상을 생각해 볼 수 있다. 물론 이때도 초점 주체나 초점 대상과 같은 용어를 수용할 필요는 없다. 가령 「개백정」이나 「황혼」 같은 작품의 일부를 가지고 서술자와 시점의 분리 통합하여 감상해 본다면 작품을 보다 심층적으로 음미할 수 있을 것이다. 물론 교사가 초점화, 초점화자, 초점 대상 등의 개념 등을 잘 이해하고 있다면 학습자는 다양한 서술양상을 이해하게 하는 데 큰 도움이 될 것이다.

둘째 서술자와 시점의 유형화를 보다 유연한 입장에서 수용할 필요가 있다. 이는 서술자와 시점의 일반적인 양상을 이해하는 데 유용한 개념 장치이다. 특히 고정적으로 이해하기 않는다면 고등학교 수준에서의 서술자와 시점 교육에서는 활용도가 높다고 할 수 있다. 이때 용어는 '전지적 서술자'나 '전지적 시점 서술'과 같은 용어를 제안한다.[37)] 전자는 표면적이고 명시적이며 어느 정도 고정적이라는 서술자의 특성을 강조한

36) 이때 다음과 같은 자질들은 시점보다 서술자에 가까운 것으로 보아야 할 것이다.
일인칭/삼인칭(혹은 비인칭) 서술자-서술 주체의 문제-상호 독립적 관계
중립적/주석적 서술자-서술자의 개입의 문제-좌표적 관계
신빙성 있는/없는 서술자-믿을 만한 서술자인가 아닌가-후자의 경우 독특한 효과를 지님.

37) 사실상 문학 연구의 현장에서 네 시점의 고정된 용어를 사용하는 경우는 거의 없다. 문학 교과서에서 위에 제시한 용어를 반드시 사용하자는 것이 아니라, 어떤 용어를 사용하든 브룩스와 워렌이 그랬듯이 개념을 분리하고 서술적 차원에서 그것을 사용하자는 것이다. 그러면 보다 유연하게 서술자와 시점을 이해하는 데 유형을 활용할 수 있을 것으로 생각된다.

다면, 후자는 이러한 서술자와 서술자의 이면에서 작용하는 시점의 특성을 동시에 고려한 용어라고 할 수 있다. 전자의 경우 서술자를 시점에서 분리함으로써 양자를 동시에 고려하며 분석할 수 있는 장점이 있으며, 후자는 다소 느슨한 유형화를 제시함으로써 학습자로 하여금 서술자와 시점에 대한 다양한 이해를 가능하게 할 수 있을 것이다.

유형화를 수용할 경우 각 유형이 범주적 개념이라기보다 좌표적 개념에 가깝다는 점도 생가해 볼 만하다. 특히 3인칭 서술자의 경우 그것이 극단적인 전지적 서술자와 극단적인 관찰자라는 좌표적 지점 사이의 어느 지점에서 위치하고 있다는 점을 명확히 설명할 필요가 있다. 전자는 전근대적 서사의 일반적인 경우에 가깝고, 후자는 카메라의 눈 수법에 가깝다. 이때 선택적 전지, 복수 선택적 전지, 제한적 전지의 개념을 명확히 제시하는 것도 좋을 듯하다. 이러한 개념들은 3인칭 서술자의 서술 유형을 보다 다양한 방식으로 이해할 수 있게 할 것이다. 이렇게 느슨한 서술양상의 유형도 소설 전체를 온전히 지배한다기보다 어느 정도 우세한 서술 양식이라는 점을 강조할 필요가 있다.

서술자와 시점의 문제는 서사이론에 정통한 사람에게도 까다로운 문제이기 때문에 교과서에서 너무 자세하게 다루는 것은 문제가 될 수 있다. 학습자들에서 과도한 이론 학습을 부과할 필요는 없다. 하지만 만약 그 용어를 모르더라도, 그것을 통해 작품을 더 잘 감상할 수 있게 된다면 이는 바람직한 일이다. 서술자와 시점의 문제는 결국 양자의 관계의 문제이기 때문에 복잡한 이론을 차치하더라도 양자의 관계 양상을 자유롭게 생각해 보는 것만으로도 서술자와 시점 교육은 어느 정도 성취할 수 있으리라 생각한다. 문제는 고정화하지 않고 유연하게 그 다양한 양상들을 바라볼 수 있도록 해야 한다는 점이다.

참고문헌

1. 1차 자료

강황구 외. 『문학(상)』. 상문연구사, 2003.
구인환 외. 『문학(상)』. 교학사, 2003.
김병국 외. 『문학(상)』. 케이스, 2003.
김윤식 외. 『문학(상)』. 디딤돌, 2003.
김창원 외. 『문학(상)』. 민중서림, 2003.
박경신 외. 『문학(상)』. 금성출판사, 2003.
우한용 외. 『문학(상)』. 두산, 2003.
조남현 외. 『문학(상)』. 중앙교육진흥연구소, 2003.
한계전 외. 『문학(상)』. 블랙박스, 2003.
한철우 외. 『문학(상)』. 문원각, 2003.
홍신선 외. 『문학(상)』. 천재교육, 2003.
권영민. 『문학(상)』. 지학사, 2004.
김상태 외. 『문학(상)』. 태성, 2004.
김대행 외. 『문학(상)』. 교학사, 2004.
박갑수 외. 『문학(상)』. 지학사, 2004.
박호영 · 한승주. 『문학(상)』. 형설출판사, 2004.
오세영 외. 『문학(상)』. 대한교과서주식회사, 2004.
최　웅 외. 『문학(상)』. 청문각, 2004.

2. 2차 자료

강헌국. 『서사문법시론』. 고려대학교출판부, 2003.
김인환. 『언어학과 문학』. 고려대학교 출판부, 1999.
김종구 외. 『현대소설 시점의 시학』. 한국소설학회 편. 새문사, 1996.
나병철. 『소설의 이해』. 문예출판사, 1998.
성격징 외. 『서술이론과 문학비평』. 서울대학교 출판부, 1999.
이남호. 『교과서에 실린 문학작품을 어떻게 가르칠 것인가』. 현대문학사, 2001.

임경순.「초점화를 통한 소설 교육 연구-시점교육과 관련하여」.『국어교육』, 95. 1997, 한국어교육학회.

정소연.「소설 교육 연구-시점 문제를 중심으로」. 고려대하교 석사학위논문, 2004.

정연희.『근대 서술의 양상』. 월인, 2005.

_____.「시점과 서술자를 통한 소설 감상 교육의 필요성과 방법」.『어문논집』 53. 민족어문학회, 2006.

정혜경.『한국 현대소설의 서사와 서술』. 월인, 2005.

정현숙.「초점화에 대한 인식과 소설교육」.『국어교육』 118. 한국어교육학회, 2005.

최병우.『한국 현대소설의 미적 구조』. 민지사, 1997.

노먼 프리드먼.「소설의 시점」.『현대소설의 이론』. 최상규 역. 예림기획, 1997.

미케 발.『서사란 무엇인가』. 한용환 강덕화 역. 문예출판사, 1999.

웨인 부스.「거리와 시점」.『현대소설의 이론』. 최상규 역. 예림기획, 1997.

________.『소설의 수사학』. 최상규 역. 예림기획, 1999.

제라르 즈네뜨.『서사담론』. 권택영 역. 교보문고, 1992.

퍼시 러보크.『소설기술론』. 송욱 역. 일조각, 1960.

프란츠 슈탄젤.『소설의 이론』. 김정신 역. 문학과비평사, 1988.

Cleanth Brooks/Robert Penn Warren. *Understanding Fiction*. 3rd ed., Englewood Cliffs; Prentice-Hall, 1979.

〈부록〉

18종 문학교과서의 '서술자'와 '시점'에 대한 설명 비교대조표

교과서	네 시점	혼합시점	서술자와 시점	믿을 수 없는 화자	기타
상문연구소	자세히 다룸	-	시점에 통합 설명	-	거리에 대한 설명이 특징적임.
교학사 (구인환 외)	-	-	-	-	교과서 전체가 기존의 교과서와 전혀 다른 방향에서 짜임. 문학 작품을 복합구조물로서 설정. 창작 활동에서는 서술자와 시점을 다루고 있음.
케이스	자세히 다룸	-	시점에 통합 설명	-	작가와 서술자(narrator)의 분리를 강조하고 있지만 서술자와 시점을 혼용하고 있다.
디딤돌	자세히 다룸	-	통합 설명	'친해지기'에서 다룸	서술과 초점으로 나누어 설명.
민중서림	자세히 다룸	「치숙」을 예로 간단히 설명	시점에 통합 설명	-	서술자를 앞에서 잘 설명하고 있으나 뒤에서는 혼용함. 서술 시점이라는 용어를 사용. '다지기'에서 「철쭉제」를 통해 시점 변화를 다룸.
금성출판사	자세히 다룸	간단히 설명	통합 설명	-	보충학습란에서 본문의 「운수 좋은 날」이 전지적 작가 시점이면서 관찰자적 시점을 효과적으로 사용하고 있는 점을 설명.
두산	-	-	-	-	이론을 전혀 다루지 않음. '창작 도우미' 등에서 파편적으로 언급.
중앙진흥연구소	수정보완	시점의 혼재가능	시점에 통합 설명	-	제한적 전지적 시점과 카메라의 눈 수법 그리고 편집자적 논평에 대해 설명.

블랙박스	자세히 다룸	-	시점에 통합 설명	-	학습 활동에서 서술자 문제를. 확인 학습에서 시점 문제를 다룸.
문원각	자세히 다룸	-	시점에 통합 설명	-	학습 활동 참고란에서 서술자에 대해 간략 설명. 학습 활동에서는 시점이 아니라 서술자를 다룸.
천재교육	자세히 다룸	「춘향전」에 대해 시점 혼용 다룸	분리 설명	-	서술자와 시점을 분리하고 있지만 네 가지 시점에 귀속. 「무녀도」의 액자구성에서의 시범 변용도 설명.
지학사 (권영민)	-	-	-	-	교과서 전체가 기존의 교과서와 전혀 다른 방향에서 짜임. 문학 작품을 복합구조물로서 설정.
태성	자세히 다룸	-	분리 설명	-	'변화하는 소설' 단원에서 이인성의 「당신에 대하여」, 윤영수의 「민사95다6008호 사건」을 다룸. 서술자, 시점, 인물 등에 대해 재고할 기회 제공.
교학사 (김대행 외)	자세히 다룸	-	분리 설명	-	서술자와 시점을 분리하여 설명하지만 결과적으로는 네 시점에 귀결됨.
지학사 (박갑수 외)	자세히 다룸	-	시점에 통합 설명	-	브룩스와 워렌의 네 시점에 충실함.
형설출판사	자세히 다룸	-	분리 설명	-	전체적으로 이론 설명이 현저히 줄고 문학의 수용과 창작에 중점을 둠.
대한교과서 주식회사	-	참고란에 설명	분리하여 자세히 설명	-	서술자와 시점의 용어를 분리하여 사용하고 있다. 시점과 더불어 서술자의 태도에 대하여서도 자세히 다루고 있음.
청문각	자세히 다룸	-	분리 설명	'학습 활동'에서 다룸	서술자와 시점을 분리 설명하고 있지만, 분리의 의미는 없다.

‖ 색인 ‖

ㄱ

ㄴ

ㅂ

ㅅ

ㅈ

ㅊ

ㅋ

ㅌ

ㅍ

ㅎ

저자 **이승준**은 서울에서 나고 자랐다. 고려대학교 신문방송학과를 졸업했고, 고려대학교 대학원 국문과에서 한국 현대소설을 전공했다. 「이청준 소설에 대한 정신분석적 연구-인물들의 현실대응방식에 관하여」로 박사학위를 받았으며, 대표논문으로는 「초기 산업사회의 명암과 그 지양-김승옥의 <역사>에 대한 구조적 분석」, 「홍성원의 『먼동』 연구-주요 등장인물의 역사의식을 중심으로」, 「한국 패러디 소설의 새로운 가능성-이순원의 <말을 찾아서>와 김영하의 <아랑은 왜>를 중심으로」, 「한국 현대소설에 나타나는 '나무' 연구-황순원, 이청준, 이문구, 이윤기의 소설을 중심으로」 등이 있다. 고려대학교 초빙전임강사, 한국과학기술원(KAIST) 대우교수를 지냈으며, 현재 한국항공대학교 겸임교수이다.

한국현대소설과 문학 연구방법

초판 1쇄 인쇄 • 2008년 4월 15일
초판 1쇄 발행 • 2008년 4월 20일
지은이 • 이 승 준
펴낸이 • 박 성 복
펴낸곳 • 도서출판 月印
서울특별시 강북구 수유2동 252-9
등록 • 제6-0364호 / **등록일** • 1998년 5월 4일
대표전화 • 02) 912-5000 / **팩스** • 02) 900-5036
http://www.worin.net

ISBN 978-89-8477-402-5 93810

값 15,000원